COLLECTION MICHEL LÉVY
— 1 franc le volume —
1 franc 25 centimes à l'étranger

EUGÈNE SCRIBE
DE L'ACADÉMIE FRANÇAISE

THÉATRE

VI

— OPÉRAS-COMIQUES —

DEUXIÈME SÉRIE

La Prison d'Édimbourg
Lestocq. — Le Chalet
Le Cheval de Bronze
L'Ambassadrice

PARIS
MICHEL LÉVY FRÈRES, LIBRAIRES-ÉDITEURS
RUE VIVIENNE, 2 BIS
1856

THÉATRE

DE

EUGÈNE SCRIBE

VI

PARIS. — IMP. SIMON RAÇON ET COMP., RUE D'ERFURTH, 1.

THÉATRE
DE
EUGÈNE SCRIBE
DE L'ACADÉMIE FRANÇAISE

VI

— OPÉRAS-COMIQUES —

II

LA PRISON D'ÉDIMBOURG — LESTOCQ
LE CHALET — LE CHEVAL DE BRONZE — L'AMBASSADRICE

PARIS
MICHEL LÉVY FRÈRES, LIBRAIRES-ÉDITEURS.
RUE VIVIENNE, 2 BIS

1856
1859

L'Auteur et les Éditeurs se réservent tous droits de traduction et de reproduction.

LA
PRISON D'ÉDIMBOURG

OPÉRA-COMIQUE EN TROIS ACTES

En société avec M. E. de Planard

MUSIQUE DE M. CARAFA

Opéra-Comique. — 20 juillet 1833.

PERSONNAGES

LE DUC D'ARGYLE.
GEORGE.
JENNY.
EFFIE, sa sœur.
SARAH.
PATRICE, alderman.

TOM, matelot contrebandier.
GILBY, prisonnier.
ALTREC, autre prisonnier.
NOBLES, VILLAGEOIS ET BOURGEOIS D'ÉDIMBOURG, GENS DE JUSTICE, SOLDATS ET PRISONNIERS.

Le premier acte est dans une campagne aux environs d'Édimbourg, les deux derniers se passent à Édimbourg même.

ACTE PREMIER.

Campagne. Montagnes dans le fond, des champs moissonnés, tas de gerbes. Tout le premier plan du théâtre est un vaste hangar rustique sans clôture dans le fond, pour laisser voir la campagne. Sur le revers de la colline, un petit bâtiment entouré de rosiers avec une porte et une fenêtre fermée par un volet. A droite, sur le premier plan, la porte d'une ferme; de l'autre côté des instruments de labourage.

SCÈNE PREMIÈRE.

JENNY, MOISSONNEURS.

(Au lever du rideau, des moissonneurs, leurs femmes et leurs enfants finissent leur ouvrage et entrent sous le hangar; Jenny y est assise à droite à une table rustique. Elle écrit en feuilletant un gros registre, et dispose des pièces de monnaie en diverses petites sommes pour payer les moissonneurs.)

INTRODUCTION.

CHŒUR.

La moisson est faite;
Cessons nos travaux;

Et demain c'est fête
Dans tous les hameaux.
JENNY.
Que chaque père de famille
S'approche et dise son nom.
MOISSONNEURS.
Cette aimable et jeune fille
Est le chef de la maison.
JENNY.
Amis, le ciel à ma prière
Est favorable dans ce jour :
Auprès de moi, près de mon père
Ma sœur Effie est de retour.
MOISSONNEURS.
Quoi! votre sœur est de retour?
Ah! pour nous tous c'est un beau jour!

SCÈNE II.

Les mêmes; EFFIE sur la colline, sortant du pavillon. Elle en referme la porte et en serre la clé.

EFFIE, sans être vue des moissonneurs.
Que de monde!... Je suis tremblante.
Ah! rappelons ma force chancelante!
C'est Jenny! c'est ma sœur!... que ses jours sont heureux!
(S'éloignant du pavillon et le regardant toujours.)
Veillons dans l'ombre et le mystère
Sur mon bien le plus précieux.
Cachons à ma sœur, à mon père,
Combien mon sort est malheureux!
(Pendant ce chant Jenny paie les moissonneurs.)
JENNY, l'apercevant.
Ah! la voilà, ma sœur chérie!
D'où viens-tu donc, ma bonne Effie?
EFFIE, montrant la campagne.
De voir ces vallons, ces côteaux,
Témoins des jeux de mon enfance.
JENNY.
Sans doute après six mois d'absence
Ils ont dû te sembler bien beaux;
Mais dans tes yeux je vois des larmes!
Qu'as-tu donc?

EFFIE.
Je n'ai rien, ma sœur.
JENNY.
Pourquoi pleurer? quelles alarmes
Peuvent troubler notre bonheur?
EFFIE.
Hélas! la santé de mon père...
Je tremble quand je songe à lui.
JENNY.
Ta vue et si douce et si chère
Va le guérir dès aujourd'hui.

COUPLETS.
PREMIER COUPLET.
Dans notre chaumière,
Bonheur et plaisir,
Avec toi, j'espère,
Vont nous revenir.
Je veux à nos fêtes
Te mener demain,
Et que tu répètes
Notre gai refrain :
« Viens, ma bergerette,
« Tendre et joliette :
« J'entends la musette
« Et le chalumeau.
« Allons, en cadence
« Courons à la danse
« Qui déjà commence
« Sous le vieux ormeau! »

DEUXIÈME COUPLET.
Ah! tu te rappelles
Qu'on trouve en ces lieux
Des amis fidèles
Et des amoureux.
Au bal du village
Ils vont dès demain
Pour te rendre hommage
Chanter leur refrain :
Viens ma bergerette, etc.

EFFIE.
Paix! écoutez!... quel bruit a frappé mon oreille?
JENNY.
Ah! c'est mon père qui s'éveille!

J'y cours...

EFFIE, l'arrêtant.

Non, c'est à moi de remplir aujourd'hui
Un devoir que j'ai trop négligé jusqu'ici.

(Elle entre dans la ferme.)

MOISSONNEURS, s'en allant par divers côtés.

La moisson est faite;
Cessons nos travaux;
Et demain c'est fête
Dans tous les hameaux.

SCÈNE III.

JENNY, PATRICE, descendant la colline.

JENNY.

C'est singulier!... ma pauvre sœur!... elle est presque aussi triste que quand elle nous quitta. (Voyant Patrice.) Eh! mais, quel est ce Monsieur qui regarde la ferme avec tant d'attention?

PATRICE.

N'est-ce pas ici, mon enfant, la demeure du vieux sous-officier Jackins, maintenant honnête fermier de ce pays?

JENNY.

Oui, Monsieur, c'est mon père... et je suis Jenny Jackins, sa fille... Et si vous avez besoin de nous, soyez le bienvenu.

PATRICE.

C'est votre père que je désire voir.

JENNY.

Il a été bien malade; il l'est encore... Mais cependant, je vais lui dire...

PATRICE, l'arrêtant.

Non, non. (A part.) Pauvre vieillard! lui porter un coup si cruel! (A Jenny.) J'avais à lui demander quelques renseignements que vous pourrez peut-être me donner. Écoutez, je suis M. Patrice, un des aldermans d'Édimbourg.

JENNY, reculant un peu.

Ah! mon Dieu!

PATRICE.

Qu'avez-vous donc?

JENNY.

Rien... mais voyez-vous, je ne sais pourquoi les gens de justice... cela commence toujours par faire peur.

PATRICE.

Rassurez-vous.

JENNY.

Ah! j'y suis! je vois ce que c'est : on veut encore mettre en prison la folle de la montagne, cette malheureuse Sarah.

PATRICE.

Sarah!... Ne serait-ce pas une femme que je viens de rencontrer là, (Montrant la gauche.) dans un pré, chantant et dansant toute seule?

JENNY.

C'est possible, Monsieur; voilà près d'un an qu'elle a perdu tout à fait la raison; elle descend de la montagne pour venir dans nos villages demander du pain, et puis elle retourne dans ses rochers, près de sa mère, qui est, dit-on, une méchante femme; mais pour Sarah, elle n'a jamais fait de mal à personne, et je vous prie de la laisser en liberté.

PATRICE.

Nous verrons, mon enfant. Mais, dites-moi... car j'ai connu votre père... il me semble qu'il avait deux filles?

JENNY.

Oui, moi et ma sœur aînée, qui s'appelle Effie.

PATRICE.

C'est cela, Effie... Et est-elle aussi jolie que vous?

JENNY, souriant.

Moi? est-ce que je suis jolie?... surtout auprès de ma sœur qui est aussi élégante et aussi distinguée que bien des dames d'Édimbourg... car elle n'a pas été élevée comme une villageoise.

PATRICE.

Vraiment?

JENNY.

Oh! non, Monsieur!... je n'ai jamais quitté la ferme, moi; je peux tout au plus lire à la veillée une page de la Bible ou écrire le compte des moissonneurs; mais ma sœur a été élevée près d'ici, au château d'Arondel, par milady, une grande dame qui l'avait prise en amitié et lui a fait apprendre le dessin, la danse et la musique. Oh! j'avais là une sœur qui me faisait honneur, voyez-vous. Par malheur, de retour près de nous, je crois qu'elle s'ennuyait un peu; elle allait le soir rêver toute seule et se promener au bord de la mer. (Montrant le pavillon sur la colline.) Elle s'enfermait dans ce pavillon qu'elle fit construire pour ses études ; quelquefois on aurait dit qu'elle avait pleuré ; et puis de fraîche et jolie qu'elle était, elle devint pâle, elle changeait à vue d'œil ; et quand nous lui demandions ce qu'elle avait, elle nous répondait que l'air de ce pays lui était mauvais, qu'elle y mourrait bientôt!... Et mon père se décida à l'envoyer à Édimbourg chez notre vieille Marguerite, qui est mercière près de la grande place du marché.

PATRICE.

Combien y a-t-il de cela?

JENNY.

A peu près six mois.

PATRICE.

Vous écrivait-elle?

JENNY.

Toutes les semaines.

PATRICE.

Et vous parlait-elle de ses chagrins?

JENNY.

Non, ce qui nous prouvait qu'elle n'en avait plus.

PATRICE.

Et quand est-elle revenue?

JENNY, avec une joie naïve.

Ce matin même. Oh! quelle surprise!... Je sortais au point du jour pour arroser les fleurs qui entourent son petit pavillon, quand j'en ai vu la porte entr'ouverte... C'est singulier, me suis-je dit, ma sœur en avait emporté la clé. Je m'approche, je veux entrer au pavillon, quand une femme en sort précipitamment, se jette dans mes bras et m'entraîne dans la chambre de mon père : c'était elle, ma sœur, que nous n'attendions pas. Oh! Monsieur!... on ne meurt pas de joie!...

PATRICE, avec curiosité.

Et elle arrivait ainsi toute seule?,... absolument seule?

JENNY.

Oui... Qui voulez-vous donc?...

PATRICE.

Et elle venait directement d'Édimbourg?... de chez sa vieille tante?

JENNY.

Sans doute.

PATRICE.

Ce matin? à ce compte elle a donc voyagé toute la nuit à

travers les bruyères ?... Une jeune fille seule ! qu'elle imprudence !

JENNY.

Oh ! non pas !... j'oubliais... Mon père s'est étonné comme vous ; mais elle a répondu que le meunier du village, Robin, qui repartit hier soir d'Édimbourg, l'avait amenée dans sa voiture jusqu'au sentier de la grande prairie.

PATRICE, vivement.

Vraiment ? est-il bien sûr ? hier au soir, dites-vous, encore à Édimbourg ?... le meunier d'ici près ?... Robin, n'est-il pas vrai... (A part.) Courons, courons chez lui.

JENNY, étonnée.

Eh ! mon Dieu ! qu'est-ce donc ?

PATRICE, sortant.

Adieu, ma chère enfant ; je reviendrai vous voir. (A part.) Ah ! quel bonheur ! si la justice se trompait encore une fois ! (Il sort par la gauche et remonte avec précipitation la colline.)

SCÈNE IV.

JENNY, seule.

CHANT.

Qu'a-t-il donc, où va-t-il si vite ?
Quel secret le trouble et l'agite ?
(Elle regarde à gauche.)
Qui vient ici ? c'est la pauvre Sarah !
Sa raison est perdue et l'amour la troubla.

SCÈNE V.

JENNY, SARAH.

SARAH.

Ah ! comme il lui ressemble
Et comme il est joli !
Ah ! vraiment, il me semble
Revoir mon bel ami !
Je serai sa compagne,
Il séchera mes pleurs !
Pour lui sur la montagne
J'irai cueillir des fleurs.
Doucement il repose

Sur mon cœur amoureux !
Je veux d'un ruban rose
Entourer ses cheveux !...
Oh comme il lui ressemble, etc.

JENNY, la regardant.

Tantôt elle soupire,
Tantôt on la voit rire.
Bonjour Sarah !

SARAH.

C'est vous, Jenny ?

JENNY.

Vous paraissez mieux aujourd'hui.

SARAH.

La soirée est charmante :
Que l'on est bien ici !

JENNY.

Vous me semblez contente ?

SARAH.

Oh ! je le suis aussi.

(Elle prend Jenny par la main, la conduit à l'écart et lui dit en confidence :)

Dieu finit ma misère
Et mon adversité ;
Désormais sur la terre
J'aurai ma liberté.
Au fond de sa chaumière
Ma mère injustement
Me tenait prisonnière
Et me battait souvent ;
Mais le méchant succombe
Et voit son dernier jour.
En prison dans la tombe
Je l'ai mise à son tour.

JENNY.

O ciel ! malheureuse Sarah !
Hélas ! que me dites-vous là ?

SARAH.

Pour moi plus d'esclavage !
Et j'irai tous les jours
Là-bas, sur le rivage
Attendre mes amours !
Mon ami qui voyage,
Près de moi reviendra ;

ACTE I, SCÈNE V.

Ou bien j'ai son image
Qui me consolera.
JENNY.
Hélas ! infortunée !
SARAH.
Chantons toutes les deux.
JENNY.
Affreuse destinée !
SARAH, se fâchant.
Chantez donc, je le veux.
JENNY.
Calme-toi !
SARAH, à genoux.
Je t'en prie.
JENNY.
Que veux-tu ?
SARAH.
Ma chanson.
JENNY.
Eh quoi !
SARAH.
Je t'en supplie.
JENNY, avec pitié.
Volontiers.
SARAH, riant.
Tout de bon ?
JENNY.
Volontiers ; je suis prête.
SARAH, cherchant.
Attends !... attends !... ma tête..,
ENSEMBLE.
(Sarah chante et Jenny répète.)
Oh ! comme il lui ressemble
Et comme il est joli !
Ah ! comme il lui ressemble, etc.
SARAH.
Là ! je vous remercie, vous m'avez fait du bien... Ah ! j'oubliais quelque chose : donne-moi du pain ; j'ai faim.
JENNY, courant à un panier sur la table, lui donne du pain et des pommes.
Oh ! mon Dieu ! tenez, Sarah, tenez.
SARAH.
Merci, quand j'en voudrai je reviendrai ; car je sais que vous

êtes bonne, vous; jamais vous n'avez ri en courant après moi comme les enfants du village... la folle! la folle! la voilà!... (Mordant dans son pain et riant.) Ils disent que je suis folle; mais je sais bien que je ne le suis pas. (Brusquement.) Adieu, je m'en vais.

JENNY.

Et où irez-vous, pauvre fille, si votre mère est morte ?

SARAH, riant.

Ma mère? ah! oui! je l'ai emportée hier au soir; j'ai passé la nuit à l'ensevelir dans le sable; j'ai mis dessus de la verveine et du romarin... Mais c'est égal, je ne suis pas seule au monde; l'image de George est avec moi.

JENNY.

Et quel est donc ce George qui a décidé de votre sort?

SARAH.

Personne ne le saura; mais il me l'a dit, à moi, quand il se cachait dans notre cabane... Il donna de l'or à ma mère, mais non pas à moi... Je n'avais besoin de rien; il était là!... Je le voyais; ensuite... qu'est-il donc arrivé?... Ah! voilà les gens de justice!... entends-tu?... ils gravissent les rochers! Mais il sera trop tard : George est parti avec nos amis, avec les contrebandiers... il m'a embrassée!... Voilà la barque qui l'emporte! Depuis ce temps, ma raison, mon cœur, toute mon existence... Je pleure, je chante; je voudrais mourir; et puis j'aime la vie... Il y a dans tout cela du mal et du bien... on n'y peut rien comprendre... Oh! Jenny! vous verrez, si vous aimez un jour!... (Vivement.) Adieu!... (Elle s'en va par la gauche.)

JENNY, rentrant à la ferme.

Adieu donc; mais revenez demain, tous les jours, entendez-vous?... Mon Dieu, protégez-la!...

SCÈNE VI.

SARAH, seule, après une fausse sortie, revient sur ses pas et va s'asseoir un instant sur un banc avec une physionomie égarée.

Où allais-je donc?... je ne m'en souviens plus... Ah! si! si!... Ce bel enfant... il m'attend, il pleure, sans doute. Oui!... je l'ai abandonné pendant toute la nuit!... Mais qui l'a donc apporté dans notre cabane?... pourquoi l'ai-je trouvé là, tout seul, sur des feuilles sèches?... auprès de ma mère morte?... (Vivement.) Mais il doit avoir faim!... Ah! ma chèvre est là-haut!... courons! courons! (Ritournelle. Elle court pour monter la colline et s'arrête brusquement en voyant les rosiers qui entourent le pavillon.)

CHANT.

Voici des fleurs ; qu'elles sont belles!
Pour lui je voulais en cueillir.
Emportons ces roses nouvelles.

(Ritournelle. Sarah cueille des fleurs, puis elle s'arrête avec un mouvement de surprise et met son oreille à la porte du pavillon.)
(Vivement.)

Qu'ai-je entendu?... ces cris!... Entrons!... je veux ouvrir!
(Elle cherche à enfoncer la porte, qui lui résiste; alors elle force le volet de la fenêtre et saute dans le pavillon.)

SCÈNE VII.

SARAH, dans le pavillon, TOM, descendant la colline et entrant par la droite.

COUPLETS.

TOM.

Assis dans ma barque,
Je passe mes jours
En joyeux monarque
Qui chante toujours.
Ainsi qu'une étoile
Filant dans les airs,
Ma légère voile
Vole sur les mers.
L'onde est mon empire :
Tout m'y semble à moi;
Ce que je désire
Est ma seule loi.
Assis dans ma barque, etc.

(Ici on voit Sarah ressortir par la fenêtre du pavillon, repousser le volet et s'enfuir rapidement vers le sommet de la montagne, emportant quelque chose sous son manteau.)

DEUXIÈME COUPLET.

TOM, continuant.

L'enfant de ma mère,
Beau comme l'amour,
Sur une galère
A reçu le jour.
Au port de Madère

Le vaisseau toucha,
Et mon tendre père
Soudain me grisa.
J'ai suivi ma route,
Toujours en bateau ;
Sans en boire goutte,
J'ai vécu sur l'eau.
L'enfant de ma mère, etc.

SCÈNE VIII.

TOM, GEORGE, arrivant par la gauche.

(Il commence à faire nuit.)

GEORGE, avec agitation.

C'est toi, Tom? que fais-tu ici?

TOM.

Ah! te voilà, pourtant.

GEORGE.

Et la chaloupe?

TOM.

Toujours cachée dans la petite baie et gardée par quatre de nos hommes.

GEORGE.

Et pourquoi la quitter?

TOM.

Je crevais d'ennui; il y a vingt ou trente heures que nous t'avons mis à terre et que nous attendons ton retour. Je te cherche, je me promène, je chante; j'ai encore à vendre une tonne de genièvre, et j'allais voir dans cette ferme si l'on veut en boire.

GEORGE.

Et as-tu vu quelqu'un de ses habitants?

TOM.

Non, j'arrive.

GEORGE.

Il suffit, c'est moi qui veux y entrer; éloigne-toi.

TOM.

Et où veux-tu que j'aille?

GEORGE.

En sentinelle, là-haut... (Montrant la gauche.) sous ce bouquet d'arbres qui domine la route.

TOM, vivement.

Comment, en sentinelle?... est-ce que ces coquins, ces employés de l'accise, sont encore en campagne?

GEORGE.

Oui. Sur le chemin d'Édimbourg, j'ai vu des gens de justice qui arrivaient au prochain village; cours te placer là-haut; s'ils approchent d'ici, reviens m'en prévenir, et nous partons soudain.

TOM.

Tu te moques de moi! décampons tout de suite!

GEORGE.

Décampe donc tout seul, il faut que j'entre là.

TOM.

Et ton passe-port pour l'autre monde? veux-tu donc le prendre ce soir? veux-tu te laisser harponner comme une baleine endormie? quand tu te sauvas sur mon bord, ne me dis-tu pas que la griffe de ces oiseaux de proie avait parafé ta sentence?

GEORGE.

Oui, mais en ce moment...

TOM.

Au large! au large, mon garçon! je n'abandonne pas ainsi l'homme le plus brave de mon équipage; on te connaît sur cette côte : cette fille que tu as rendue folle d'amour peut te rencontrer... regagnons vite la pleine mer, la justice ne viendra pas t'y chercher, elle n'a pas encore trouvé le moyen de planter une potence sur le sommet d'une vague.

GEORGE, très-vivement.

Par grâce! par pitié! fais ce que je te dis! un instant! un seul instant!... tu ne sais pas ce que je souffre!...

TOM.

Encore!... tu me fais compassion, ou le diable m'emporte!... Allons, je vais au poste, je te donne un quart d'heure, et que la peste soit de ce maudit rivage! toutes les fois que nous y descendons, tu es agité comme une tempête. (Il sort par la gauche.)

SCÈNE IX.

(Il fait tout à fait nuit.)

GEORGE, seul.

CHANT.

Est-elle ici? que vais-je apprendre?

Voyons! je n'ai plus d'autre espoir,
Entrons! On vient... je crois entendre...

SCÈNE X.

GEORGE, EFFIE, sortant de la ferme avec précaution.

EFFIE.
Il est nuit! on ne peut me voir :
Au pavillon je puis enfin me rendre,

GEORGE.
Quelle voix!

EFFIE.
Ciel!

GEORGE.
Effie!

EFFIE.
O Dieu!

GEORGE.
C'est moi!

EFFIE, dans ses bras.
Ah!

GEORGE.
Oui, je suis près de toi.

EFFIE.
Oh! mon ami!

GEORGE.
Mon bien suprême!

EFFIE.
Que tu m'es cher!

GEORGE.
Ah! que je t'aime!

EFFIE.
Je te revois!

GEORGE.
Jour de bonheur!

EFFIE.
Tu m'es rendu!

GEORGE.
Viens sur mon cœur!

ENSEMBLE.
Ah! tous les maux de l'absence
Sont oubliés dans ce jour!

ACTE I, SCÈNE X.

Tu me rends, par ta présence,
Tout le bonheur de l'amour.

GEORGE.

Ah! pardonne-moi l'abandon où je t'ai laissée; j'ai couru les mers au caprice des contrebandiers qui m'avaient sauvé. Hier enfin, je débarque, un berger me dit que tu es à Édimbourg chez une parente; j'y cours : depuis dix jours tu en étais partie, et mon inquiétude...

EFFIE, avec une grande émotion,

Oui, George, j'ai passé dix jours dans les montagnes, chez cette femme dont la chaumière isolée t'a jadis servi d'asile.

GEORGE.

La mère de Sarah?

EFFIE.

Elle-même; dans ma détresse je me suis souvenue que tu m'en avais parlé, et la honte m'ayant forcée de quitter la ville...

GEORGE, avec surprise.

La honte!... que dis-tu?

EFFIE.

Ah! prends pitié de moi!... le secret de nos amours, le mystère qui nous environne ne sont plus possibles! il faut tout avouer, tout dire à haute voix; il le faut ou je meurs!... Écoute : je t'ai rencontré dans la campagne, malheureux, abandonné; j'ai conservé tes jours et je t'ai donné les miens; j'ignorais ton sort, ta naissance; tu parlais de ton père, des chagrins que tu lui donnais; mais jamais tu n'as voulu me dire son nom, et cependant, pauvre fille!... ma confiance en toi triompha de ma raison. A genoux devant Dieu, il fut seul témoin de nos serments et de notre union; mais Dieu m'ordonne aujourd'hui de les révéler. Jetons-nous aux pieds de mon père, dis-moi quel est le tien, courons, courons vers lui!... Il faut parler, te dis-je; il faut tout découvrir, pour toi, pour mon honneur et celui de ton fils!...

GEORGE, très-vivement.

O ciel!...

EFFIE, de même.

Oui, George, à ton départ, je portais dans mon sein...

GEORGE, la serrant dans ses bras,

Oh! pauvre infortunée!

EFFIE.

Ne pense qu'à ton fils, au bonheur d'être père !

GEORGE.

Mon fils ! et où est-il ?

EFFIE.

Ici, tu vas le voir.

GEORGE.

Conduis-moi.

EFFIE.

Il est là, il est là cet enfant si chéri. (Elle entraîne George vers le pavillon; Tom les arrête en arrivant précipitamment.)

SCÈNE XI.

EFFIE, GEORGE, TOM, arrivant par la gauche.

TOM.

Alerte ! alerte !

GEORGE, à Effie, la rassurant.

Ne crains rien.

TOM, voyant Effie.

Une fillette !... ah ! ah ! mon camarade...

GEORGE, sévèrement.

Tais-toi ! tes nouvelles, voyons ?

TOM.

Mauvaises ; comme tu le disais, une escouade est près d'ici ; je l'espionnais couché le long de la route, quand un courrier venant de la côte a suspendu la course de ces animaux malfaisants.

GEORGE.

Un courrier ?

TOM.

Oui ; et voici sa gazette. Des troupes anglaises débarquent à l'instant pour nous donner la chasse ; un lord, vice-roi, un diable arrive de Londres avec de pleins-pouvoirs pour pacifier l'Écosse et faire pendre à son bon plaisir. Voilà qui nous regarde ; ainsi gagnons la mer ; à la chaloupe, allons !

GEORGE.

Et ce lord général ? n'a-t-on pas dit son nom?

TOM.

C'est un nom bien connu, le duc d'Argyle.

ACTE I, SCÈNE XI.

GEORGE, à part.

O ciel !

FINAL.

EFFIE, à George.

Mais qu'as-tu donc?

GEORGE, lui répondant.

De la prudence !

TOM.

Mais qu'est-ce donc?

GEORGE.

O sort cruel !

EFFIE.

Pourquoi frémir?

GEORGE.

Hélas ! silence !

TOM.

Allons, partons !

GEORGE.

O juste ciel !

ENSEMBLE.

GEORGE.

Qu'ai-je entendu? mon cœur s'oppresse !
Que faire, hélas ! que devenir?

EFFIE.

Songe toujours à ma tendresse,
Mais sois prudent : il faut partir !

TOM.

Ah ! ventrebleu ! le temps nous presse
Allons, allons, il faut partir !

(Regardant à gauche.)

Ah ! que le ciel nous soit propice !
Tiens, vois-tu, vois-tu ces soldats,
Et les limiers de la justice
Qui sans doute sont sur nos pas !

ENSEMBLE, très-vif.

EFFIE.

En le quittant mon cœur s'oppresse;
Quel sera donc notre avenir?

GEORGE ET TOM.

Allons, allons, le temps nous presse;
Allons, allons, il faut partir !

(Ils sortent précipitamment par le fond.)

SCÈNE XII.

EFFIE, sur le devant de la scène; PATRICE, suivi de soldats et de gens de justice; VILLAGEOIS, qui regardent le cortége avec curiosité.

EFFIE, regardant fuir George.
Oh! mon Dieu! puisse-t-il échapper à leur vue!
Cachons bien la frayeur dont mon âme est émue.

ENSEMBLE.

PATRICE ET SOLDATS.
A cet ordre sévère
Que nous devons remplir
Rien ne peut nous soustraire;
Il nous faut obéir.

VILLAGEOIS.
Quel est donc ce mystère?
Il s'en faut éclaircir.
Mais quel ordre sévère
Les fait ici venir?

PATRICE, à Effie.
N'êtes-vous pas la jeune Effie?

EFFIE, surprise.
Oui, Monsieur, oui, Monsieur, c'est moi.
(A part.)
D'effroi je suis toute saisie.

PATRICE.
Fille du vieux Jackins?

EFFIE.
Oui, Monsieur, c'est bien moi.

PATRICE.
Je vous arrête ici.

EFFIE.
Ciel!

PATRICE.
Au nom de la loi!

SCÈNE XIII.

JENNY, PATRICE, EFFIE.

JENNY, sortant de la ferme.
Quel bruit et quelle en est la cause?
Cessez un tapage pareil;

ACTE 1, SCÈNE XIII.

Et de mon père qui repose
Respectez au moins le sommeil.

EFFIE.

Ma sœur!... on m'enlève à mon père!

JENNY.

Que dis-tu?

VILLAGEOIS.

Quel est ce mystère?

JENNY.

Vouloir l'arracher de mes bras!
Pourquoi?

PATRICE, à Jenny.

Ne m'interrogez pas.

JENNY.

Au nom du ciel!

PATRICE.

Parlez plus bas!

(Il prend les deux sœurs par la main, les conduit au bord du théâtre et s'adressant à Jenny.)

Le meunier du village
N'a point fait de voyage,
Et cette nuit n'a pas
Accompagné ses pas.

(Il désigne Effie.)

EFFIE.

Ciel!

JENNY.

Quel mystère! hélas!

PATRICE, à Effie.

Ce mensonge coupable
Augmente les soupçons
Dont le poids vous accable.

JENNY, à sa sœur.

Réponds-lui donc, réponds.

EFFIE.

Que dire?... ah! misérable!

PATRICE.

Avez-vous à l'honneur
Cessé d'être fidèle?

JENNY.

Dieux!

PATRICE.
Avez-vous le cœur
D'une mère cruelle?
JENNY, avec indignation.
Une mère!
EFFIE.
O douleur!
PATRICE.
Est-ce une calomnie?
Un bruit sourd se répand
Qu'un malheureux enfant
De vous reçut la vie.
JENNY.
O mon Dieu!
EFFIE, avec force.
Poursuivez.
JENNY.
Non, non, on vous abuse.
EFFIE.
Je l'avoue... Achevez.
PATRICE, à Jenny.
Et la rumeur publique en ce moment l'accuse,
Pour cacher ce forfait par un forfait plus grand,
D'avoir... d'avoir secrètement
Donné la mort à son enfant!...
EFFIE, s'écriant et courant au pavillon.
Quelle horreur!... il est là!... mon enfant!.., mon enfant!

ENSEMBLE très-vif.

TOUS, hors Jenny.
Ah! d'un crime semblable,
D'un aussi grand forfait,
Elle n'est point coupable!
Sur elle on s'abusait,
JENNY.
O ciel! ma sœur coupable,
A l'honneur a forfait!
Oh! malheur qui m'accable!
O terrible secret!
(On entend un cri de désespoir dans le pavillon.)
EFFIE, rentrant en scène, pâle et dans le plus grand désordre.)
Mon fils! mon fils! ah! daignez me le rendre!
Ma voix l'appelle en vain! il ne peut plus m'entendre!

ACTE I, SCÈNE XIII.

TOUS.

Que dites-vous ?

EFFIE, à Jenny.

Ma sœur !.,. ô regrets superflus !
Mon fils !... il était là !... je ne le trouve plus !

PATRICE, à Jenny.

Vous le voyez, le soupçon qui l'accuse
N'est que trop fondé maintenant.

EFFIE, au désespoir.

Mon enfant ! mon enfant ! rendez-moi mon enfant !

JENNY, à Patrice.

Quoi ! jusqu'à sa douleur, tout vous semble une ruse ?

PATRICE.

La justice prononcera.

(A sa suite.)

Faites votre devoir, Messieurs, entraînez-la.

ENSEMBLE GÉNÉRAL.

PATRICE.

A cet ordre sévère
Il nous faut obéir !

EFFIE.

O malheureuse mère !
Je n'ai plus qu'à mourir !

JENNY.

Effroyable mystère !
Hélas ! que devenir ?

VILLAGEOIS.

Hélas ! et son vieux père !
Il n'a plus qu'à mourir !

(Les gens de justice arrachent Effie des bras de sa sœur et l'entraînent. Jenny veut courir après eux, mais en ce moment on voit s'entr'ouvrir la porte de la ferme ; elle s'y précipite en s'écriant : Mon père !.. et tombe à genoux contre la porte qu'elle referme. Le rideau se baisse.)

ACTE II.

Une salle du palais royal d'Édimbourg. Au fond on voit deux portes et plusieurs autres latérales.

SCÈNE PREMIÈRE.

LE DUC D'ARGYLE, NOBLES, DAMES, MAGISTRATS, MARCHANDS, MILITAIRES, BOURGEOIS des deux sexes, PATRICE.

(Au lever du rideau, le duc d'Argyle est assis près d'une table, et reçoit les députations des diverses corporations de la ville.

CHOEUR.

Au nom de cette noble ville,
Nous jurons, soumis à la loi,
Obéissance au chef habile
Qui représente ici le roi.

AIR.

LE DUC, se levant.

La révolte et la guerre,
Les forfaits, la colère
Ont comblé la misère
Des vaillants Écossais.
Qu'à ma voix on oublie
La discorde ennemie ;
Et rendons la patrie
Aux douceurs de la paix.
Ce pays qui m'a vu naître
Fut toujours cher à mon cœur.
A la cour j'ai fait connaître
Vos regrets, votre malheur.
Oui, j'accours de l'Angleterre
Vous sauver, vous réunir ;
Et pour vous je suis un père
Qui pardonne au repentir.
(Les congédiant.)
Oui, j'ai tous les droits souverains :
Allez publier mes desseins.

LE CHOEUR, en sortant.

Au nom de cette noble ville, etc.

SCÈNE II.

PATRICE, LE DUC.

LE DUC.

Restez, monsieur Patrice, et rendez-moi compte de ce qui s'est passé la nuit dernière. Vous venez des prisons, n'est-ce pas? vous avez exécuté mes ordres?

PATRICE, préoccupé.

Oui, Milord, j'ai fait entrer des troupes, la révolte des prisonniers est apaisée; mais le geôlier a été victime de sa négligence, ils l'ont tué, et votre seigneurie ne saurait trop se presser de nommer à sa place. Il faudrait un homme de tête, de résolution, et en même temps un gaillard expérimenté qui eût du tact, de l'aplomb et de la finesse.

LE DUC.

Voilà bien des conditions; et à ce compte je ne connais pas beaucoup d'hommes d'état digne d'être geôliers. Mais occupez-vous de ce choix et dès aujourd'hui.

PATRICE, avec émotion.

Oui, Milord... mais un intérêt bien plus puissant m'occupe et me tourmente!... Encore un instant d'audience!... un seul instant, Milord, je l'implore de vous.

LE DUC, étonné.

Quel langage!... parle sans t'émouvoir; n'es-tu pas le fidèle ami de ma maison?

PATRICE.

Eh bien! Monseigneur, vous arrivez ici avec les pouvoirs de la couronne, et surtout celui de pardonner.

LE DUC.

Oui, aux révoltés politiques, mais voilà tout; et je ne puis rien sur les franchises de la ville et la juridiction des bourgeois.

PATRICE.

Il suffit, Monseigneur, et vous pouvez donc m'accorder la grâce que je vous demande.

LE DUC.

Explique-toi.

PATRICE.

Un malheureux!... un ami du jeune prince qui fut vaincu à

Culloden, un serviteur du prétendant vient ce matin même de se confier à moi.

LE DUC.

O ciel !

PATRICE.

Eh ! Milord, l'infortune a des droits sur un noble cœur.

LE DUC.

Funeste effet des guerres civiles !... mais achève, quel est le nom de cet homme ?

PATRICE, avec une émotion croissante.

Il n'a point compromis celui de sa famille ; c'est sous un nom vulgaire qu'il a été proscrit ; on peut donc le sauver, mais c'est de ses parents qu'il faut obtenir grâce.

LE DUC.

Comment ?

PATRICE.

Son père est un appui de la couronne d'Angleterre.

LE DUC.

Que dis-tu ?

PATRICE.

Il croit que son fils voyage pour ses plaisirs sur le continent...

LE DUC, avec intérêt et vivacité.

Qu'entends-je ?... parle vite.

PATRICE.

Je n'ose pas, Milord.

LE DUC.

Dieu ! serait-il possible !

SCÈNE III.

LE DUC, PATRICE, sur le devant du théâtre; GEORGE, entr'ouvrant une porte à gauche.

TRIO.

LE DUC, sans voir George.
Quel est donc ce mystère ?

PATRICE.
Écoutez ma prière !

LE DUC.
Quel soupçon dans mon cœur !

ACTE II, SCÈNE III.

PATRICE.
Pardonnez, Monseigneur!
LE DUC.
Quel est donc ce jeune homme?
PATRICE.
Ah! Milord!
LE DUC.
Il se nomme?...
PATRICE.
Calmez-vous!
LE DUC.
Je ne puis.
Quel est-il?
GEORGE, à ses genoux.
Votre fils!
LE DUC.
Malheureux!
GEORGE.
Ma misère...
LE DUC, lui tendant les bras.
Dans mes bras!
GEORGE, s'y précipitant.
Ah! mon père!

ENSEMBLE.

LE DUC.
Juste ciel! que de larmes
M'eût coûté ton malheur!
Viens finir tes alarmes
Dans mes bras, sur mon cœur!
GEORGE.
Pardonnez à mes larmes!
J'ai servi le malheur :
Ce devoir a des charmes
Et plaisait à mon cœur.
PATRICE.
Pardonnez à ses larmes :
Il servit le malheur;
Ce devoir a des charmes
Et plaisait à son cœur.
LE DUC, à son fils.
Sois discret, sois prudent!

GEORGE, désignant Patrice.
C'est mon seul confident.
LE DUC.
Tu diras qu'un voyage
Dans de lointains pays...
GEORGE.
Il suffit.
LE DUC, désignant une porte à droite.
Va quitter cet habit misérable.
Entre là : sur ma table
Tu verras...
GEORGE.
J'obéis.
Calmez-vous.
LE DUC, l'embrassant encore.
O mon fils !
REPRISE DE L'ENSEMBLE.
(George sort par la droite.)

SCÈNE IV.

LE DUC, PATRICE, JENNY, EFFIE, QUATRE SOLDATS, entrant par la porte du fond.

JENNY, à sa sœur.
Du courage, ma sœur ; Dieu ne nous abandonnera pas.
LE DUC, les voyant.
Qu'est-ce donc ?
PATRICE.
Hélas ! la jeune fille dont j'ai déjà parlé à votre seigneurie, et puis sa sœur qui l'accompagne.
LE DUC, regardant Effie.
Quoi ? des traits si doux et un cœur dénaturé ! (A Patrice.) Emmenez ces soldats dans la salle des assises ; voyez si la séance va s'ouvrir et revenez m'en instruire. (Patrice sort avec les soldats.)

SCÈNE V.

LE DUC, JENNY, EFFIE.

LE DUC, à Effie.
Approchez, et ne tremblez pas si vous êtes innocente.

JENNY.

Son malheur l'accable, Milord ! C'est à moi d'avoir de la force, et de vous implorer au nom de mon père. Il m'a dit que vous ne repousseriez pas les enfants de votre vieux soldat Philippe Jackins.

LE DUC.

Que dites-vous ?... ce brave sous-officier qui fut blessé en me secourant, et à qui j'ai donné une petite ferme dans les montagnes ?

JENNY.

Oui, Milord, rappelez-vous vos bontés ! On dit que les bienfaits attachent le bienfaiteur, et vous nous protégerez encore.

LE DUC.

Eh! que puis-je pour vous ? je ne suis pas son juge, le tribunal s'assemble ; la loi est terrible contre le forfait dont on accuse votre sœur. (A Effie que Jenny fait passer près du duc.) Mais vous, malheureuse fille, n'avez-vous rien à me confier? qu'allez-vous leur dire pour vous défendre ?

EFFIE.

Me défendre ! et pourquoi ?

ROMANCE.

PREMIER COUPLET.

Ah! Milord! le nom de ma mère
N'est-il pas mon défenseur?
Votre loi, dans sa colère,
Se fonda sur une erreur.
Si mon juge est insensible,
C'est lui seul qui doit frémir.
Quand le crime est impossible,
C'est un crime de punir.

DEUXIÈME COUPLET.

Le malheur fut mon partage :
Terminons mon triste sort.
Viens, ma sœur, j'ai du courage,
Car mon cœur est sans remord,
Si mon juge est insensible,
C'est lui seul qui doit frémir :
Quand le crime est impossible,
C'est un crime de punir!

LE DUC.

Mais êtes-vous donc abandonnée du malheureux qui a porté le trouble et le déshonneur dans une honnête famille ?

EFFIE, vivement.

Milord, n'injuriez ni mon époux ni moi! et si Dieu seul a reçu nos serments, en sont-ils moins sacrés et moins solennels ?

LE DUC.

Voilà l'exaltation de toute jeune fille trompée.

EFFIE.

Non, Milord, non, vous ne connaissez pas celui que j'aime! Il ne peut être ici, il ignore mon malheur; mais s'il le connaissait, il viendrait me défendre ou mourir avec moi !

LE DUC.

Et quel est-il? parlez; peut-être son témoignage....

EFFIE, pleurant.

Je ne puis rien vous dire !

JENNY, étonnée.

Ma sœur!...

EFFIE.

Oui... tout est contre moi... je suis bien malheureuse !

LE DUC.

Eh quoi? vous ne ferez pas d'autre réponse à vos juges ?

EFFIE.

Je leur dirai la vérité comme je puis la dire à vous-même. Oui, Milord, je suis coupable envers mon père et ma sœur; je leur ai caché mon amour. C'est dans les montagnes, chez une vieille femme étrangère que j'ai donné le jour à mon enfant; elle me tenait cachée à tous les yeux; mais avant-hier matin j'entendis des gémissements, je sors de ma retraite, et je trouve cette femme à terre, tenant encore un flacon de genièvre et expirant dans les plus hideuses convulsions !... Je posai mon enfant, je courus dans la campagne pour chercher du secours, mais personne !... un désert ! Je reviens... Jugez de ma surprise... la femme morte avait disparu !... j'eus peur, je perdis la tête, j'emportai mon enfant ! je passai la nuit à chercher à travers champs la maison de mon père : j'y arrive; tout dort encore; je cache mon fils dans un pavillon dont j'avais la clé; je m'éloigne un instant !... O malheureuse !... cet enfant, mon seul bien, je ne l'ai plus trouvé ; on me l'a dérobé !... et sans doute il est mort !... et c'est à moi, Milord, qu'on vient le demander !... et l'on m'accuse ! et l'on ne veut pas croire à mon désespoir !... O mon Dieu ! cependant les larmes d'une mère ne savent pas mentir !

LE DUC, attendri.

Venez, nous tâcherons de les persuader, mais hélas ! l'invraisemblance de votre récit...

JENNY, inquiète.

Quoi ! Milord ?...

LE DUC, lui répondant.

Priez Dieu, mon enfant.

SCÈNE VI.

LE DUC, EFFIE, JENNY, GEORGE, en habits de son rang.

GEORGE, entrant vivement.

Ah ! que viens-je d'apprendre ?... on l'accuse d'un crime !... on ose l'outrager !

EFFIE, s'écriant et courant à lui.

O ciel ! George en ces lieux !

LE DUC.

Quels cris !...

GEORGE, à Effie.

Ah ! je sais tout ! ton désespoir, leur injustice !... mais j'accours près de toi, je viens rassurer ton âme innocente ; et c'est à ton époux qu'appartient ta défense !...

LE DUC, vivement.

Son époux !... vous, mon fils ?

LES DEUX SOEURS, dans le plus grand étonnement et tombant aux pieds du duc.

Son fils !

LE DUC, les relevant.

O comble de malheur !... quoi ! George, ce pardon que je viens d'accorder, en voilà donc la récompense ! En embrassant votre père, vous n'avez point osé lui faire un aveu qui le rend peut-être plus infortuné que vous-même.

GEORGE.

Vous alliez tout savoir, j'en atteste l'honneur !... Oh ! vous la connaîtrez ma compagne chérie, vous la nommerez votre fille, vous la protégerez contre ses accusateurs, et votre cœur si noble...

LE DUC, vivement.

Silence!... à ce prix seul je puis retenir mon courroux. Contraignez-vous tous deux. Laisse-moi la conduire devant les hommes prévenus qui vont décider de son sort. Je ferai tout pour la sauver. Je la plains, car je vois que tu la trompas comme ton père, et ton ingratitude...

GEORGE.

Ah! que votre rigueur...

LE DUC, très-vivement.

Tais-toi, te dis-je; on vient!

SCÈNE VII.

LES MÊMES, PATRICE,

PATRICE.

Les juges attendent, Milord.

LE DUC, à Effie.

Allez; je vous rejoins. Suivez monsieur Patrice. (Les deux sœurs sont emmenées par Patrice. Georges veut les suivre; le duc l'arrête et le conduit au bord du théâtre; les portes du tribunal se referment.)

SCÈNE VIII.

LE DUC, GEORGE.

LE DUC, très-vivement.

Malheureux!

GEORGE.

Ah! mon père!

LE DUC.

Quel amour insensé!

GEORGE.

Ah! vous ne savez pas que cet amour m'a sauvé du désespoir, et que sans la tendresse de cette pauvre fille...

LE DUC.

Sa tendresse!... et c'est toi qui la conduis à la mort!

GEORGE, voulant sortir.

Grand Dieu!

LE DUC, avec force.

Reste! reste, imprudent!... veux-tu donc te perdre toi-même et découvrir à ce tribunal le secret qui ferait tomber ta tête?

Je vais m'y rendre seul; reste ici, je le veux; et qu'un profond silence...

SCÈNE IX.

LE DUC, GEORGE, PATRICE.

PATRICE.

Pardon, Milord, mais je viens vous annoncer une nouvelle importante. Ce chef de contrebandiers si redoutable sur toute la côte, nous le tenons enfin; une femme, une folle nous l'a livré.

GEORGE, à part.

Eh quoi! serait-ce Tom?

LE DUC, cachant son trouble.

Nous verrons plus tard cette affaire, monsieur Patrice.

PATRICE.

Oh! cette affaire n'en est pas une, Milord; dans dix minutes on va le pendre et tout sera dit; ce n'est rien : mais votre seigneurie m'a chargé de remplacer le geôlier qu'on a tué la nuit dernière, et je venais lui proposer...

LE DUC.

Je ne puis, on m'attend; mais mon fils va vous écouter. Terminez avec lui... (Bas, à George.) Vous m'avez entendu! restez, je vous l'ordonne. (Il entre au tribunal.)

SCÈNE X.

PATRICE, GEORGE.

PATRICE, tenant un papier.

Eh bien! Milord, qui choisirez-vous pour geôlier? voici la liste de trois ou quatre drôles qui connaissent déjà les prisons pour avoir mérité d'y être; mais il est certaines places où l'expérience est nécessaire.

GEORGE, sans l'écouter.

Dites-moi, monsieur Patrice, comment nommez-vous ce contrebandier qu'on vient d'arrêter?

PATRICE.

Oh! ces gens-là ne gardent jamais un nom plus de vingt-quatre heures; ils usent dans leur vie toute la légende de l'almanach.

TOM, criant en dehors.

Ne serrez pas, canaille! ou par le grand diable d'enfer!...

GEORGE, à part.

C'est lui !

PATRICE.

Eh! tenez, Monseigneur, je l'entends; on l'amène.

GEORGE, à part, allant s'asseoir à droite.

Il va me reconnaître !

SCÈNE XI.

GEORGE, PATRICE, TOM, tenu par les douaniers.

TOM, se débattant.

Lâchez-moi, vous dis-je, chiens courants que vous êtes! avez-vous peur d'un homme, quand vous voilà une douzaine? O race de Satan! si je vous tenais à quelques toises du rivage!..

PATRICE.

Silence! approche-toi, et parle à Milord.

TOM.

Et que voulez-vous que je dise, sinon que je suis un négociant pas plus voleur que bien d'autres? je tiens boutique sur l'eau au lieu de l'ouvrir sur la rue, voilà toute la différence; et quant à ma patente, ce n'est pas ma faute si je ne la paie pas : on n'est jamais venu me la demander.

PATRICE, le poussant vers George.

Point de bavardage, voilà ton juge.

TOM, à George.

Eh bien! mon doux juge, de quoi s'agit-il? j'espère que vous me direz... (George se retourne.) Ah! mille canons!

PATRICE, surpris.

Hein !

GEORGE, sévèrement à Tom.

Qu'est-ce donc ?

TOM, se remettant et riant sous cape.

Rien, rien, Milord... la colère d'être amené ici malgré moi m'a fait jurer comme un païen, voyez-vous; mais tout est dit, et le respect que je vous dois...

GEORGE.

Finissons !

TOM.

Oui, Milord, je me conduirai bien, soyez tranquille. (A part.) Voilà la justice contrebandière à présent.

GEORGE, éloignant Patrice du geste.

Laissez-moi lui parler.

ACTE II, SCÈNE XI.

DUO.

(Ce duo entre George et Tom se chante à voix basse et sur le devant du théâtre. Patrice et les douaniers restent dans le fond.)

TOM.

C'est toi? je n'y puis rien comprendre.

GEORGE.

Plus bas! on pourrait nous entendre.

TOM.

Mais comment!...

GEORGE.

Je te l'apprendrai.

TOM.

Et mes jours?

GEORGE.

Je les sauverai
Ainsi, tais-toi.

TOM.

Je suis discret.

GEORGE.

Pas un seul mot!

TOM.

Je suis muet.

ENSEMBLE.

GEORGE, à part.

Redoublons de mystère.
Pour moi plus de bonheur!
Mais, hélas! de mon père
Sauvons au moins l'honneur!

TOM, à part.

Ah! l'excellente affaire!
Et pour moi quel bonheur
D'avoir pour mon confrère
Un coquin grand seigneur!

GEORGE.

Veux-tu devenir honnête homme?

TOM.

Ce nouveau métier me plairait.
Un bon emploi me conviendrait.

GEORGE.

Il en est un où je te nomme.

TOM.

Rapporte-t-il beaucoup d'argent?

GEORGE.
D'aujourd'hui même il est vacant
Dans la prison de cette ville :
Celui de geôlier.

TOM.
Poste utile.

GEORGE.
Et qui demande un homme habile
En fait de ruses.

TOM.
J'en sais tant!
Et cette place, ce haut grade?

GEORGE.
Je puis le demander pour toi
A mon père le vice-roi.

TOM, très-surpris.
Quoi! ton père!... ah! camarade!
Ah! Monseigneur, pardonnez-moi!

GEORGE.
Du silence!

TOM.
Je suis discret.

GEORGE.
Pas un seul mot!

TOM.
Je suis muet.

ENSEMBLE.

GEORGE.
Redoublons de mystère, etc.

TOM.
Ah! l'excellente affaire, etc.

GEORGE, se retournant vers Patrice.
Je viens de l'interroger, et il me paraît moins coupable que vous ne pensiez.

PATRICE.
Lui, Milord! le plus hardi bandit des trois royaumes!

TOM.
Du tout; il y a des circonstances atténuantes, et Monseigneur sait bien mieux que vous ce que j'ai fait.

PATRICE.
Monseigneur est trop bon, il faut le détromper. (Aux douaniers.)

Amenez les témoins. (Voyant entrer Sarah.) Ah! voici justement celui que j'attendais.

SCÈNE XII.

Les mêmes, SARAH, que l'on amène.

GEORGE, à part.

Sarah!

TOM, de même.

Oh! le diable s'en mêle!

PATRICE, à George.

Tenez, Milord, voilà l'honnête fille qui nous a livré les contrebandiers.

SARAH, à Patrice.

Que me voulez-vous?... il faut que je retourne auprès de lui.

PATRICE.

Auprès de qui?

SARAH.

Silence! (Elle écoute.) Non, non, je me trompe, il est tranquille.

PATRICE, à Tom.

Voyons, connais-tu cette femme?

TOM, avec effronterie.

Je ne l'ai jamais vue.

SARAH, riant.

Ah! vous voilà, Tom? bonjour, mon cher ami. Je vous croyais pendu..

TOM, entre ses dents.

Que la peste puisse t'étrangler toi-même!

SARAH.

Puisque vous ne l'êtes pas, vous devez avoir du genièvre à vendre?... mais ce n'est plus moi qui cacherai vos marchandises. Vous pouvez désormais les mettre avec les autres dans les ruines du vieux château de Kilnok.

PATRICE, à Tom.

Que dis-tu de cela?

TOM.

Est-ce que vous ne savez pas que c'est une folle?

SARAH.

Jusqu'ici j'ai été discrète... je n'ai rien dit...

TOM, entre ses dents.

Oui, je te conseille de t'en vanter!

SARAH.

Mais je n'ai plus peur maintenant, ma mère est morte, et je me vengerai de vous tous qui me faisiez battre.

PATRICE, à Sarah.

Ah! ah!... ils étaient donc plusieurs?

SARAH, souriant.

Oh! oui! il y en avait un autre... mais il était bon, il était brave, il me défendait... (Pleurant.) J'ai eu bien du chagrin!... j'ai pleuré!... ma mère me disait qu'il en aimait une autre... la jolie Effie, la fille du soldat Jackins!... O mon Dieu! quand ces souvenirs me reviennent!...

TOM, à Patrice.

Vous voyez bien qu'elle n'a pas deux idées de suite.

PATRICE.

Tais-toi! (A Sarah.) Et cet autre que vous aimiez? il faut me dire qui il est.

SARAH, passant vivement devant lui.

Jamais! jamais!... et quand je verrais la mort devant moi! quand je serais menacée de tous les supplices... (Voyant George et poussant un grand cri.) Ah!... (Elle tombe dans les bras de Patrice.)

FINAL.

SARAH, égarée et revenant à elle lentement.
Qui donc a dans mon âme
Rappelé mes beaux jours?
C'est moi qui suis sa femme,
Car il a mes amours
Pour toujours!

TOM, à Patrice.
Quand je disais qu'elle était folle!
Le croyez-vous d'après cela?

PATRICE.
Oui, je le crois d'après cela.

SARAH, riant.
Moi folle, dites-vous? ah! c'est ce qu'on verra.
Son retour me console!
Ma raison reviendra.
(Elle chante.)
Tra, la, la, la, la, la, la.
(On entend au dehors un appel de trompettes.)

SARAH.
Écoutez! quels accents funèbres

Soudain font tressaillir mon cœur !
Et quelles épaisses ténèbres
M'environnent de leur horreur !

SCÈNE XIII.
GEORGE, JENNY, PATRICE, SARAH, TOM.

GEORGE, à Jenny, très-pâle.
C'est vous, Jenny ! je vous revois !
Parlez ! quelle est sa destinée ?
(Jenny se tait.)
O ciel ! est-elle condamnée ?

JENNY, tremblante.
Non, pas encore : on est aux voix.
Mais les juges avaient un air sombre et sévère
Qui m'a fait trembler et sortir.

GEORGE, près de la porte.
Écoutons ! quel silence !

JENNY.
Hélas ! on délibère.

SARAH, gaiement à Jenny.
C'est vous, Jenny ? qu'avec plaisir
Je vous rencontre !

PATRICE, retenant Sarah.
Du silence !
Elle est là, de sa sœur attendant la sentence.

SARAH, cherchant ses idées.
Sa sœur ?... eh ! mais, je crois, c'est Effie !... en effet,
Elle était ma rivale et son autre amoureuse.
On veut donc me venger ? c'est bien fait ! c'est bien fait !
(Pleurant.)
Elle me rend si malheureuse !

TOM, brusquement.
Eh ! non, ce n'est pas ça.

SARAH.
Comment ?

PATRICE.
On l'accuse d'avoir immolé son enfant :
Et bientôt un arrêt sévère...

SARAH, vivement.
Quoi ! que dites-vous ? une mère !...
Cela n'est pas ! oh ! non, vraiment !

(Souriant.)

On aime tant un bel enfant
Qui nous sourit et nous console !

PATRICE, haussant les épaules.

Qu'en savez-vous ?

TOM, riant de Patrice.

Est-il bon, celui-là
De causer avec une folle !

SARAH.

Ah ! je suis folle ! je suis folle !
Fort bien ! c'est ce que l'on verra.

(Chantant.)

Tra, la, la, la, la, la, la.

(Elle va s'asseoir dans un coin du théâtre à gauche et arrange son manteau sur ses genoux comme pour couvrir et bercer un enfant. Autre appel de trompettes.)

SCÈNE XIV.

LES MÊMES, LE DUC D'ARGYLE, BOURGEOIS DES DEUX SEXES, QUELQUES SOLDATS, sortant de la salle du tribunal.

GEORGE.

O ciel ! mon père ! la sentence ?...

LE DUC, aux soldats, montrant Jenny.

Messieurs, qu'on éloigne sa sœur !

GEORGE.

Ah ! mon père !

JENNY.

Ah ! Monseigneur !

GEORGE, regardant son père.

Je frémis d'un tel silence.

JENNY, égarée.

De ma sœur quel est le sort ?
Parlez ! répondez-moi.

LE DUC, baissant la tête.

La mort !

ENSEMBLE GÉNÉRAL.

TOUS, hors Sarah.

O sort fatal ! arrêt terrible !
De la loi quelle est la rigueur !
Faut-il qu'elle soit inflexible
Pour la jeunesse et le malheur !

SARAH, dans son coin, comme si elle berçait un enfant.
Il me sourit! il est sensible
A tous mes soins, à mon malheur!
Dors d'un sommeil doux et paisible,
Dors, mon enfant, dors sur mon cœur.

SCÈNE XV.

LES MÊMES, EFFIE, suivie d'autres soldats.

(George et Jenny courent à elle pour la soutenir.)

EFFIE.
Un arrêt inexorable
Vient de condamner mes jours!
Je meurs sans être coupable!
(Bas à George.)
Je meurs en t'aimant toujours!

GEORGE, à son père.
De ma douleur je ne suis plus le maître!
Quoi! rien ne peut l'arracher au trépas?

SARAH, se levant vivement et attirant Jenny.
Écoute! aujourd'hui je vais être
Heureuse.

JENNY, avec douleur.
Laisse-moi.

SARAH, la retenant.
Non! écoute tout bas.

JENNY.
Et quoi donc?

SARAH.
Il m'aimait avant elle;
Après sa mort c'est moi qu'aimera l'infidèle.
Pour posséder son cœur, le plus cher de mes biens!

JENNY, montrant Effie.
Tu maudirais ses jours?

SARAH, avec passion.
Je donnerais les miens.

JENNY.
Laisse-moi, malheureuse!

PATRICE, repoussant Sarah.
Ah! que d'extravagance!
Tais-toi, folle, tais-toi, silence!

SARAH, retournant sur son siége.
Ah! je suis folle! eh bien! c'est ce que l'on verra.
(Chantant.)
Tra, la, la, la, la, la, la, la.
ENSEMBLE GÉNÉRAL.
TOUS, hors Sarah.
O! sort fatal, arrêt terrible! etc.
SARAH, dans un coin.
Il me sourit, il est sensible, etc.
(Des soldats entourent Effie pour la conduire en prison; Jenny, au désespoir, se jette dans ses bras; le duc retient George près de lui. Le rideau se baisse.)

ACTE III.

Une salle de la prison. Des guichets à droite et à gauche; une porte au fond un peu à droite : quand elle s'ouvre, on voit le commencement d'une chambre obscure et resserrée.

SCÈNE PREMIÈRE.

(Au lever du rideau, les prisonniers en grand nombre sont à jouer aux cartes par terre ou sur des bancs; d'autres boivent ou fument leur pipe. Une grande lampe suspendue au plafond. Un petit miroir cassé accroché au mur à droite.)

CHOEUR DE PRISONNIERS.

Dieu des voleurs, dieu des filous,
Honneur à toi! protége-nous!
Chacun ici te rend hommage;
Viens soutenir notre courage!
Délivre-nous, protége-nous,
Dieu des voleurs, dieu des filous!

ALTREC, tenant un verre.

Demain, je le gage,
Le gibet m'attend;
Pour que le voyage
Se fasse gaîment,
Versez à plein verre
Le rhum, le porter,
C'est fort salutaire
Contre le grand air.

CHOEUR.

Versez à plein verre, etc.

GILBY.
Et pourquoi donc perdre courage?
ALTREC.
Se résigner est d'un vrai sage.
Être pendu c'est mon destin,
Ce sera le vôtre demain.
GILBY, en confidence.
De nous sauver j'ai le moyen.
ALTREC.
Comment! et que prétends-tu faire?
GILBY, voyant arriver le geôlier.
C'est le nouveau geôlier que l'on dit si sévère.
Cessons un pareil entretien.
CHŒUR.
Versez à plein verre, etc.

SCÈNE II.

LES PRISONNIERS, TOM, en geôlier.

TOM.
Salut, mes pensionnaires. Chantez, morbleu! chantez! ne vous dérangez pas.

GILBY, regardant Tom.
Que vois-je!

ALTREC, de même.
Est-il possible!

GILBY.
C'est Tom!

ALTREC.
Eh! oui, c'est lui!

TOM, froidement.
Moi-même, mes anciens.

TOUS, s'approchant.
Quel bonheur!

GILBY.
Et moi qui te croyais pris depuis quelque temps d'un torticolis?

ALTREC.
Qui diable t'en a sauvé?

TOM.
Mon mérite, j'en avais tant! on a pensé que pour être bon geôlier, pour garder des coquins adroits et rusés, il fallait

quelqu'un qui connût la partie : et on m'a donné ce poste honorable.

ALTREC.

Tu le méritais bien.

GILBY.

Certainement ; tu ne l'as pas volé.

ALTREC.

C'est la première fois ; et si on ne donnait les places que comme cela..

TOM.

Que voulez-vous, mes enfants ? il fallait être comme vous sous les verroux, ou bien vous y tenir, et je n'ai pas hésité.

GILBY.

Tu as bien fait dans l'intérêt général.

ALTREC.

Tu sais qu'on est venu au château de Kilnok saisir nos marchandises ; nous nous sommes battus en gens d'honneur.

GILBY.

Oui, voilà Altrec qui a tué par derrière un employé de l'accise.

TOM.

Vraiment !

ALTREC, froidement.

Que veux-tu ?... un mouvement de vivacité ; on n'est pas parfait.

GILBY.

Et c'est pour cela que demain à la parade on lui fait cadeau d'une cravate de chanvre.

TOM, froidement.

Nous sommes tous mortels.

ALTREC, de même, fumant sa pipe.

Parbleu !... aussi, par prudence, je me suis vendu ce matin au docteur Robinson, le premier chirurgien d'Édimbourg.

GILBY.

Oui, le docteur l'a acheté une guinée.

ALTREC.

C'est toujours cela de sauvé.

TOM.

Une guinée ? tu ne l'as jamais valu.

GILBY.

De son vivant, c'est possible... mais après...

TOM.

C'est juste... un beau garçon... un grand gaillard...

GILBY.

Nous venons de le boire.

ALTREC.

Et ça m'a fait du bien. (Lui offrant un verre.) Si le cœur t'en disait?

TOM.

Merci : je ne bois plus. J'ai besoin de ma tête.

GILBY, à voix basse.

Et nous de la nôtre. Apprends que nous méditons un coup de main où tu vas nous servir.

TOM.

Un complot! alors ne me dites rien.

ALTREC.

Qu'est-ce que cela signifie?

TOM.

Cela signifie que j'ai été contrebandier, que je veux bien être geôlier, mais que je ne serai jamais espion. Gardez votre secret; chacun pour soi : Dieu pour tout le monde! Allons, voici l'heure de la retraite : rentrez dans vos cabinets; il faut que je donne audience à cette jeune fille qui doit mourir ce soir. Nettoyez-moi la place.

GILBY.

On dit qu'elle est jolie, cette fille?

ALTREC.

Et c'est pour cela qu'on la fait passer avant moi. Elle a séduit les juges; toujours des faveurs et des préférences pour les jolies femmes.

GILBY, bas à Tom.

Un seul mot : puisque tu ne veux pas aider à notre délivrance, jure-moi de rester neutre seulement pendant cette nuit.

TOM, brusquement.

Silence!

COUPLETS.

PREMIER COUPLET.

Anciens camarades
Sur terre et sur mer,
De mes nouveaux grades
Je ne suis pas fier.

Mais il nous faut rompre,
Tel est mon devoir ;
Et de me corrompre
Perdez tout espoir.
Coquins, mes amis,
Hélas ! j'en gémis !
Mais vous faire grâce
Ne m'est plus permis :
Je suis homme en place,
Bonsoir, les amis !

DEUXIÈME COUPLET.

Alors que nous happe
La main de Thémis,
L'homme adroit échappe
L'imbécile est pris.
Aussi voilà comme,
J'en suis désolé,
Nouvel honnête homme,
Je vous tiens sous clé.
Coquins, mes amis,
Hélas ! j'en gémis !
Mais vous faire grâce
Ne m'est plus permis :
Je suis homme en place,
Bonsoir, les amis !

(Les prisonniers sortent en grondant et avec des gestes menaçants.)

SCÈNE III.

TOM, EFFIE.

(Pendant la sortie des prisonniers, Tom est allé ouvrir la petite porte du fond, et il revient sur le devant de la scène avec un air soucieux.)

TOM, encore seul.

Peste soit de l'ordre que le juge m'a donné là ! Pauvre fille !... lui annoncer qu'il faut mourir dans une heure !... à cause de la famille ils ont décidé que le supplice n'aurait lieu que pendant la nuit ; ils appellent cela des égards !... Je n'aurai pas le cœur de lui apprendre qu'il n'y a plus d'espoir ; je crois sur mon âme que je deviens tendre et sensible. (Appelant d'une forte voix.) Holà ! hé !... viendrez-vous enfin ? la porte est ouverte.

EFFIE, *entrant en scène par la porte que Tom a ouverte.*
Est-ce moi que vous appelez?

TOM.

Oui, avancez, n'ayez pas peur, et regardez-moi un peu, s'il vous plaît.

EFFIE.

Comment?... c'est vous, Tom? le compagnon de George?

TOM.

Et concierge de ce château de plaisance depuis hier au soir. Je vous ai envoyé un lit, de l'eau fraîche, des fruits... enfin j'ai fait ce que j'ai pu.

EFFIE.

Je vous remercie. Ainsi donc, tout le monde m'abandonne excepté vous?

TOM.

Eh! mon Dieu, non; personne ne vous oublie. Le duc d'Argyle avait obtenu trois jours de sursis dans l'espoir que votre enfant se retrouverait : George est parti pour cette recherche.

EFFIE.

Et il ne revient pas? point de nouvelles?

TOM, *avec embarras.*

Non... et les trois jours sont expirés... Et les maudits bourgeois qui vous ont condamnée sont si jaloux de leurs prérogatives! le duc n'a aucun droit sur leur juridiction... Ainsi, ma chère petite... Vous comprenez?... (A part.) Elle n'entend pas.

EFFIE, *dans la rêverie.*

Pas encore de retour!

TOM.

Si je pouvais vous sauver ce serait déjà fait, j'y ai songé toute la nuit. Mais depuis la dernière révolte les guichets sont remplis de soldats. J'ai examiné aussi la vieille charpente du clocher de Saint-Saturnin, qui touche à la prison du côté du nord; mais il faudrait marcher sur un toit de malédiction où un chat sauvage ne se tiendrait pas. Et cependant la folle de la montagne y a établi son nid... là-haut, sous la grande cloche... comme une hirondelle.

EFFIE.

Ah! ne croyez pas que je voulusse m'échapper d'ici comme si j'étais coupable. Non, non, mon innocence me rassure; j'ai prié Dieu du fond de mon cœur, et sa bonté m'a secourue; il m'a envoyé l'espérance.

TOM.

L'espérance?... (A part.) Qui diable aurait le courage de la détromper?

EFFIE.

Mais écoutez-moi, Tom; vous pouvez me rendre un grand service.

TOM.

Et lequel?

EFFIE.

Ma sœur Jenny qui pleure sur mon sort...

TOM.

Eh bien?

EFFIE.

A travers les grilles de ma fenêtre, je viens de l'entendre sur la place; elle m'a appelée!... les soldats la repoussent. Oh! si vous pouvez me permettre de la voir, je vous prie! je vous supplie...

TOM, empressé.

Eh! que ne parliez-vous? je vais vous la chercher.

EFFIE.

Ah! que vous êtes bon!

TOM.

Il suffit; attendez, vous pouvez rester là. Je cours et je reviens. (A part, en sortant.) Sa sœur! c'est trop heureux! Je vais lui dire tout et lui passer ma sotte commission.

SCÈNE IV.

EFFIE, assise et rêvant.

Bonne Jenny!... toujours soumise et fidèle à ses devoirs!... innocente fille de nos montagnes! et moi!... ô mon Dieu! notre enfance fut si paisible!... doux souvenirs!... Oh! je les reverrai ces champs où je suis née! l'air bienfaisant qu'on y respire ramènera le calme dans mon âme! on me rendra mon fils, et je verrai son père nous sourire à tous deux!

SCÈNE V.

EFFIE, JENNY.

(Elle entre en marchant lentement et avec peine; elle est très-pâle et tremblante.

JENNY, dans le fond.

O mon Dieu! quel devoir à remplir! (Elle s'approche peu à peu derrière la chaise d'Effie, passe doucement son bras autour de la tête de sa sœur et détourne son visage en retenant ses sanglots. Effie se lève vivement, étouffe un faible cri, et reste en silence, la tête sur le sein de Jenny.) Oui, Effie, c'est moi!... voici ta première amie. Pleure, pleure avec elle... parfois, on souffre tant de retenir ses larmes!

EFFIE.

Et mon enfant?... George?... mon père?... oh! parle, Jenny! parle-moi de tous ceux que j'aime!

JENNY, avec douleur.

Rien, ma sœur! rien de consolant à t'apprendre! ton fils est perdu pour toujours; George est de retour, je l'ai vu arriver, il est désespéré; le duc d'Argyle ne peut que nous plaindre, et mon malheureux père, le tien, ce pauvre vieillard!... m'a ordonné de venir te voir, de le remplacer près de toi dans ce moment cruel... et de t'apporter... sa dernière bénédiction!

EFFIE, avec un mouvement d'effroi.

Quoi!... que dis-tu?... est-ce donc un adieu que tu m'apportes? tu trembles!... comme tu es pâle!

JENNY.

Oui... j'ai eu peur sur la place! les cris du peuple!... ils m'ont reconnue et suivie avec leurs flambeaux.

EFFIE.

Des flambeaux?... et pourquoi?... quelle cérémonie?...

JENNY.

Et puis, la voix brusque de ce geôlier qui m'a fait entrer... ce qu'il m'a dit ensuite à l'oreille et qu'il faut que je t'apprenne...

EFFIE, vivement.

Ton trouble augmente encore!... ah! quel pressentiment! Mon sort est-il fixé?... quoi! sitôt? cette nuit?... oh! parle, parle-moi!

JENNY, avec la plus grande douceur.

Ma sœur! prends pitié du peu de force qui me reste! j'en ai besoin! Pauvre fille que je suis, il faut que je songe à mon père, que je vive encore pour lui : qu'il retrouve en moi seule et mes soins et les tiens! Ah! crois-moi, quand de pareils malheurs frappent une famille, ceux qui quittent la vie ne sont pas les plus à plaindre... Ton fils t'appelle au séjour des anges... Pour aller près de lui, implore ce Dieu qui nous afflige, mais qui fait grâce au repentir! Notre séparation est affreuse, mais elle ne sera pas longue! la douleur usera promptement nos tristes jours, et bientôt, je l'espère, nous nous retrouverons dans un monde meilleur.

EFFIE, résignée et à genoux.

Je suis prête, achève... la bénédiction de mon père!

JENNY.

Je ne changerai rien à ses paroles.

ROMANCE.

O ma fille chérie!
C'est toi qui vas mourir!
Dieu prolonge ma vie,
Et tes jours vont finir!
Puisse, hélas! ma prière
Fléchir pour toi le ciel!
Et reçois de ton père
Le pardon solennel!

EFFIE, se levant avec calme.

Je ne suis plus tremblante,
Adieu, ma pauvre sœur!
Oui, ta voix innocente
Rends la paix à mon cœur.
Adieu donc! mais, de grâce,
Le soir, priant le ciel,
Souviens-toi de ma place
Au foyer paternel!

(Elles retombent dans les bras l'une de l'autre.)

SCÈNE VI.

Les mêmes, TOM, SARAH, avec une toilette bizarre et de la paille dans ses cheveux arrangée en guise de fleurs.

TOM, traînant Sarah dans la salle,

En prison, langue maudite! en prison! tu voulais me faire pendre, et c'est moi maintenant qui vais te mettre sous les verroux. Ainsi va le monde, méchante sorcière!

SARAH, riant.

En prison, moi? taisez-vous, mon ami; vous déraisonnez, vous perdez le sens.

TOM.

Ah! c'est moi qui suis fou.

SARAH.

Assurément: qu'ai-je donc fait pour qu'on me punisse?

TOM.

Depuis vingt-quatre heures tu ne fais que voler : de la paille, du lait, une corbeille neuve chez le vannier, et un rideau de soie qui servait d'enseigne au tapissier de la Grande-Rue.

SARRAH.

Ce n'est pas pour moi, on n'a rien à me dire; d'ailleurs, je n'ai pas le temps de rester ici. J'ai ordonné d'illuminer l'église, les cloches vont sonner : il faut que je sois là; voyez comme je suis parée!

TOM.

Ah! Madame se marie peut-être?

SARAH.

Oh! non, c'est une autre cérémonie. Mon mariage se fera plus tard, quand George reviendra; il me l'a bien promis.

TOM, à Jenny.

Emmenez votre sœur; cette bavarde lui ferait mal.

(Jenny et Effie rentrent dans la chambre.)

SARAH, qui a regardé autour d'elle.

C'est beau ici! cela vaut mieux que mon clocher. Ah! voici un miroir : voyons ma toilette.

TOM, regardant entrer Effie.

L'instant approche; le peuple la demande à grands cris, on va venir la chercher, je n'y veux pas être, moi; un porte-clé la leur donnera. Je m'en vais m'enfermer : au diable le métier! (Il sort.)

SCÈNE VII.

SARAH, seule tenant le petit miroir.

RONDEAU.

Emmy sous l'ombrage,
Et loin du hameau,
Voyait son image
Dans un clair ruisseau ;
Ce miroir fidèle
Fit dire à la belle :
Quel joli portrait!
Quel joli portrait!
Mais sur l'onde claire,
La folle bergère
Jette son bouquet,
Et tout disparaît!

Fillette jolie,
La fleur du hameau,
Hélas ! de ta vie
Voilà le tableau.
Dans un vain délire
On te voit toujours
Chercher à détruire
La paix de tes jours.
Au lieu d'être sage
Au sein du bonheur,
Tu formes l'orage
Qui trouble ton cœur !
Emmy sous l'ombrage, etc.

SCÈNE VIII.

SARAH, replaçant le miroir et restant à se regarder encore; GEORGE, UN PORTE-CLÉ.

GEORGE, au porte-clé, avec accablement.

Où est sa chambre ?

LE PORTE-CLÉ, montant la porte d'Effie.

La voilà, Milord ; la porte est entr'ouverte.

GEORGE.

Il suffit. (Le porte-clé sort.)

SCÈNE IX.

GEORGE, SARAH.

GEORGE, tombant sur un siège.

Je n'ose entrer... aucun moyen de la sauver ! Je voulais l'enlever en me mettant à la tête des contrebandiers, mais leur vaisseau a disparu de la côte ! et les trois hommes qui étaient à terre ont été pris par la faute ou la folie de Sarah !

SARAH, se retournant.

Sarah ?... me voilà : qui m'appelle ?

GEORGE, la voyant et toujours assis.

Que fait-elle ici ?

SARAH.

Ah ! je devine. On vient me chercher. (Elle s'approche de la chaise de George avec cérémonie et lui fait une profonde révérence.) Milord, me voilà prête ; donnez-moi la main, je vous prie.

GEORGE.

Que voulez-vous, Sarah ?

ACTE III, SCÈNE IX.

SARAH.

Vous le savez bien, Milord : vous êtes le parrain; partons pour le baptême.

GEORGE.

Elle ne me reconnaît plus.

SARAH.

Venez, dépêchons-nous. Oh! je veux le mettre sous la garde de Dieu! je veux baptiser mon enfant!

GEORGE, se levant vivement.

Un enfant, dites-vous?...

SARAH, reculant.

Ah! vous m'avez fait peur.

GEORGE, avec réflexion et regret.

Ah! mon infortune me fait oublier sa démence, et ma raison s'égare comme la sienne! Entrons. (Il va vers la porte d'Effie.)

SARAH, le retenant.

Où allez-vous? ce n'est point par-là; venez, venez; oh! vous verrez comme il est beau! je lui ai fait un berceau avec une corbeille et des rideaux verts!... et je l'appelle George!... Et quand son père reviendra, je lui dirai : Tiens, tiens, vois comme j'ai pris soin du petit ange que tu m'as envoyé dans la cabane de ma mère!

GEORGE, frappé d'une idée.

Qu'entends-je!... chez sa mère!... en effet?... Effie a déclaré... O mon Dieu! les malheureux s'attachent à l'ombre d'un espoir!...

SARAH.

Silence! parlez bas!... si on me l'enlevait encore!

GEORGE.

Comment?...

SARAH.

Oui, oui! on me l'avait volé; mais je l'ai retrouvé! j'ai repris mon enfant!

GEORGE, avec un grand trouble.

Ah! mène-moi vers lui!... que je le voie aussi!... Sarah! reconnais-moi!... un éclair de raison! je suis George! un ami!... reconnais-moi, de grâce!

SARAH, avec force.

Laissez-moi! laissez-moi!... vous avez l'air méchant! vous voulez me tromper... vous êtes George, vous!... avec ces beaux habits?... oh! quelle différence!... laissez-moi!... laissez-moi!

FINAL.

GEORGE, à part.
Ah! calmons-nous, s'il est possible!
Cherchons, hélas! à l'attendrir.

SARAH.
George était bon, doux et sensible;
J'en ai gardé le souvenir.

GEORGE, avec douceur.
Écoute-moi!

SARAH, brusquement.
Ce n'est pas toi.

GEORGE.
Regarde-moi.

SARAH.
Ce n'est pas toi.

(Ici on voit le porte-clé introduisant un sous-officier et deux soldats par la porte de la dernière coulisse à gauche. Ils traversent le fond du théâtre te entrent tous dans la chambre d'Effie. George et Sarah, sur le devant de la scène, ne les voient point passer et le duo continue.)

SARAH, avec douceur.
Je l'aime trop pour m'y méprendre;
Vous n'avez pas son air si doux;
Vous n'avez pas cette voix tendre
Qui disait : Sarah, m'aimez-vous?

GEORGE, de même.
Un seul instant daigne m'entendre!
Rappelle-toi ces jours si doux
Où ton ami, d'une voix tendre,
Te disait : Sarah, m'aimez-vous?

SARAH, s'écriant.
Ah!

GEORGE.
M'aimez-vous?

SARAH.
J'ai cru l'entendre!

GEORGE.
Écoute-moi!

SARAH.
Cette voix tendre!

ACTE III, SCÈNE IX.

GEORGE.

Regarde-moi!

SARAH.

Ces traits si doux!...

GEORGE, bien doucement.

Ah! Sarah, Sarah, m'aimez-vous?

(Sarah pousse un cri et tombe dans les bras de George. En ce moment, Effie sort de sa chambre avec sa sœur et les soldats; en voyant Sarah dans les bras de George, elle fait un geste de désespoir; sa sœur lui montre le ciel, et tout le cortége sort précipitamment par la porte à gauche. George et Sarah ne voient rien de leur passage et de leur sortie. Le duo continue.)

ENSEMBLE, très-vif.

SARAH.

Ah! cette voix si tendre!
C'est lui que je revois!
C'est lui qui vient me rendre
Mon bonheur d'autrefois.

GEORGE.

Oui, c'est un ami tendre,
C'est lui que tu revois,
Et qui voudrait te rendre
Ton bonheur d'autrefois.

(Avec instance et curiosité.)

Et maintenant?

SARAH, sans l'écouter et parcourant le théâtre.

Bonheur suprême!

GEORGE.

Tu me disais?

SARAH.

Ah! que je t'aime!

GEORGE.

Reparle-moi de cet enfant
A qui ton amitié fidèle...

SARAH.

Tais-toi!... c'est vrai... je me rappelle...

GEORGE.

Eh bien?

SARAH, cherchant ses idées.

Un instant, un instant...

(On entend sur la place en dehors.)

LE PEUPLE.

Place! place! place!

Qu'elle n'échappe pas !
La loi veut son trépas.
La mort, et point de grâce !
Place ! place ! place !

GEORGE.

Quels cris !

SARAH, en délire.

Les entends-tu là-bas ?
Cet enfant ! ils voudraient l'arracher de mes bras !
(Croyant voir l'enfant.)
Ah ! le voilà !

GEORGE, désespéré.

Grands dieux !

SARAH.

On vient me le reprendre

GEORGE.

Son délire revient !

SARAH, à George.

Voyez-vous ces soldats ?
Tiens, tiens, cache-le bien, et songe à le défendre !

ENSEMBLE très-vif.

GEORGE, au désespoir.

O tourment ! ô supplice
Plus cruel que la mort !
O Dieu ! sois-moi propice !
Prends pitié de mon sort !

SARAH, en délire.

Quoi ! l'on veut qu'il périsse !
Un enfant ! quoi ! sa mort !
O céleste justice !
Prends pitié de son sort !

LE PEUPLE, en dehors.

C'est l'instant du supplice !
Des méchants c'est le sort.
Que le sien s'accomplisse !
Point de grâce ! la mort !

SCÈNE X.

LES MÊMES, TOM, accourant en désordre et un sabre à la main. On entend sonner le tocsin et on voit les petites fenêtres grillées de la salle éclairées en dehors par un incendie. Grand bruit d'orchestre.

TOM, arrivant.

Alarme, alarme générale !

Au large! au diable la prison!
Tous ces coquins, race infernale,
Ont mis le feu dans la maison.

GEORGE, *voulant courir à la chambre d'Effie.*
Effie!...

TOM, *le retenant.*
Est déjà sur la place.

GEORGE.
Grand Dieu! courons!

TOM, *à Sarah.*
Il faut marcher.
Viens voir brûler ton vieux clocher!
La flamme a gagné la charpente.

SARAH, *poussant un cri et courant en dehors.*
Ah!

TOM.
Décampons!

GEORGE, *suivant Sarah.*
Jour d'épouvante!

SCÈNE XI.

ALTREC, GILBY, TOUS LES PRISONNIERS, *traversant le théâtre avec des torches de paille embrasées.*

BACCHANALE.
La victoire est à nous!
Sauvons-nous! fuyons tous!
A la lueur des flammes
Quittons ces lieux infâmes!
Sauvons-nous, fuyons tous!
La victoire est à nous!

SCÈNE XII.

(Le théâtre a changé à vue, et représente la place d'Édimbourg éclairée par l'incendie et couverte de monde; d'autres habitants aux fenêtres; dans le fond on voit le clocher. Les flammes ont gagné l'escalier intérieur qui est en bois; la charpente du dôme est aussi en feu. On voit Sarah à une haute galerie du clocher.)

EFFIE, GEORGE, TOM, JENNY, LE DUC D'ARGYLE, y arrivant un peu plus tard.

CHOEUR GÉNÉRAL, *désignant Sarah.*
Ah! la voilà!... point de secours!
Mon Dieu! c'en est fait de ses jours!

SARAH, criant et tenant une corbeille d'osier façonnée en berceau et recouverte d'un rideau.

George! ton fils!

GEORGE, à Effie.

Ah! ton enfant!

EFFIE, s'écriant.

Qu'as-tu dit?

PEUPLE.

O ciel! son enfant!

SARAH, criant.

Attends, atttends!

EFFIE, à genoux.

O Dieu puissant!

(Sarah coupe avec un couteau une corde de cloche qu'on aperçoit à travers les ouvertures du clocher, attache le berceau et le descend le long du mur extérieur, en évitant les lucarnes d'où s'échappent les flammes.)

CHOEUR, entourant Effie.

Ah! juste Dieu! la pauvre mère!
On l'accusait injustement!
O ciel! écoutez sa prière,
Prenez pitié de son tourment!

(Le berceau est saisi par George. Effie se précipite, soulève le rideau du berceau qu'on a posé à terre et pousse un cri de joie. Le duc d'Argyle tient la main de son fils et puis tend les bras à Effie. Jenny les yeux au ciel fait partie de ce groupe. Sarah, au milieu des flammes, croise les bras comme résignée à la mort. Le rideau se baisse.)

FIN DE LA PRISON D'ÉDIMBOURG.

LESTOCQ

ou

L'INTRIGUE ET L'AMOUR

OPÉRA-COMIQUE EN QUATRE ACTES

MUSIQUE DE M. AUBER

Opéra-Comique. — 24 mai 1834

PERSONNAGES

ÉLISABETH, fille de Pierre le Grand.
LESTOCQ, son médecin.
GOLOFKIN, ministre de la police.
EUDOXIE, sa femme.
STROLOF, serf de Golofkin, et maître de la poste.

CATHERINE, serve de Golofkin.
DIMITRI LAPOUKIN, jeune officier au régiment de Novogorod.
SAMOIEF, officier du même régiment.
VOREF, aide-de-camp de Golofkin.

ACTE PREMIER.

La cour d'une maison de poste. Au fond, la campagne. A gauche du spectateur, la porte de la maison. A droite, l'entrée d'un grand hangar.

SCÈNE PREMIÈRE.

(Au lever du rideau, Strolof est assis sur une chaise, la tête penchée sur sa poitrine. Samoief et plusieurs officiers paraissent au fond, en éperons et le fouet à la main.)

INTRODUCTION.

CHŒUR D'OFFICIERS.

Des chevaux! des chevaux!
Postillons que Dieu confonde,
A ma voix que l'on réponde,
Des chevaux! des chevaux!
Les meilleurs et les plus beaux,
Des chevaux! des chevaux!

SAMOIEF, à Strolof.
Le maître de la poste, où donc est-il?

STROLOF.

Hélas
C'est moi! serf et vassal de cette seigneurie!

TOUS.
Il nous faut des chevaux, tu nous en donnera

STROLOF.
Je ne le puis, je n'en ai pas!

SAMOIEF.
Il en a, mes amis, j'ai vu son écurie,
Et nombreuse et bien garnie!

STROLOF.
Ça n'y fait rien, je n'en ai pas.

SAMOIEF.
Serf et vassal, obéis au plus vite,
Où nous allons t'assommer, entends-tu?

STROLOF, froidement.
Soit! frappez! le Moscovite
Est fait pour être battu!

ENSEMBLE.
Des chevaux! des chevaux!
Vassal, que le ciel confonde,
Qu'à nos ordres l'on réponde,
Des chevaux! des chevaux!
Les meilleurs et les plus beaux,
Des chevaux! des chevaux!

STROLOF.
Des chevaux! des chevaux!
Eh! que le ciel vous confonde!
Que veut-on que je réponde?
Je n'ai pas de chevaux,
Dussiez-vous meurtrir mon dos,
Je n'ai pas de chevaux!

(Ils entourent Strolof qu'ils menacent de leur fouet.)

SCÈNE II.

LES PRÉCÉDENTS, DIMITRI.

DIMITRI.
Amis, que faites-vous? frapper ce pauvre diable!
Je le défends!

(A Strolof.)
Allons, deviens traitable!

De notre garnison, sombre et triste séjour,
Un ordre de la cour aujourd'hui nous délivre !
Avant le régiment qui bientôt va nous suivre,
    Nous voulons à Saint-Pétersbourg
Arriver aujourd'hui ! Que ton zèle s'empresse,
Nous paierons !
                STROLOF.
       C'est parler ! j'ai des chevaux très-bons !
                DIMITRI.
Tu vas nous les donner !
                STROLOF.
     Non !
                DIMITRI.
         Pour quelles raisons ?
                STROLOF.
On les a retenus !
                DIMITRI.
     Pour qui ?
                STROLOF.
           Pour la princesse
Élisabeth, qui doit aussi se rendre
Ce soir à Pétersbourg.
                DIMITRI.
        Qui vient de te l'apprendre ?
                STROLOF.
Ce billet que m'écrit Lestocq, son médecin !
                SAMOIEF.
Ce médecin français !
                DIMITRI, après avoir lu.
         Oui, c'est bien de sa main !
Pour la princesse et pour ses équipages,
Tout est payé d'avance !
    CHŒUR DE JEUNES OFFICIERS, à demi voix, et avec respect.
          Amis, c'est différent !
    La fille de Pierre le Grand
A droit à nos respects ainsi qu'à nos hommages !
                SAMOIEF.
    Jusqu'à ce soir nous attendrons.
               DIMITRI.
Ici, Messieurs, nous dînerons.
              ENSEMBLE.
    Pour prendre patience,

Pour attendre gaîment,
Amis, faisons bombance,
C'est un moyen charmant!
Au milieu de la foule
Qu'anime le festin,
Gaîment le temps s'écoule
Comme les flots de vin.

DIMITRI.

Je me charge, Messieurs, d'ordonner le repas,
Dussé-je renverser tout du haut jusqu'en bas!

CHOEUR.

Pour prendre patience,
Pour attendre gaîment, etc.

(Ils sortent tous par le fond ou par la porte à droite.)

SCÈNE III.
DIMITRI, STROLOF.

DIMITRI.

A nous deux, maintenant. Occupons-nous de notre dîner, ce qui est bien ennuyeux; moi qui devrais être à Saint-Pétersbourg, où l'amour m'attend.

STROLOF.

Vous êtes bien heureux!

DIMITRI.

Je crois bien : depuis deux ans que mon régiment est exilé à Novogorod, depuis deux ans séparé d'elle, et pas un mot de ses nouvelles. Eh bien! voyons notre dîner; qu'est-ce que tu nous donneras? qu'est-ce que tu as?

STROLOF.

Adressez-vous à l'intendant de Monseigneur, car, pour moi, je n'ai rien.

DIMITRI.

Comment, rien!

STROLOF.

Est-ce ma faute à moi si je suis un serf! un esclave! si tout ce que je gagne appartient à mon maître, au comte Golofkin, seigneur de ce domaine?

DIMITRI.

Golofkin! le ministre de la police! celui qui, avec Munich et Osterman, forme le conseil de régence?

STROLOF.

Lui-même! un rude seigneur!

PREMIER COUPLET.

Sur nous siffle sans cesse
Le fouet retentissant;
L'âge, ni la faiblesse,
N'échappe au châtiment.
Qu'ici nul ne raisonne,
Et quand le maître ordonne,
Qu'on obéisse en tout,
Ou sur-le-champ le knout,
  Le knout!
Jusqu'à la mort le knout!

DEUXIÈME COUPLET.

Plus d'hymen, de tendresse,
Sans l'ordre d'un tyran;
Pour nous plus de maîtresse,
Un maître nous les prend...
Et pour dernier supplice,
Il faut qu'on le chérisse
Et qu'on l'aime avant tout.
Ou sur-le-champ le knout,
  Le knout!
Jusqu'à la mort le knout!

DIMITRI.

Ce n'est pas possible! et je ne puis croire que le comte Golofkin...

STROLOF.

Ah! vous ne le croyez pas? Me voilà pourtant, moi, Strolof, paysan russe, fils de paysan, qui allais épouser Catherine, ma cousine, esclave comme moi; et le matin de la noce, l'intendant l'a enlevée et envoyée à Saint-Pétersbourg pour être femme de chambre de la comtesse, ou peut-être du comte; que sais-je? et parce que ma mère et moi nous avons réclamé, nous avons voulu élever la voix, il nous a fait donner trente coups de knout! Moi! à la bonne heure, je suis fort, je ne suis bon qu'à être battu; mais ma mère, une pauvre femme de soixante ans, elle en serait morte, sans M. Lestocq, le médecin de la princesse, qui venait de Saint-Pétersbourg, et qui l'a soignée, qui lui a sauvé la vie. Aussi, ce M. Lestocq, ce n'est pas un Moscovite celui-là, c'est un Français, et si vous le connaissiez...

DIMITRI.

Je le connais, je l'ai vu quelquefois quand nous allions faire notre cour à la princesse Élisabeth, exilée comme nous à Novogorod. C'est un singulier caractère, un original, qui, du reste, ne manque pas de mérite.

STROLOF.

Je crois bien! Je donnerais pour lui, sur-le-champ, le peu de jours qui me restent à être battu... Ah! mon Dieu, une voiture.

DIMITRI.

Celle d'Élisabeth?

STROLOF, la regardant avec effroi.

Non pas, non pas...

DIMITRI.

Qu'as-tu donc à trembler ainsi?

STROLOF.

Dieu me soit en aide! c'est le comte Golofkin lui-même qui descend chez nous. Il y aura d'ici à ce soir bien des coups de knout de distribués.

DIMITRI.

Golofkin! je ne l'aime pas plus que toi, et ne me soucie guère de faire sa connaissance. Je vais trouver l'intendant et m'entendre avec lui pour notre dîner. (Il sort par la porte à droite.)

SCÈNE IV.

STROLOF, GOLOFKIN, DEUX COSAQUES ET VOREF,

GOLOFKIN, entrant en causant avec Voref.

Quoi! ces jeunes officiers ont devancé leur régiment?

VOREF.

Oui, excellence!

GOLOFKIN.

Ils ont donc grande hâte de se trouver à Saint-Pétersbourg? Vous leur signifierez qu'ils n'y resteront qu'un jour, le temps de faire reposer leurs soldats, et de là, on les dirigera sur Smolensk. Qu'ils partent sur-le-champ!

VOREF.

Ils ne le peuvent : tous les chevaux ont été, dit-on, retenus par la princesse Élisabeth.

GOLOFKIN.

Qui a obéi à cet ordre?

VOREF, montrant Strolof.

Lui.

GOLOFKIN.

Il ne sait donc pas que moi seul ici ai le droit de commander?... Pour qu'il s'en souvienne désormais... allez!...

STROLOF, à part.

Je m'y attendais. O grand saint Nicolas, un quart d'heure de vengeance, et je le tiens quitte de tout ce que j'ai reçu. (Il sort avec les deux Cosaques.)

GOLOFKIN, à Voref.

Voyez quel est ce bruit!

VOREF.

La princesse qui descend de voiture.

GOLOFKIN.

Courons à sa rencontre.

VOREF, regardant toujours par le fond.

Madame Golofkin vous a prévenu; ces dames viennent de ce côté.

SCÈNE V.

LES PRÉCÉDENTS, ÉLISABETH, EUDOXIE, LESTOCQ; CHŒUR DE PAYSANS, PAYSANNES.

CHŒUR.

Houra! houra! houra!
C'est elle;
La voilà!
Qu'elle est gracieuse et belle!
Des czars c'est le noble sang
Le sang de Pierre le Grand!
C'est elle, la voilà!
Houra! houra! houra!

GOLOFKIN, avec colère.

Assez! vos cris fatiguent Son Altesse.

ÉLISABETH.

Nullement, comte Golofkin, l'amitié qu'on inspire ne fatigue jamais. Merci, mes amis. (Les paysans sortent par le fond. — Pressant les mains d'Eudoxie.) Ma chère Eudoxie! que je suis heureuse de vous voir et de vous embrasser, moi, qui ne savais même pas votre mariage! (Se retournant vers Golofkin.) Je vous remercie, comte Golofkin, d'être venu au-devant de moi jusqu'à trois lieues de Saint-Pétersbourg. Tant d'honneur à une princesse déchue, c'est beau pour un courtisan. Ce qui l'est plus encore, c'est de m'avoir amené votre femme, autrefois ma fille d'honneur, (Lui prenant la main.) et toujours mon amie, n'est-il pas vrai?

EUDOXIE.

Ah! j'ai voulu accompagner monsieur le comte; j'ai voulu être la première à présenter mes hommages à Votre Altesse, et à savoir si le voyage ne l'avait pas bien fatiguée.

ÉLISABETH.

Mais non; je ne crois pas! je me porte à merveille. N'est-il pas vrai, Lestocq? car, c'est lui que cela regarde, je ne m'en mêle pas; il me trouve souvent des vapeurs ou des migraines auxquelles, sans lui, je n'aurais jamais songé. Oh! c'est un homme de talent!

GOLOFKIN.

Et de plus, un fidèle serviteur...

ÉLISABETH.

Que vous avez placé auprès de moi, et vous avez bien fait; car sans lui le séjour de Novogorod eût été si triste, je me serais tant ennuyée dans cette maison de plaisance! Mais enfin me voilà de retour à Saint-Pétersbourg dont les bals sont, dit-on, délicieux cette année, et j'aurai, j'espère, le temps de me dédommager.

GOLOFKIN.

Je ne le pense pas; car, s'il faut vous l'avouer, Madame, je viens de la part de Son Altesse Anne de Courlande, régente de l'empire pendant la minorité du prince Ivan, son fils, notre jeune empereur... je viens...

ÉLISABETH.

Eh bien! achevez.

GOLOFKIN.

Je viens vous dire que Son Altesse, ainsi que le conseil de régence, dont j'ai l'honneur de faire partie, ont été péniblement surpris de votre départ de Novogorod, dont vous n'aviez pas daigné les prévenir.

ÉLISABETH.

Et à quoi bon? un voyage d'agrément pour ma santé; le changement d'air. N'est-ce pas, Lestocq?

LESTOCQ, s'inclinant.

Oui, Madame.

ACTE I, SCÈNE V.

GOLOFKIN, d'un air doucereux.

A cela nous n'avons rien à objecter; mais nous ne pensons pas que l'air de Saint-Pétersbourg convienne à Votre Altesse, et je viens vous conseiller de vouloir bien ne pas entrer dans la capitale.

LESTOCQ, à part.

Quelle audace!

ÉLISABETH, avec fierté.

Comte Golofkin, est-ce un ordre que l'on m'intime?

GOLOFKIN, respectueusement.

Non, sans doute; mais une prière qu'il ne serait peut-être pas prudent à vous de repousser. Votre présence à Saint-Pétersbourg pourrait enhardir, encourager certains partis qui conspirent dans l'ombre, et qui deviendraient plus audacieux s'ils concevaient le fol espoir de vous voir à leur tête.

ÉLISABETH.

J'entends; ce qui donnerait peut-être un peu de mal au ministre de la police. Cela vous regarde, comte Golofkin, et je ne peux pas vous priver d'une occasion de faire briller vos rares talents; et parce que le sénat m'a exclue du trône, parce qu'il a décidé que le prince Ivan, neveu de Pierre Ier, serait préféré à moi, Élisabeth, qui suis sa fille, je ne pourrai plus changer de résidence, voyager pour mon plaisir, aller au bal à Saint-Pétersbourg sans faire naître des complots, exciter des soupçons, et troubler le sommeil des ministres! C'est trop compter sur ma patience, et je ne répondrai qu'un mot : je ne conspire pas, je ne conspirerai jamais; et si cela m'arrive, vous pouvez faire tomber ma tête; j'y consens d'avance; mais je veux aller à Saint-Pétersbourg; j'irai, j'y resterai tant que cela me plaira, et je m'y plairai beaucoup. (Avec ironie.) La cour y est si aimable! Dites-le bien à la régente, dites-le à Munich et à Osterman, vos dignes collègues, et nous verrons si l'on arrachera des murs de la capitale, si l'on chassera de force la fille de Pierre le Grand. Voyez, comte Golofkin, préparez tout pour mon départ, je retournerai avec vous à Saint-Pétersbourg; je vous permets de m'y accompagner. Adieu, Eudoxie : à bientôt; nous nous reverrons! (Eudoxie fait la révérence, Golofkin s'incline respectueusement et sort avec Vorel.)

SCÈNE VI.

ÉLISABETH, LESTOCQ.

ÉLISABETH, à part, et regardant autour d'elle.

Je ne l'aperçois pas! et cependant il me semble qu'il devrait déjà être arrivé, qu'il devrait m'avoir précédée.

LESTOCQ, s'approchant d'Élisabeth.

C'est bien, Madame.

ÉLISABETH, d'un air triomphant.

N'est-ce pas! surtout pour moi, qui suis faible et qui n'ai jamais pu avoir de caractère; mais une fois que je suis piquée! et je l'étais beaucoup de ne pouvoir assister à cette fête brillante qu'on doit donner demain, dit-on, à l'Ermitage.

LESTOCQ.

Que dites-vous?

ÉLISABETH.

Une fête pour laquelle, depuis deux mois, l'on fait des préparatifs.

LESTOCQ.

Quoi! c'est là le véritable motif qui vous attire à Saint-Pétersbourg? Vous n'en avez pas d'autre?

ÉLISABETH.

Non, certainement, aucun!

LESTOCQ, toujours à demi voix.

Et peu vous importe de recevoir ici des ordres, quand vous devriez en donner; d'entrer comme simple sujette dans ce palais des czars où vous devriez régner en impératrice?

ÉLISABETH.

Ah! vous allez encore ramener cet éternel sujet de conversation. Grâce, Lestocq, je ne me sens pas bien aujourd'hui; je suis souffrante; je suis malade.

LESTOCQ.

Oui, vous êtes habituée à un air plus élevé, l'air du trône! celui-là seul vous est bon. (Avec force.) Et si j'étais à votre place...

ÉLISABETH.

Certainement; si vous y étiez. Mais entre vous et moi, mon cher docteur, il y a grande différence.

LESTOCQ.

Je le sais, Madame, et j'ose dire qu'elle est toute à mon avantage. Né de parents français, simple frater dans un misérable village, n'ayant d'autre bien que ma jeunesse et ma lancette, je n'ai désespéré ni de moi ni de mon avenir. Nul n'est prophète dans son pays; j'ai cherché fortune à l'étranger, et soit audace, talent, intrigue, comme vous voudrez, tout est bon pour arriver, et j'y suis parvenu; j'ai été accueilli à la cour de Russie, je suis premier médecin de la princesse Élisabeth, de la fille des czars. De rien que j'étais, voilà où je me suis élevé, voilà ce que j'ai fait. Et vous, Madame, née sur les degrés du trône, héritière présomptive de la couronne impériale, vous êtes descendue jusqu'au rang de princesse sans crédit, sans pouvoir, soumise aux caprices de la régente, aux ordres de Golofkin ou de Munich...

ÉLISABETH.

Lestocq, vous ne voulez pas me fâcher?

LESTOCQ.

Et plût au ciel que je vous fisse sortir de cette insouciance, de cette apathie qui forme le fond de votre caractère! Plût au ciel que je fisse passer dans vos veines cette fièvre, ce désir de gloire qui me dévore! dès demain je vous verrais assise sur le trône de Pierre le Grand, votre père, je verrais briller sur votre front ce bandeau des czars qui vous irait si bien! Ah! que vous seriez belle!

ÉLISABETH, avec complaisance.

Vous croyez? (Se reprenant.) Non, non!

RÉCITATIF.

J'ai d'autres projets plus séduisants pour moi,
Mais que je ne puis dire à personne!

LESTOCQ.

Et pourquoi?

DUO.

ÉLISABETH.

Heureux qui peut passer sa vie
Loin des grandeurs, loin de la cour!
Heureux qui la voit embellie
Par les plaisirs et par l'amour!

LESTOCQ.

Heureux qui peut passer sa vie
Sur le trône et dans la grandeur!
Heureux qui la voit embellie
Et par la gloire et par l'honneur!

ÉLISABETH.
Moi, faible femme!... on veut que je conspire!
LESTOCQ.
Mourir pour vous sont mes seuls vœux!
ÉLISABETH.
C'est à la mort que tu veux me conduire...
LESTOCQ.
C'est au trône de vos aïeux!
(La regardant.)
Je le vois, dans son âme
J'ai ranimé l'honneur!
Et l'ardeur qui l'enflamme
A passé dans son cœur.
ÉLISABETH.
Je sens naître en mon âme
Le dépit et l'honneur,
Et l'ardeur qui l'enflamme
A passé dans mon cœur!
Eh bien! vous le voulez, au repos je renonce.
LESTOCQ.
Vous consentez...
ÉLISABETH.
Pas encor, je ne peux;
Mais tantôt, dans ces lieux, vous aurez ma réponse.
LESTOCQ, à part.
Elle est à nous, le sort comble nos vœux!
ENSEMBLE.
LESTOCQ.
Je le vois, dans son âme
J'ai ranimé l'honneur!
Et l'ardeur qui m'enflamme
A passé dans son cœur.
ÉLISABETH.
Je sens naître en mon âme
Et la honte et l'honneur!
Et l'ardeur qui l'enflamme
A passé dans mon cœur.
(Elle sort.)

SCÈNE VII
LESTOCQ, puis STROLOF.
LESTOCQ.
Oui, je la forcerai bien de conspirer. Oui, je la ferai impé-

ratrice malgré elle, car jamais on n'a été moins princesse. Il n'y a dans cette femme-là qu'une femme et pas autre chose; des futilités, des plaisirs, des rêves d'amour, voilà tout ce qu'il lui faut. Eh bien! permis à elle, mais quand elle sera sur le trône, et on lui permettra alors d'être la voluptueuse Élisabeth; c'est ainsi qu'ils l'appellent. (Apercevant Strolof.) C'est Strolof; comme le voilà sombre et rêveur! (Strolof va à lui, met un genou en terre et lui baise la main.) Il y a quelque temps que nous ne nous sommes vus, depuis mon dernier voyage; mais j'ai pensé à toi. Relève-toi, mon garçon; comment va ta mère?

STROLOF.

Elle va bien, monseigneur le médecin, et moi aussi : je viens encore d'être battu.

LESTOCQ.

O ciel!

STROLOF.

Par l'ordre de Golofkin; aussi, j'ai la rage dans le cœur quand je pense qu'il faut toujours recevoir et se taire.

LESTOCQ.

Pourquoi donc? On peut rendre à son tour, et si quelque jour tu trouvais le moyen de donner le knout à Golofkin...

STROLOF.

Lui! mon maître! oh! non, jamais (Avec une joie concentrée.) Je le tuerais bien, par exemple; mais le battre, je n'oserais pas.

LESTOCQ, froidement.

Eh! mais, dans le monde, tout est possible. Pour commencer, je t'ai racheté à l'intendant de Golofkin.

STROLOF.

O ciel! dites-vous vrai? Vous êtes mon maître?

LESTOCQ.

Je t'emmènerai à Saint-Pétersbourg, tu reverras Catherine, ta fiancée; je te la ferai épouser, et je vous donnerai à tous deux votre liberté.

STROLOF.

Ah! monseigneur Lestocq, je vous appartiens corps et âme, et s'il ne faut que se faire tuer pour vous, dites-moi : va, et j'irai.

LESTOCQ, avec chaleur, et à demi voix.

Bien! mon garçon, bien! tu partageras mes dangers. J'aurai besoin de ton courage et de ton bras. Tu sauras pourquoi

STROLOF, froidement.

Ce n'est pas la peine.

LESTOCQ.

Bravo! voilà une réponse digne d'un soldat russe. Il y a du plaisir à conspirer avec des gens comme ceux-là; ce n'est pas comme en France où ils veulent toujours savoir... Eh! mais, quel est ce bruit?

SCÈNE VIII.

Les précédents, DIMITRI.

DIMITRI, entrant avec colère.

Oui, j'en fais le serment, il ne mourra que de ma main.

LESTOCQ.

Eh qui donc, mon officier? est-ce un malade que vous voulez me recommander? un oncle à succession? me voilà.

DIMITRI.

Ah! c'est vous, Lestocq, vous me voyez furieux!

LESTOCQ.

Et contre qui?

DIMITRI.

Contre cet indigne, cet infâme Golofkin.

STROLOF.

Prenez garde; s'il entendait...

LESTOCQ.

Il est ici!

DIMITRI.

Je le sais bien! et peu m'importe! il ne m'enverra pas en Sibérie. Mais il a fait plus encore; on vient de nous signifier de sa part que notre régiment n'avait qu'un jour à rester dans la capitale.

LESTOCQ.

Vraiment!

DIMITRI.

Après deux ans d'absence; et l'infamie, docteur, c'est que j'allais me trouver près de celle que j'aime; et repartir encore pour Smolensk. Non, morbleu! plutôt donner ma démission, plutôt briser mon épée.

LESTOCQ.

Modérez-vous!

DIMITRI.

Jamais. C'est une atrocité que je ne pardonnerai pas, et que Golofkin me paiera dans ce monde ou dans l'autre. Ne pas la voir, être séparé d'elle; concevez-vous, docteur? et pourquoi? parce qu'il dit que nos soldats, que le régiment de Novogorod est animé d'un mauvais esprit.

LESTOCQ, avec joie.

Vraiment; je le savais déjà!

DIMITRI.

Eh bien! morbleu, ils ont raison, ils font bien; et moi, qui jamais de ma vie ne me suis mêlé de rien, si je savais qu'il y eût quelques bonnes conspirations, quelques projets de soulèvement, je serais trop heureux d'en être.

LESTOCQ.

Est-il possible?

DIMITRI.

A une seule condition; c'est qu'on me permettrait de tuer Golofkin moi-même.

STROLOF, bas, à Lestocq.

Je l'avais retenu!

LESTOCQ, à Strolof.

Tais-toi!

DIMITRI.

Mais, par malheur, il n'y a rien, personne ne pense à conspirer. Les Russes se laisseraient tous opprimer sans jamais lever la tête.

LESTOCQ.

Qu'en savez-vous?

DIMITRI.

Hein! que dites-vous là?

LESTOCQ.

S'il y avait des cœurs généreux qui s'entendissent avec le vôtre, qui réclamassent les secours de votre épée et de vos soldats; pourraient-ils compter sur vous?

DIMITRI.

Oui, morbleu, toujours. (Le regardant avec étonnement.) Ah çà! dites donc, docteur, c'est donc sérieux? il y a donc quelque chose? moi je parlais là sans y penser, mais je ne m'en dédis pas: je n'ai jamais conspiré de ma vie, c'est du nouveau.

LESTOCQ.

Étourdi!

DIMITRI.

Voyons un peu, parlez; vous voulez-donc renverser Golofkin? c'est bien; le tuer, nous verrons; c'est peut-être un peu vif pour la première fois!

LESTOCQ, regardant dans la coulisse à gauche.

Taisez-vous donc, on vient. (A part.) Madame Golofkin!

DIMITRI, s'avançant et regardant dans la coulisse à gauche.

Ah! mon Dieu! est-il possible? quelle rencontre!

LESTOCQ, à Dimitri.

Ce n'est pas le moment de vous expliquer; plus tard vous saurez tout. Viens, Strolof!

STROLOF.

Oui maître. (Ils sortent par la droite.)

SCÈNE IX.

DIMITRI, puis EUDOXIE.

DIMITRI, regardant vers la coulisse à gauche.

C'est bien elle! elle approche; et moi qui courais à Saint-Pétersbourg pour la revoir, pour l'épouser. (Courant à elle.) Eudoxie!

EUDOXIE.

Dieu! qu'ai-je vu? vous, Dimitri, vous dans ces lieux?

DIMITRI.

Oui, après deux ans d'absence et de tourments...

EUDOXIE.

Silence!

DIMITRI.

Oh! je ne crains rien. Je suis libre; mon oncle en mourant m'a laissé ses richesses, qui sont à vous puisqu'elles m'appartiennent; plus de refus, plus d'obstacles...

EUDOXIE.

Le plus grand de tous, le plus cruel pour vous, Dimitri; mais le salut de mon père l'exigeait; on allait le traîner en Sibérie, et un seul moyen de le sauver, c'était d'épouser celui-là même qui le persécutait.

DIMITRI.

Et vous y avez consenti?

EUDOXIE.

Grâce! grâce! ne m'accusez pas, et plaignez-moi! car mon amour était à vous.

DIMITRI.

Et j'ai tout perdu!

ROMANCE.
PREMIER COUPLET.
EUDOXIE.

Adieu, je pars;
Soyez l'honneur de la patrie!
Allez, suivez nos étendards!
Soyez heureux! une autre amie
Pourra vous consacrer sa vie,
Et moi, je pars!

DEUXIÈME COUPLET.
DIMITRI.

Adieu, je pars,
Et c'est en vain qu'en ma misère
J'implore un seul de vos regards.
Cette faveur est bien légère,
Pour moi ce sera la dernière,
Demain je pars!

DUO.
EUDOXIE.

Ah! laissez-moi!

DIMITRI.

Écoute-moi!
Je meurs d'amour.

EUDOXIE.

Je meurs d'effroi.

DIMITRI.

O toi que j'aime!

EUDOXIE.

O trouble extrême!

ENSEMBLE.
DIMITRI.

Je n'ai qu'un vœu, qu'un seul désir,
Vivre pour toi, pour toi mourir.

EUDOXIE.

Je n'ai qu'un vœu, qu'un seul désir,
L'honneur commande, il faut vous fuir

DIMITRI.

Je devais croire à ta constance.

EUDOXIE.

Hélas! je ne m'appartiens plus.

DIMITRI.
Et ces serments de notre enfance?
EUDOXIE.
Et ceux que le ciel a reçus!
DIMITRI.
Ta tendresse me fut ravie,
Rends-moi le seul bien que j'aimais;
Une heure... un instant, je t'en prie,
Te voir et puis mourir après!
EUDOXIE, avec émotion.
Ah! laissez-moi!
DIMITRI.
Écoute-moi, etc., etc.

DIMITRI.
Ainsi vous repoussez mes vœux!
Eh bien! sachez que l'on conspire,
Qu'un complot se trame en ces lieux,
J'y prendrai part, et si j'expire,
Vous l'aurez voulu.
EUDOXIE.
Moi, grands dieux!
Oubliez ce projet funeste.
DIMITRI.
Non, non, je l'ai juré... je veux,
Risquant des jours que je déteste,
Immoler Golofkin!
EUDOXIE.
O ciel! que dites-vous?
Immoler Golofkin!
(Le voyant venir.)
C'est lui, c'est mon époux.
DIMITRI.
Son époux!

SCÈNE X.
Les précédents; GOLOFKIN.

TRIO.

DIMITRI.
Dieu! que viens-je de faire?
Qu'ai-je dit, malheureux!
J'excite la colère
D'un tyran soupçonneux.

EUDOXIE.

O ciel! que dois-je faire?
Quel complot odieux!
Faut-il à sa colère
Livrer un malheureux!

GOLOFKIN, à part, entrant en rêvant.

Il est, dans le mystère,
Des complots odieux
Qui ne pourront, j'espère,
Échapper à mes yeux.

(Apercevant Dimitri.)

Ah! c'est vous, capitaine;
On vous a prévenu que dans Saint-Pétersbourg
Vous ne deviez rester qu'un jour.

DIMITRI.

Oui, l'on nous a transmis votre loi souveraine;
Tout un jour... c'est beaucoup, et nous devons bénir
La main qui nous accorde une faveur si grande!

GOLOFKIN, à Eudoxie.

Venez... Élisabeth... vous veut et vous demande.

DIMITRI, bas à Eudoxie.

Mon sort est dans vos mains, faut-il vivre ou mourir?

ENSEMBLE.

DIMITRI.

Dieu! que viens-je de faire?
Qu'ai-je dit, malheureux! etc., etc.

EUDOXIE.

O ciel! que dois-je faire?
Quel complot odieux! etc., etc.

GOLOFKIN.

Dans l'ombre et le mystère
Des complots odieux, etc., etc.

(Golofkin entre avec Eudoxie dans la maison à gauche.)

SCÈNE XI.

DIMITRI, LES OFFICIERS venant du dehors. STROLOF, ET QUELQUES MOUGIKS, pendant le chœur suivant, placent la table et servent le dîner.

CHOEUR.

Il faut s'amuser, rire et boire,
Assez tôt viendra le trépas!
Courir des plaisirs à la gloire,

C'est la devise des soldats!
SAMOIEF.
De bien dîner que l'on s'empresse,
Moi, je me charge des apprêts.
(Il va au fond, et aide à mettre le couvert.)
LESTOCQ, à part.
De ce repas le désordre et l'ivresse
Pourraient bien servir nos projets.
SAMOIEF.
A ce banquet militaire,
Le docteur veut-il prendre part?
(Aux autres officiers.)
Il faut le ménager, car à la moindre affaire,
Nous avons besoin de son art.
DIMITRI, à part.
N'importe, du mari, je brave la vengeance.
LESTOCQ, lui serrant la main.
A table!
DIMITRI, à part.
Cachons-leur ma rage et mon dépit!
LESTOCQ, à Samoief.
J'accepte avec plaisir comme avec appétit.
DIMITRI, sur le devant du théâtre, bas à Lestocq.
La diète, je le vois, n'est pas dans l'ordonnance,
Un conspirateur dîne.
LESTOCQ, de même.
Il conspire en dînant!
(Ils se mettent tous à table.)
CHOEUR.
Il faut s'amuser, rire et boire,
Assez tôt viendra le trépas!
Courir des plaisirs à la gloire,
C'est la devise des soldats!
DIMITRI, élevant son verre.
A la santé du docteur!
LESTOCQ, de même.
A la vôtre!
DIMITRI, de même.
Pour second toast buvons tous, mes amis,
A nos amours!
LESTOCQ.
Moi j'en propose un autre;

ACTE I, SCÈNE XI.

Buvons au bonheur du pays.
    SAMOIEF, d'un air triste.
Hélas! son bonheur n'est qu'un rêve,
Quand les tyrans règnent sur nous.
    LESTOCQ, secouant la tête.
Si vous vouliez...
    TOUS.
  Que dites-vous?
    LESTOCQ, lentement.
Que vous êtes soldats, que c'est avec le glaive
  Que l'on fait et défait les rois
    DIMITRI, vivement.
Il a raison.
    SAMOIEF, froidement.
  Il a tort, et je crois
Qu'aux affaires d'État nous devons faire trêve :
  Chantons plutôt : à vous, docteur,
Commencez.
    LESTOCQ.
  Volontiers.
    DIMITRI.
    Nous redirons en chœur.
    LESTOCQ.
    PREMIER COUPLET.
  C'est le plaisir qui vous invite,
  Venez à ce banquet joyeux,
  Répétez ce chant moscovite
  Si cher à vos nobles aïeux :
Saint Nicolas, patron de la Russie,
Veille sur nous, et donne en tous les temps
   La gloire à notre patrie,
   Et la mort à ses tyrans!
  DIMITRI ET LE CHŒUR, s'animant par degrés.
   Gloire à notre patrie,
   Et mort à ses tyrans!
    LESTOCQ.
   DEUXIÈME COUPLET.
  Le Moscovite est misérable,
  Des maîtres enchaînent son bras,
  Mais dans les maux dont on l'accable,
  Il sait attendre, et dit tout bas :
Saint Nicolas, patron de la Russie,

Veille sur nous, et donne en tous les temps
La gloire à notre patrie,
Et la mort à ses tyrans!

CHOEUR.

Gloire à notre patrie,
Et mort à ses tyrans!

(Ils se lèvent tous.)

LESTOCQ.

TROISIÈME COUPLET.

Et vous dont le cœur doit m'entendre,
Lorsqu'à la honte on vous conduit,
Est-il besoin de vous attendre?
C'est l'honneur qui parle et vous dit :
Braves soldats, soutiens de la Russie,
Votre valeur peut donner en tout temps
La gloire à votre patrie,
Et la mort à ses tyrans!

CHOEUR.

Gloire à notre patrie,
Et mort à ses tyrans!

(S'animant, entourant Lestocq, et se donnant tous la main.)
Oui, mes amis, oui, nous le jurons tous,
Nos ennemis tomberont sous nos coups!

ENSEMBLE.

LESTOCQ, à part, les regardant.

Courage! courage!
Mon triomphe est certain;
Achevons notre ouvrage
Les armes à la main.

CHOEUR D'OFFICIERS.

Courage! courage!
Le triomphe est certain,
Et sortons d'esclavage
Les armes à la main.

DIMITRI.

Courage! courage!
J'admire son dessein,
Sortons de l'esclavage
Les armes à la main.

SAMOIEF, à demi voix, les rassemblant autour de lui.

Quel sera notre chef? qui mettre sur le trône?

ACTE I, SCÈNE XI.

LESTOCQ.
La fille de Pierre le Grand !
Élisabeth !

TOUS.
Élisabeth !

SAMOIEF.
Oui, par droit de naissance.

LESTOCQ.
Et vous connaissez tous ses vertus, sa clémence.

DIMITRI.
Pour elle, s'il le faut, je donnerais mon sang.

TOUS.
Et nous de même ; vive Élisabeth !

SAMOIEF, les arrêtant, et à demi voix.
Avant
De nous sacrifier pour elle,
Sommes-nous sûrs de son consentement ?
Qui nous en répond ?

LESTOCQ.
Moi !

SAMOIEF.
Sur tes jours !

LESTOCQ.
A l'instant
J'ai reçu sa promesse ; elle y sera fidèle !
Et tout à l'heure ici, pour mieux vous l'attester,
Je l'attends elle-même.

DIMITRI.
Et nous mourrons pour elle,
Il n'est plus permis d'hésiter.

ENSEMBLE.

LESTOCQ, à part.
Courage ! courage !
Mon triomphe est certain.
Sortons de l'esclavage
Les armes à la main.

CHOEUR DE JEUNES OFFICIERS.
Courage ! courage !
Le triomphe est certain.
Sortons de l'esclavage
Les armes à la main.

DIMITRI.
Courage! courage!
J'admire son dessein.
Sortons de l'esclavage
Les armes à la main.

SCÈNE XII.

Les précédents; ÉLISABETH, EUDOXIE, GOLOFKIN, sortant de la porte à gauche; PAYSANS ET PAYSANNES, entrant par le fond.

LESTOCQ.
Taisons-nous; la voici, Golofkin est près d'elle.
ÉLISABETH.
Eh bien! tout est-il prêt, et pouvons-nous partir?
(Golofkn s'incline et fait signe que oui.)
ÉLISABETH, à Eudoxie.
La fête de demain doit donc être bien belle?
De m'y voir près de toi je me fais un plaisir...
(Apercevant Dimitri et les jeunes officiers.)
Eh mais! ô surprise nouvelle!
Nos jeunes officiers...
(A Eudoxie.)
Des chevaliers galants.
Au jour de la disgrâce ils m'ont prouvé leur zèle,
Et dans Novogorod c'étaient mes courtisans
Quand tout m'abandonnait...
(Apercevant Lestocq.)
Ah! vous voilà! de grâce,
Un mot, Lestocq.
(Elle l'emmène sur le devant du théâtre.)
LESTOCQ, à demi voix.
Eh bien! Madame?
ÉLISABETH, à demi voix.
Votre audace
De souvenir me fait encor trembler.
Plus de complot, de sceptre, ni d'empire;
Je ne veux plus en entendre parler.
LESTOCQ, à part.
O ciel! à peine je respire.
ÉLISABETH, à haute voix.
Ne songeons qu'à ce bal où j'espère briller.
Vous y viendrez, j'y compte.
(Elle le salue de la main, et retourne près d'Eudoxie et de Golofkin.)

ACTE I, SCÈNE XII.

LESTOCQ, à part.
O faiblesse de femme!

DIMITRI ET LES OFFICIERS, s'approchant de Lestocq qu'ils entourent.
Eh bien?

LESTOCQ, après un instant de silence, et d'un ton résolu.
Elle consent à tout, elle est à nous;
Mais il faut se hâter, son salut le réclame.

DIMITRI ET LES OFFICIERS.
Nous sommes prets... Nous vous le jurons tous.

ENSEMBLE.

LESTOCQ, à part.
Rien n'égale ma rage,
Le péril est certain.
Mourons avec courage
Les armes à la main.

DIMITRI ET LES OFFICIERS.
Du courage! du courage!
Le triomphe est certain.
Sortons de l'esclavage
Les armes à la main.

ÉLISABETH.
Que mes jours sans nuages
Restent purs et sereins;
Que jamais les orages
Ne troublent mes destins.

EUDOXIE.
Dieu, soutiens mon courage!
Il faut, c'est mon destin,
(Regardant Dimitri.)
Ou désarmer sa rage,
Ou trahir son dessein.

GOLOFKIN, regardant Élisabeth.
Si ce nouveau voyage
Cache quelques desseins,
Sa vie est un otage
Qui reste dans nos mains.

CHŒUR DE PAYSANS.
Que nos vœux, notre hommage, etc.

(Golofkin offre la main à Élisabeth, Dimitri à Eudoxie, et ils sortent par la porte du fond, tandis que Lestocq, au milieu des jeunes officiers, leur montre Élisabeth, et menace Golofkin. — La toile tombe.)

ACTE II.

Un appartement du palais d'été à l'Ermitage. Pavillon riche et élégant. Porte au fond. Deux portes latérales. A gauche, une harpe ; à droite, une table et tout ce qu'il faut pour écrire.

SCÈNE PREMIÈRE.

CATHERINE, seule, un papier de musique à la main, et étudiant un air.

« Gentille... gentille Moscovite,
« Sur ce traîneau... traîneau léger,
« Nous voyons... à ta suite,
« Les amours... les amours voltiger. »
(Froissant le papier dans ses mains.)
Ah ! c'est en vain que j'étudie,
Je ne pourrai jamais apprendre la partie.
(Lisant.)
« Les amours... les amours voltiger. »
Madame Golofkin, ma très-chère maîtresse,
Chante dans un concert, ainsi que la princesse,
Et l'on m'ordonne aussi de chanter... il le faut.
(Chantant.)
La, la, la, c'est trop bas... la, la, la, c'est trop haut.
« Gentille Moscovite,
« Sur ce traîneau léger,
« Nous voyons à ta suite
« Les amours voltiger ;
« Mais, cruelle Nadèje,
« Pourquoi, pour mon malheur,
« Blanche comme la neige,
« En as-tu la froideur ? »
(Jetant le papier.)
Ah ! c'est trop ennuyeux,
Et pour moi, j'aime mieux
Ces airs de danse qu'au village,
Sans les apprendre je savais,
Et qu'en revenant de l'ouvrage,
Auprès de Strolof je chantais.

PREMIER COUPLET.
Le pauvre Ivan, pendant le jour,
Travaille et pense à son amour.
La nuit arrive, et tout content,
Le pauvre Ivan s'en va chantant :
Quand pour moi l'ouvrage

Le soir est fini,
Rentrant au village
De froid tout transi,
Du foyer qui brille
J'aime la lueur,
Du feu qui pétille
J'aime la chaleur.
Mais j'aime bien mieux
    Mon amie,
      Si jolie ;
Mais j'aime bien mieux
Son regard amoureux.

DEUXIÈME COUPLET.

C'est le dimanche, et tout joyeux,
Buvant ce vin qui rend heureux,
Le pauvre Ivan oublie, hélas !
Peine et chagrin, et dit tout bas :
    Perdant l'équilibre,
    L'esclave, en buvant,
    Rêve qu'il est libre,
    Et l'est un instant.
    D'une erreur si douce
    J'aime le bonheur,
    De ce vin qui mousse
    J'aime la saveur.
Mais j'aime bien mieux, etc.

STROLOF, en dehors.

Oui, j'aime bien mieux
    Mon amie,
      Si jolie ;
Oui, j'aime bien mieux
Un regard de ses yeux.

CATHERINE.

Ah ! quelle voix !

(Courant à la fenêtre.)
Ciel ! Strolof en ces lieux !

ENSEMBLE.

CATHERINE, sur le théâtre.

Oui, j'aime bien mieux
    Mon amie,
      Si jolie ;
Oui j'aime bien mieux
Son regard amoureux.

STROLOF, en dehors.
Oui, j'aime encor mieux
Mon amie,
Si jolie;
Oui, j'aime encor mieux
Son regard amoureux.

SCÈNE II.

CATHERINE, LESTOCQ.

CATHERINE, se retirant vivement de la fenêtre.

Dieu! l'on vient! c'est le médecin de la princesse!

LESTOCQ.

Eh mais! ma chère enfant, qu'avez vous donc?

CATHERINE.

Rien, monsieur le docteur, rien, un étourdissement, un éblouissement.

LESTOCQ.

Cela se trouve à merveille, me voici. Je vois en effet dans vos yeux que vous êtes très-malade.

CATHERINE, à part.

Comme il s'y connaît!

LESTOCQ.

Maladie que nous nommons inclination contrariée et à laquelle sont sujettes les princesses comme leurs femmes de chambre.

CATHERINE.

Ah! mon Dieu!

LESTOCQ, la regardant toujours.

Attendez donc; un cousin à vous, un pauvre diable, que vous alliez épouser.

CATHERINE.

Comment, vous voyez cela?

LESTOCQ.

Et bien d'autres choses encore, je vous dirais même son nom : Strolof, je crois.

CATHERINE, vivement.

Oui, Monsieur le docteur! un paysan de M. le comte qui est bien loin d'ici.

LESTOCQ.

Du tout; je vois là qu'il est ici, à Saint-Pétersbourg.

CATHERINE, à part.

Dieu! que c'est dangereux! il sait tout, ce médecin-là.

PREMIER COUPLET.

Ne nous trahissez pas tous deux...
Longtemps nous fûmes malheureux
  Ensemble.
Mon cœur en est encore ému,
Que de fois pour moi je l'ai vu
  Battu!
Ah! dans mes maux qu'il partageait,
Son amitié me consolait.
Sans lui dire que je l'aimais,
Il le savait comme moi, mais
  Je tremble
De vous ouvrir ainsi mon cœur,
Et devant un si grand docteur
  J'ai peur.

DEUXIÈME COUPLET.

LESTOCQ.

Et pourquoi donc trembler ainsi?
Pour moi Strolof est un ami
  Fidèle.
D'un hymen qui l'enchanterait
J'ai conçu pour lui le projet
  Secret.

   (Geste de colère de Catherine.)

Ah! réprimez ce grand courroux,
Celle dont il sera l'époux,
Elle est près de moi; la voilà.
Approuvez-vous ce projet-là,
  Ma belle,
Et l'ordonnance du docteur
Calme-t-elle de votre cœur
  La peur?

CATHERINE.

Ah! pardon, monsieur le docteur,
Pour mériter un tel bonheur,
  Que faire?

LESTOCQ.

Il faut m'obéir désormais;
Il faut seconder en tout mes
  Projets.

CATHERINE.
Ah si Strolof le veut ainsi.
LESTOCQ.
C'est lui qui vous l'ordonne ainsi ;
Autour de vous observer bien,
Tout me dire et ne jamais rien
Me taire,
C'est son ordre ; car, sans frayeur,
On doit ouvrir à son docteur
Son cœur.
CATHERINE.
J'obéis, monsieur le docteur,
Vous avez banni de mon cœur
La peur.

LESTOCQ.
C'est bien! vous voilà donc comme Strolof à mon service, et pour commencer... Golofkin est-il sorti ce matin?
CATHERINE.
Non, Monsieur.
LESTOCQ.
Il est encore ici?
CATHERINE.
Là, dans ce salon, auprès de sa femme et de la princesse Élisabeth.
LESTOCQ.
Ne pas quitter sa femme... est-ce qu'il serait jaloux?
CATHERINE.
Non, Monsieur.
LESTOCQ, à part.
Tant pis; ça l'occuperait! il faudra y songer; et qu'est-ce que Golofkin, qu'est-ce que ces dames disaient dans le salon?
CATHERINE.
Il était question de la fête de ce soir dans les jardins de l'Ermitage.
LESTOCQ.
Après?
CATHERINE.
On disait que la régente, que toute la cour devait y assister.
LESTOCQ.
Après?

CATHERINE.

Qu'il y aurait concert d'abord, et puis ensuite un bal; et l'on a discuté sur le costume que devaient mettre ces dames. Ma maîtresse voulait une paysanne française, et la princesse une bergère russe.

LESTOCQ.

O futilités de femmes! c'est pourtant à cela qu'elle pense, dans un pareil moment!

CATHERINE.

Et un jeune officier qui était là, le capitaine Dimitri, un fort joli garçon, a proposé d'apporter à ces dames des dessins nouveaux qu'il allait chercher.

LESTOCQ.

Et lui aussi! et voilà des gens qui se mêlent de conspirer. (Haut, à Catherine.) Va dans le salon, et dis tout bas à la princesse que je voudrais lui parler au sujet de la fête qui se prépare.

CATHERINE.

Je n'oserais pas; ces dames essaient les morceaux de musique; moi aussi; ce qui est bien ennuyeux, et si vous vouliez me faire répéter...

LESTOCQ.

Il s'agit bien de cela! (A part.) Un concert! de la musique, quand nous jouons pour elle notre existence; quand tout marche, tout s'organise; quand cette nuit peut-être le sang va couler. Mais nos conjurés dont le nombre augmente veulent absolument ou sa présence ou un mot de sa main; et cette proclamation que j'ai promis de lui faire signer, par quel moyen l'y décider?

CATHERINE, regardant la porte qui s'ouvre.

Voici la princesse!

LESTOCQ.

Dieu soit loué!... mais elle n'est pas seule.

SCÈNE III.

LESTOCQ, CATHERINE, ÉLISABETH et EUDOXIE, un papier de musique à la main, et se disputant; **GOLOFKIN,** qui entre derrière elles.

QUINTETTI.

ÉLISABETH.

Je soutiens que c'est un *sol* dièze.

EUDOXIE.
Sol naturel,.. c'est bien écrit...
ÉLISABETH.
On s'est trompé, ne vous déplaise;
(A Golofkin.)
Ai-je raison?
GOLOFKIN.
Sans contredit.
(A part.)
Comment, d'une pareille femme,
Pouvions-nous craindre les projets?
LESTOCQ, à Élisabeth.
Je voudrais vous parler, Madame.
ÉLISABETH.
Dans ce moment je ne pourrais.
Nous sommes accablés et de soins et d'ouvrage,
N'avons-nous pas, ce soir, à l'Ermitage,
Bal et concert, et puis ce quatuor
Que nous ne savons pas, et qu'avec Eudoxie
Il nous faut répéter...
LESTOCQ, qui pendant ce temps s'est approché d'Élisabeth.
Mais je vous en supplie,
Une affaire importante, et qui me touche fort.
ÉLISABETH.
Les affaires plus tard, et les plaisirs d'abord.
LESTOCQ.
Mais, Madame, songez...
ÉLISABETH.
Songez au quatuor.
LESTOCQ, avec impatience.
Eh! vous n'êtes que trois!
ÉLISABETH.
C'est vrai, c'est difficile;
Mais jadis vous chantiez, et vous pouvez encor...
LESTOCQ, avec impatience.
Du tout!
ÉLISABETH.
Vous êtes trop habile
Pour ne pas tout connaître...
GOLOFKIN, riant.
Oh! c'est votre devoir

LESTOCQ.
A la première vue, et sans aucune étude ?
ÉLISABETH.
Bah ! vous autres docteurs, vous avez l'habitude
De réussir sans le vouloir.
LESTOCQ, à Élisabeth.
Mais, Madame !
ÉLISABETH.
Chantez, ou je n'écoute rien.
(Lui donnant un papier.)
Voici votre morceau.
(A Eudoxie et à Catherine.)
Les vôtres et le mien.

(Golofkin approche un fauteuil à Élisabeth. Lestocq est debout à sa gauche, Eudoxie à sa droite. Catherine, qui a pris un coussin, vient se mettre aux pieds de la princesse. Golofkin, assis à gauche du théâtre, contemple ce groupe.)

ÉLISABETH, CATHERINE, EUDOXIE, LESTOCQ.
Gentille Moscovite,
Sur ce traîneau léger,
Nous voyons à ta suite
Les amours voltiger ;
Mais, cruelle Nadèje,
Pourquoi, pour mon malheur,
Blanche comme la neige,
En as-tu la froideur ?
Oui, quand de cette neige
Vous avez la blancheur,
Pourquoi, belle Nadèje,
En avoir la froideur ?

ENSEMBLE.

GOLOFKIN.
Bravo ! bravo ! c'est enchanteur !
LES TROIS FEMMES, applaudissant.
Bravo ! bravo ! mon cher docteur !
LESTOCQ, à part.
Ah ! rien n'égale ma fureur !
ÉLISABETH.
Maintenant, docteur, je suis à vous, et je serais même enchantée de vous consulter...
LESTOCQ, vivement et avec émotion.
Vraiment !

ÉLISABETH.

Sur mon costume ; le capitaine Dimitri va nous apporter des dessins sur lesquels vous nous donnerez votre avis.

LESTOCQ.

Moi, Madame !

ÉLISABETH.

Ah ! vous êtes de fort bon conseil ; pas toujours. (A Golofkin.) N'est-il pas vrai ?

GOLOFKIN.

Certainement. Pardon, Madame, je me rends au conseil où la régente m'a fait demander.

EUDOXIE.

Moi, si Votre Altesse veut me le permettre, j'irai m'occuper de ma toilette de ce soir.

ÉLISABETH.

Fort bien ! vous me laissez seule.... Eh bien ! docteur, me voilà, je suis à vous.

LESTOCQ, qui depuis quelques instants s'est assis près de la table.

Faute de mieux ! c'est bien heureux ! (Bas, à Catherine.) Reste en sentinelle et avertis-moi dès que Golofkin sortira du conseil.

CATHERINE.

Je vous le promets.

ÉLISABETH, à Golofkin.

Adieu, monsieur le comte ; adieu, Eudoxie, à ce soir. (Golofkin sort par le fond, Eudoxie et Catherine par la gauche.)

SCÈNE IV.

LESTOCQ, assis près de la table à droite et dessinant à la plume ; ÉLISA-
 BETH, qui a reconduit Eudoxie, redescend le théâtre et s'approche de
 Lestocq.

ÉLISABETH.

Il y avait longtemps que je n'avais eu de matinée aussi occupée ; tant d'affaires à la fois me fatiguent, et je suis sûre, docteur, que vous êtes inquiet sur ma santé ; c'est pour cela sans doute que vous voulez... Ah ! vous dessinez.

LESTOCQ.

En attendant audience.

ÉLISABETH, regardant par-dessus son épaule.

Mais c'est fort bien ce que je vois là ; un trône d'un côté, un trône superbe, et de l'autre... (Poussant un cri.) Ah ! mon Dieu ! quelle horreur ! un échafaud !

ACTE II, SCÈNE IV.

LESTOCQ, lui montrant froidement le papier.

Choisissez! car maintenant, Madame, il ne vous reste plus d'autre alternative que l'un ou l'autre.

ÉLISABETH, effrayée.

Qu'est-ce que cela signifie, et que voulez-vous dire?

LESTOCQ.

Que je n'ai pas tenu compte d'un refus qui vous perdait et nous aussi. J'ai agi en votre nom, j'ai rassemblé, j'ai armé vos amis, toujours en votre nom, car je leur ai répondu de vous.

ÉLISABETH.

Sans mon aveu, sans mon consentement?

LESTOCQ.

J'étais sûr que vous le donneriez quand vous sauriez qu'en ce moment votre perte est certaine. Apprenez que depuis long-temps toutes vos démarches sont surveillées, que moi-même j'ai été placé près de vous pour épier vos actions et en rendre compte, et qu'enfin dans ce conseil où se rend Golofkin, on va décider de votre liberté ou de vos jours.

ÉLISABETH.

Quand je prouverai que je ne suis pas coupable...

LESTOCQ.

Vous l'êtes.

ÉLISABETH.

Et comment, s'il vous plaît.

LESTOCQ.

Par les droits seuls que vous avez au trône : c'est là un crime qui ne se pardonne pas, et dont il faut vous punir : je le ferais à leur place. Oui, Madame, ils vous condamneront, que vous ayez ou non pris part à nos projets; vous voyez bien que vous ne risquez rien à conspirer; au contraire.

ÉLISABETH.

Moi! y pensez-vous? des complots, des tourments, des angoisses, du sang à répandre peut-être, et j'en serais la cause! oh! non, je ne le veux pas! Je lisais encore hier l'histoire de Marie Stuart. Songez donc, docteur, une prison, des juges, un arrêt; c'est affreux! et c'est comme cela que finissent toutes les conspirations.

LESTOCQ.

Quand on ne réussit pas! mais nous réussirons. Jamais l'instant ne fut plus favorable : le peuple est las de la régence et las d'être gouverné au nom d'un enfant; il murmure, il vous appelle; le régiment de Novogorod est pour vous, et n'attend pour se soulever qu'un ordre, une proclamation d'Élisabeth... (Geste d'Élisabeth.) Rassurez-vous, je l'apporte! vous n'aurez qu'à la signer; restent donc les grenadiers Préobajenski. Ce soir, nous nous rendrons à leur caserne, vous vous montrerez, je parlerai, je leur dirai : Voici la fille de Pierre le Grand; ils répondront : Vive l'impératrice, et demain Votre Majesté est sur le trône; signez! (Il lui présente le papier.)

ÉLISABETH.

Non! non! cent fois non! vous réussiriez que je n'accepterais point le trône, je n'en veux pas; j'ai d'autres pensées, d'autres désirs; un seul du moins qui remplit mon cœur et suffit au bonheur de ma vie. Il est un secret que je voulais cacher au monde entier, même à vous, mon confident et mon fidèle ami; mais puisqu'il faut vous l'avouer, sachez qu'il est quelqu'un que je préfère à tout, que j'aime...

LESTOCQ.

O ciel!

ÉLISABETH.

Je maudissais déjà le rang qui nous séparait; et quand je voudrais pouvoir descendre jusqu'à lui, vous me parlez d'un trône qui m'en éloigne encore plus!

LESTOCQ, à part.

Malédiction! si je m'attendais à celui-là... (Haut.) Et connaît-il cet amour!

ÉLISABETH.

Il ne s'en doute même pas! le voir! l'aimer sans le lui dire est déjà un si grand bonheur; de là vient ce brusque départ, cette arrivée à Saint-Pétersbourg qui a trompé tout le monde, vous le premier; c'était pour le rejoindre!

LESTOCQ.

Que dites-vous?

ÉLISABETH.

Silence!

SCÈNE V.

Les précédents, DIMITRI.

TRIO.

LESTOCQ, regardant Élisabeth avec étonnement.
D'un trouble inconnu

ACTE II, SCÈNE V.

Son cœur est ému.
Pourquoi,
Près de moi,
Cet effroi?
Elle a tressailli.
Son front a pâli;
Voyons, observons tout d'ici.

ÉLISABETH, regardant Dimitri.

D'un trouble inconnu
Mon cœur est ému;
Je tremble malgré moi
D'effroi.
Aux yeux d'un ami,
Cachons aujourd'hui
Un sentiment dont je rougis.

DIMITRI, tenant à la main un album sur lequel il dessine et regardant l'appartement de madame Golofkin.

A mon cœur ému
L'espoir est rendu.
L'amour veille sur moi,
Je croi.
Oui, j'espère ainsi,
Pendant l'absence du mari...

(S'approchant d'Élisabeth.)

Voici, Madame, à vos ordres soumis,
Ces costumes nouveaux...

ÉLISABETH, cherchant sous un air enjoué à cacher son trouble aux yeux de Lestocq, qui l'examine.

Que vous avez choisis
Et copiés.

DIMITRI.

Pour Votre Altesse.

ÉLISABETH, toujours de même.

C'est bien... et cet autre dessin...

DIMITRI.

Est pour madame Golofkin,
A qui je vais le porter...

(A part.)

Quelle ivresse!

ENSEMBLE.

LESTOCQ.

D'un trouble inconnu, etc.

ÉLISABETH.
D'un trouble inconnu, etc.
DIMITRI.
A mon cœur ému, etc.
ÉLISABETH, examinant le dessin.
Oui, ce costume de bergère
Est assez gracieux, qu'en pensez-vous, docteur?
LESTOCQ.
Il me paraît charmant, puisqu'il a su vous plaire.
ÉLISABETH.
Et vous croyez qu'il m'ira bien?
DIMITRI.
D'honneur,
Votre Altesse en doit être une fois plus jolie,
Si du moins c'est possible...
ÉLISABETH.
Ah! c'est bien, je le prends
DIMITRI.
Mais, pardon... l'on m'attend.
ÉLISABETH.
Faites, je vous en prie.
DIMITRI, à part.
Ah! courons et sachons profiter des instants.

ENSEMBLE.

LESTOCQ.
D'un trouble inconnu, etc.
ÉLISABETH.
D'un trouble inconnu, etc.
DIMITRI.
D'un trouble inconnu, etc.
(Dimitri salue respectueusement Élisabeth, et sort par la porte à gauche.)

SCÈNE VI.

LESTOCQ, ÉLISABETH.

LESTOCQ.
D'où vient le trouble où je vois Votre Altesse?
ÉLISABETH.
Moi, je n'en ai aucun; mais quand cela serait, il me semble que la conversation que nous avions tout à l'heure...

ACTE II, SCÈNE VI.

LESTOCQ.

Vous avait beaucoup moins émue que la personne qui est venue l'interrompre.

ÉLISABETH, vivement.

Que dites-vous?

LESTOCQ, après avoir regardé autour de lui.

Que c'est lui que vous aimez!

ÉLISABETH, avec effroi.

Silence! (A demi voix.) Eh bien! oui, docteur, pourquoi feindre plus longtemps? et dussiez-vous me blâmer...

LESTOCQ, avec joie.

Moi! et pourquoi donc? n'est-il point brave, aimable, spirituel; n'est-ce pas un des chefs de notre conspiration?

ÉLISABETH.

Qu'entends-je? lui, Dimitri!...

LESTOCQ.

Oui, Madame, il n'a pas hésité un instant à risquer son avenir, sa fortune, son existence, pour replacer Élisabeth sur le trône de ses aïeux; après cela vous lui devez moins de reconnaissance qu'à tout autre, car ce que nous faisons par dévouement, il le fait par amour, et s'il s'expose, c'est pour celle qu'il aime!

ÉLISABETH, avec joie.

Ah! dites-vous vrai? ne me trompez-vous pas?

LESTOCQ.

Je le tiens de lui-même qui, hier encore, furieux, éperdu, ne pouvait cacher son amour ni son désespoir; il voulait tuer ce Golofkin qui l'éloignait de Saint-Pétersbourg, et il ne conspire, en un mot, que pour vous voir, pour ne pas vous quitter.

ÉLISABETH.

Ah! que je suis heureuse!

LESTOCQ.

Et ce qu'il fait en ce moment, hésiteriez-vous à le faire? seriez-vous moins généreuse? refuseriez-vous d'entrer dans une conspiration où lui-même n'agit et ne combat que pour vous?

ÉLISABETH.

Non, non, je ne balance plus! quels que soient ses dangers, je les partagerai, pour lui, non pour le trône...

LESTOCQ, à part.

Peu nous importe. (Haut.) Et pourvu que vous signiez seulement cette proclamation...

ÉLISABETH, vivement et la prenant.

Oui, certainement; oui, je la signerai... mais... (Avec embarras.) Vous croyez qu'il m'aime... et si vous me trompiez, si vous vous abusiez! car enfin il ne me l'a jamais dit!

LESTOCQ, vivement.

Il vous le dira, je vous le jure, je vous en réponds, et alors...

ÉLISABETH, de même.

Alors, je remets entre vos mains toute ma destinée; je signe cette proclamation, et je marche à votre tête, près de lui, à la mort.

LESTOCQ.

A la gloire!

ÉLISABETH, à demi voix.

Adieu! adieu, Lestocq!

LESTOCQ, ôtant son chapeau.

Adieu, impératrice! (Élisabeth sort par la porte du fond.)

SCÈNE VII.

LESTOCQ, seul.

PREMIER COUPLET.

Voilà bien comme sont les femmes,
Et sans désirs et sans espoir.
Rien ne saurait toucher leurs âmes,
Rien ne semble les émouvoir.
 Soudain l'amour arrive,
 Bientôt il les captive :
Grands politiques, à genoux!
 Malgré notre science,
 L'amour, sans qu'il y pense
Est encore plus adroit que nous.

DEUXIÈME COUPLET.

Dieu d'intrigue, qu'en ma détresse,
En vain j'implorais aujourd'hui;
Où vient d'échouer mon adresse,
Un jeune amant a réussi!
 C'est lui, lui seul qui donne
 L'empire et la couronne,
Et devant lui nous tremblons tous.
 Malgré notre science,
 L'amour, sans qu'il y pense,
Est encore plus adroit que nous.

Oui, encore quelques instants et elle aura signé cette proclamation qu'ils attendent tous pour agir... C'est Dimitri.

SCÈNE VIII.

LESTOCQ; DIMITRI, sortant de la porte à gauche.

LESTOCQ.

O destinée des empires! c'est pourtant de lui maintenant, de lui et de son amour, que dépendent le sort de la Russie et le nôtre... A quoi pense-t-il?

DIMITRI, à part.

Refuser de me voir en l'absence de son mari; ne pas me recevoir; tout est fini! elle m'a oublié; son cœur est à un autre, et je n'ai plus qu'à mourir!

LESTOCQ.

Mon capitaine!

DIMITRI.

Ah! c'est vous, docteur.

LESTOCQ.

A qui pensiez-vous là?

DIMITRI.

A me faire tuer, et c'est le ciel qui vous envoie.

LESTOCQ.

Pour vous guérir et vous consoler. Êtes-vous toujours amoureux?

DIMITRI, avec colère.

Eh! morbleu! oui; et j'ai grand tort.

LESTOCQ, vivement.

Du tout; c'est bien, jeune homme, très-bien; c'est ce qu'il faut; une pareille constance vous fait honneur!

DIMITRI.

Bel honneur et beau profit! quand un tel amour n'est qu'une folie, une extravagance; quand on aime sans espoir...

LESTOCQ.

Et s'il y en avait; si celle que vous aimez, toute grande dame qu'elle est, partageait votre amour...

DIMITRI, lui sautant au cou.

Ah! docteur, s'il était vrai, tout mon sang serait à vous; mais qui vous l'a dit? quelle preuve? quel témoin?

LESTOCQ, à demi voix.

Elle me l'a avoué à moi-même.

DIMITRI.

A vous, tandis qu'avec moi cette froideur, cette indifférence ; elle me craignait donc ?

LESTOCQ.

Eh ! oui, sans doute : n'a-t-elle pas tout à craindre ? et quand vous l'accusez d'indifférence, c'est elle au contraire qui doute de votre tendresse, qui en exige des preuves.

DIMITRI.

Parlez ; tout ce qu'elle voudra. Tout m'est possible si je suis aimé d'Eudoxie.

LESTOCQ, stupéfait.

Hein ! que dites-vous là ? quel nom ?

DIMITRI, vivement.

Eudoxie, madame Golofkin, comme vous voudrez ! Parlez, docteur. Qu'avez-vous donc ?

LESTOCQ.

Rien ! (A part.) C'est fait de nous !

DIMITRI.

Est-ce que vous vous trouvez mal ? vous faut-il un médecin ?

LESTOCQ, cherchant à se remettre.

Eh ! non, vraiment ; ne faites pas attention... (Cherchant à sourire.) Nous parlions donc de votre amour : vous disiez que vous aimiez madame Golofkin.

DIMITRI, à haute voix.

Depuis que je me connais ; depuis mon enfance, je n'ai jamais aimé, je n'aimerai jamais qu'elle.

LESTOCQ, tout en tremblant.

Silence ! il ne faut pas dire cela, il ne faut jamais en parler, ici surtout.

DIMITRI.

Vous avez raison, à cause de son mari ; et encore, puisqu'elle m'aime, puisqu'elle vous l'a dit, je me moque maintenant du mari, et si je puis trouver une occasion de me rencontrer seul avec elle...

LESTOCQ, avec effroi.

Y pensez-vous !

DIMITRI.

Certainement ! mais vous parliez tout à l'heure des preuves de tendresse qu'elle exigeait de moi, quelles sont-elles ?

LESTOCQ, avec embarras.

M'y voici! En me faisant un tel aveu, en me permettant de vous en faire part, elle a droit de compter sur votre discrétion et votre dévouement...

DIMITRI.

Ma vie entière est à elle.

LESTOCQ.

Eh bien! pour la rassurer, c'est cela qu'il faut lui écrire.

DIMITRI, se mettant à la table.

Avec mon sang, s'il le faut. (Écrivant.) « Mon Eudoxie, ma bien-aimée... »

LESTOCQ.

Y pensez-vous! est-ce que dans un pareil billet il faut jamais nommer personne?

DIMITRI, déchirant le billet.

Vous avez raison. (En écrivant un autre.) « Je jure à madame Golofkin... »

LESTOCQ.

C'est encore pire.

DIMITRI, déchirant le billet.

Dieu! que c'est impatientant! dictez vous-même.

LESTOCQ, dictant à Dimitri qui écrit.

« Madame, je viens de voir le docteur; son amitié a trahi un
« secret que je ne puis payer qu'au prix de tout mon sang et
« de tout mon amour! parlez, ordonnez en souveraine, c'est
« le plus ardent de mes vœux. Obéissance et fidélité à toute
« épreuve.   « DIMITRI. »

DIMITRI.

Pas autre chose?

LESTOCQ.

Non; je crois qu'elle sera satisfaite, et qu'il n'en faut pas davantage.

DIMITRI, à part.

Pour elle, mais pour moi, il me faut un rendez-vous.

LESTOCQ, se retournant et apercevant Catherine.

Ah! c'est Catherine.

DIMITRI, pendant que Lestocq remonte le théâtre, écrit à la hâte.

« *Post-scriptum.* Avant ce soir, un moment d'entretien, ou
« je meurs. »

LESTOCQ, à Catherine.

Qu'y a-t-il?

CATHERINE.

M. Golofkin sort du conseil et sera ici dans l'instant.

LESTOCQ, à Dimitri.

C'est bien, cachez bien vite ce billet, et surtout point d'adresse.

DIMITRI.

Cela va sans dire! mê prenez-vous pour un étourdi? (A Catherine.) Tiens, petite, prends cette lettre, et porte-la sur-le-champ... Dieu! Golofkin!

SCÈNE IX.

LES PRÉCÉDENTS, GOLOFKIN.

TRIO.

GOLOFKIN, passant entre Dimitri et Catherine, qui tient déjà la lettre.
Une lettre en ses mains, et pour qui, je vous prie?

DIMITRI.

Eh! mais, c'est mon secret; je voudrais, en honneur,
Pouvoir en faire part à votre seigneurie,
Mais cela ne se peut, demandez au docteur.

GOLOFKIN.

Pardon d'une demande indiscrète, peut-être...
Ah! le docteur est votre confident!

DIMITRI, à Golofkin.

(A Catherine.)
Oui, sans doute, et lui seul te dira, mon enfant,
Ce qu'il faut faire de ma lettre.

(Il se rapproche de Golofkin, et pendant ce temps Lestocq dit à Catherine.)

LESTOCQ, à voix basse.

Va la remettre sur-le-champ
A la princesse Élisabeth... silence!
Tu m'entends?...

CATHERINE.

Oui Monsieur.

LESTOCQ.

Ton hymen en dépend!

(Catherine sort par la porte du fond, et Golofkin s'approche de Lestocq, pendant que Dimitri, qui s'est assis, regarde près de la table un cahier de gravures.)

GOLOFKIN, à demi voix, à Lestocq.

Eh quoi! cet étourdi vous a fait confidence...

LESTOCQ.
D'un secret qu'entre nous je ne demandais pas.
GOLOFKIN, de même.
A qui destine-t-il ce billet?
LESTOCQ, hésitant.
Mais je pense...
GOLOFKIN, sévèrement.
Répondez, je le veux... à qui?
LESTOCQ.
Parlez plus bas...
A votre femme!
GOLOFKIN, étonné.
O trahison nouvelle!
LESTOCQ, à part.
C'est ce que je voulais, qu'il devienne jaloux.
Pendant qu'il veillera sur elle,
Il ne veillera pas sur nous.
ENSEMBLE.
GOLOFKIN.
D'une telle insolence
Je ne puis revenir.
Mais silence et prudence,
Je saurai le punir.
LESTOCQ.
Oui, cette confidence
Lui donne à réfléchir,
Et l'audace est prudence
Quand il faut réussir.
DIMITRI.
Je me livre d'avance
Au plus doux avenir,
Et silence et prudence,
Tout doit nous réussir.

SCÈNE X.

Les précédents, STROLOF, s'approchant de Lestocq, et à voix basse.

STROLOF.
Je reviens, maître, à vos ordres fidèle,
Chercher l'écrit que vous m'avez promis.
LESTOCQ, de même.
Je l'attends.

STROLOF.
Hâtez-vous, car, parmi vos amis
On murmure, et plusieurs accusent votre zèle...
LESTOCQ, de même.
Tout à l'heure ils verront si je les ai trahis !

ENSEMBLE.

GOLOFKIN, regardant toujours Dimitri.
D'une telle insolence
Je ne puis revenir,
Mais silence et prudence,
Je saurai le punir.

DIMITRI, à part.
Je me livre d'avance
Au plus doux avenir,
Et silence et prudence,
Tout doit nous réussir.

STROLOF.
Oui, dans leur défiance,
Ils pourraient vous trahir ;
Hâtez-vous par prudence,
De combler leur désir.

LESTOCQ, de même.
Oui, de leur défiance,
Ils vont bientôt rougir,
Prudence et patience,
Nous feront réussir.

SCÈNE XI.

Les précédents, EUDOXIE, ÉLISABETH, CATHERINE, sortant de la porte à gauche ; elles tiennent à la main chacune un papier de musique.

SEPTUOR.

DIMITRI, avec joie, et apercevant madame Golofkin.
C'est Eudoxie !

GOLOFKIN, à part, avec colère.
Ah ! c'est ma femme !
(Haut.)
Quoi ! déjà vous sortez, Madame ?

EUDOXIE.
Oui, ce matin, on nous fait inviter
Chez la régente, où l'on doit répéter
A grand orchestre.

ÉLISABETH.
Oh! c'est indispensable...
DIMITRI, regardant Eudoxie avec intention.
Car, pour être en mesure, il faut se concerter!
GOLOFKIN, observant tour à tour Dimitri et sa femme.
Réflexion admirable,
Et surtout pleine de raison!
ÉLISABETH, pendant ce temps, dit bas à Lestocq en lui remettant un papier.
J'ai sa lettre, et voici la proclamation
Que j'ai signée...
ENSEMBLE.
LESTOCQ, la saisissant avec joie.
Enfin donc je la tien!
(A part.)
C'est bien! c'est bien!
DIMITRI, regardant Eudoxie qui baisse toujours les yeux.
Son regard évite le mien,
C'est bien! c'est bien!
GOLOFKIN, qui pendant tout ce temps n'a observé que Dimitri et sa femme.
Je vois quel projet est le sien,
C'est bien! c'est bien!
ENSEMBLE.
LESTOCQ.
Enfin elle est en ma puissance,
Le ciel comble mon espérance;
Renfermons au fond de mon cœur
Et mon triomphe et mon bonheur.
DIMITRI, regardant Eudoxie.
Enfin donc le ciel récompense
Et mon amour et ma constance;
Renfermons au fond de mon cœur
Et mon ivresse et mon bonheur.
ÉLISABETH, regardant Dimitri.
De son amour, de sa constance,
Je possède enfin l'assurance;
Renfermons au fond de mon cœur
Et mon ivresse et mon bonheur.
GOLOFKIN, regardant Dimitri.
Et ses regards et son silence
Ont confirmé ma défiance;
Renfermons au fond de mon cœur
Et mes soupçons et ma fureur.

EUDOXIE.

Hélas ! je tremble en sa présence,
L'honneur défend qu'à lui je pense ;
Renfermons au fond de mon cœur
Et mes combats et ma douleur.

STROLOF ET CATHERINE, se regardant et regardant Lestocq.

Oui, c'est bien elle,
Oui, c'est Strolof, } et sa présence
De notre hymen est l'assurance ;
Renfermons au fond de mon cœur
Et mon espoir et mon bonheur.

LESTOCQ, s'approchant d'Élisabeth qui regarde toujours Dimitri, lui dit à voix basse :

Sur vous et sur lui prenez garde,
Craignez de lui parler surtout !

ÉLISABETH, de même.

Pourquoi cela ?

LESTOCQ, de même.

Golofkin observe et regarde.

ÉLISABETH, à part, et montrant la lettre de Dimitri qu'elle tient.

Pourtant ce rendez-vous qu'il demande... il l'aura,
Oui, oui, je le jure, il l'aura.

DIMITRI, regardant Golofkin, qui est toujours entre lui et Eudoxie.

Et ce mari qui reste toujours là !

TOUS, à part.

Sous un joyeux sourire
Cachons bien nos projets ;
(Haut.)
Qu'en ces lieux tout respire
Le bonheur et la paix.

GOLOFKIN, bas à Catherine.

Il faut que je te parle, et sans que ta maîtresse
En sache rien.

CATHERINE, étonnée.

Quoi ! Monseigneur...

GOLOFKIN.

Tais-toi,
Il y va de tes jours.

LESTOCQ, de l'autre côté, bas, à Strolof, en lui remettant la proclamation.

Vas, et de la princesse
orte leur cet écrit en gage de sa foi.

ENSEMBLE.
(Regardant Élisabeth.)
Oui, c'en est fait, elle est à moi !
DIMITRI, regardant Eudoxie.
Elle est à moi !
STROLOF, regardant Catherine.
Elle est à moi !
ÉLISABETH, regardant Dimitri.
Oui son cœur est à moi !
TOUS, à part.
Sous un joyeux sourire
Cachons bien nos projets.
(Haut.)
Qu'en ces lieux tout respire
Le bonheur et la paix ;
Le bonheur est fidèle
A ce séjour charmant ;
La gaîté nous appelle,
Le plaisir nous attend.
Partons ! partons ! le plaisir nous attend.

(Les trois femmes sortent par la porte du fond, Golofkin va les suivre ; mais avant de partir, il jette un dernier regard sur Dimitri, qui, seul et immobile au milieu du théâtre, suit toujours des yeux Eudoxie. A gauche, Lestocq serre la main de Strolof, et lui renouvelle l'ordre de porter la proclamation aux conjurés. La toile tombe.)

ACTE III.

Un pavillon très-élégant dans les jardins de l'Ermitage. Une porte et des croisées au fond. A droite et à gauche, deux portes conduisant à des cabinets qui ont vue sur le spectateur. Le cabinet à droite a une seconde porte de sortie donnant sur le parc : des siéges, des sofas élégants, etc., etc.

SCÈNE PREMIÈRE.

CATHERINE, LESTOCQ, entrant par le fond.

CATHERINE.
Ah ! c'est vous, monsieur le docteur, que je suis heureuse de vous rencontrer !

LESTOCQ.
Parle vite, mon enfant, car je n'ai pas de temps à perdre. (A part.) La proclamation d'Élisabeth a ranimé l'ardeur de nos

conjurés; tout marche maintenant et je réponds du succès. (A Catherine qui a remonté le théâtre.) Eh bien! qu'y a-t-il?

CATHERINE.

Il y a qu'en sortant de chez la régente, où nous venions de faire la répétition générale pour ce soir, Golofkin, mon maître, m'a dit à voix basse : Rends-toi au milieu des jardins de l'Ermitage, dans le pavillon, je t'y rejoins à l'instant.

LESTOCQ.

Que peut-il te vouloir? Ah! mon Dieu! si c'était pour le message de ce matin! Dans ce cas-là ne dis pas un mot de moi, et même il vaudrait mieux lui soutenir hardiment... (On frappe à la porte à droite.)

CATHERINE.

Silence! c'est lui; allez-vous-en; je vous raconterai ce qu'il m'aura dit.

LESTOCQ, à part.

J'aime mieux l'entendre!... (Pendant que Catherine va ouvrir la porte à droite, Lestocq entre sans être vu dans le cabinet à gauche.) D'ici je ne perdrai pas une parole, et en m'enfermant... (Il ferme la porte et disparait.)

SCÈNE II.

CATHERINE, GOLOFKIN.

(Il entre dans le cabinet à droite qui a une porte sur le parc.)

GOLOFKIN, apercevant Catherine.

Fidèle au rendez-vous, c'est bien. (Montrant la porte du fond.) Ferme cette porte. (Catherine va mettre le verrou.)

GOLOFKIN, lui montrant la porte à gauche.

Celle-ci encore.

CATHERINE, poussant la porte.

Elle est fermée en dedans.

GOLOFKIN.

N'importe! mets le verrou de ce côté. Approche maintenant.

CATHERINE.

Ah! mon Dieu! que j'ai peur!

DUO.

GOLOFKIN.

Prends garde et songe d'avance
Que je veux la vérité!

ACTE III, SCÈNE II.

Ou bien crains de ma vengeance
Un châtiment mérité.
CATHERINE.
Je vous dois obéissance,
Je vous dois fidélité,
Et je jure ici d'avance
De dire la vérité.
GOLOFKIN.
Réponds donc! ce matin que t'a dit ta maîtresse,
En recevant de toi ce billet fortuné?
CATHERINE.
Quel billet?
GOLOFKIN.
Ce billet si rempli de tendresse
Que ce jeune officier pour elle t'a donné.
CATHERINE.
Pour elle, aucun.
GOLOFKIN.
Ah! c'est une imposture,
Tu mens!
CATHERINE.
Non, Monseigneur, c'est la vérité pure.
GOLOFKIN.
La lettre était pour elle.
CATHERINE.
Oh! non, je vous le jure!
GOLOFKIN.
Pour qui donc ce billet? à qui l'as-tu remis?
CATHERINE, tremblante.
Je ne sais...
GOLOFKIN.
Pour qui donc?
CATHERINE, à part.
Dieu! que dire et que faire?
GOLOFKIN.
Réponds! réponds!
CATHERINE.
Je ne le puis!
GOLOFKIN.
D'un esclave qui veut à mes lois se soustraire,
Tu sais pourtant quel est le sort :
Le knout jusqu'à la mort.

ENSEMBLE.

CATHERINE.

Pour calmer sa colère,
Hélas! que dois-je faire?
Grâce! grâce pour moi!
Grâce! je meurs d'effroi.

GOLOFKIN.

Malheur au téméraire
Qui brave ma colère!
Obéis à ma loi!
A l'instant réponds-moi.

GOLOFKIN, appelant.

Holà! quelqu'un.

(Deux esclaves paraissent dans le cabinet à droite.)

GOLOFKIN, leur montrant Catherine.

Qu'on la saisisse.

CATHERINE, poussant un cri.

Ah! Monseigneur!...

GOLOFKIN.

Que sous vos coups
A l'instant même elle périsse!

CATHERINE, se jetant à ses pieds.

Qu'ils ne me battent pas... j'embrasse vos genoux.

GOLOFKIN.

Alors, parle, ou sinon j'ordonne ton supplice.

CATHERINE, vivement.

Je dirai tout.

(A part.)

J'ai promis au docteur,
Mais comment tenir sa promesse,
Hélas! quand on se meurt de peur?

GOLOFKIN.

Eh bien donc! ce billet?...

CATHERINE.

Était pour la princesse
Élisabeth... j'en jure sur l'honneur.

GOLOFKIN, étonné.

Pour la princesse? et cette lettre,
Qui t'a dit de la lui remettre?

CATHERINE, hésitant.

Hélas!

ACTE III, SCÈNE II.

GOLOFKIN, faisant un geste aux esclaves.
Réponds, ou bien...
CATHERINE, vivement.
C'est le docteur.
GOLOFKIN, surpris.
Et lui-même m'a dit qu'elle était pour ma femme !
A quoi bon ce mensonge ? Il faut donc, je le vois,
Qu'un de vous deux me trompe.
CATHERINE, vivement.
Ah ! sur mon âme,
Mon doux maître, ce n'est pas moi,
Je le jure... ce n'est pas moi !
ENSEMBLE.
CATHERINE.
Pour calmer sa colère,
Hélas ! que faut-il faire ?
Grâce !... grâce pour moi !
Grâce !.. je meurs d'effroi !
GOLOFKIN.
Malheur au téméraire
Qui brave ma colère !
Je ne sais si je doi
Me fier à sa foi.

(On frappe en ce moment à la porte du fond. Golofkin fait signe aux deux esclaves de sortir par la porte à droite.)

GOLOFKIN, à Catherine, lui montrant la porte du fond.
On vient... réponds.
CATHERINE, d'une voix tremblante.
Qui frappe ainsi ?
DIMITRI, en dehors, parlant.
Moi, Dimitri.
CATHERINE, à part.
Le jeune capitaine !
GOLOFKIN, à part.
Serait-ce un rendez-vous ! un rendez-vous ici !
Avec qui ? cette fois c'est le ciel qui l'amène ;
Je saurai tout !
(Montrant le cabinet à droite.)
De cet endroit secret
Je puis tout voir et tout entendre.
(A Catherine.)
Toi, pas un mot qui lui fasse comprendre

T. VI.   7

Que je suis là.
CATHERINE, tremblante.
Mon cœur vous le promet.
ENSEMBLE.

GOLOFKIN, à demi voix.
Ouvre-lui... dans ces lieux
Un hasard trop heureux
Près de moi le conduit.
Oui, le sort me sourit,
Tu m'entends ; je l'ai dit,
Pas un mot, pas de bruit.
CATHERINE, de même.
Je voudrais dans ces lieux
Lui parler, je ne peux.
Tout me manque à la fois,
Et la force et la voix.
Ça suffit, tout est dit,
Pas un mot, pas de bruit.

(Golofkin se cache dans le cabinet à droite dont la fenêtre le laisse en vue du spectateur. Catherine va ouvrir à Dimitri et revient toute tremblante se remettre près du cabinet à droite.)

SCÈNE III.

DIMITRI, CATHERINE, LESTOCQ, renfermé à gauche ; **GOLOFKIN**, caché à droite.

DIMITRI, entrant vivement.
On ouvre enfin, et c'est elle... Dieu ! que vois-je ? Catherine. Qu'est-ce que tu fais ici ?
CATHERINE.
Moi ? rien, Monsieur.
DIMITRI.
Va-t'en ; tu me gênes ! (A part.) Moi qui attends sa maîtresse ! car elle va venir, elle me l'a écrit ! (Regardant un papier qu'il tient à la main.) « Dans le pavillon de l'Ermitage. » C'est bien ici... (Regardant Catherine qui est immobile et tremblante près du cabinet à droite.) Eh bien ! te voilà encore ! je t'ai dit de t'en aller.
CATHERINE, bas, à Golofkin qui est dans le cabinet.
Le faut-il ?
GOLOFKIN, de même.
Sans doute.

CATHERINE, à part.

Ah! je ne demande pas mieux! (Arrivée près de la porte du fond, elle fait de loin des gestes à Dimitri, en lui montrant le cabinet, pour lui indiquer qu'il y a quelqu'un, et qu'il faut se taire.)

DIMITRI, la regardant.

Eh bien! qu'est-ce que tu as donc à gesticuler! est-ce que tu joues la tragédie?

CATHERINE, à part.

Ah! dame! s'il ne comprend pas, ce n'est pas ma faute. (Elle sort par le fond.)

SCÈNE IV.

DIMITRI, seul.

CAVATINE.

O doux moment dont mon âme est ravie,
Moment heureux d'un premier rendez-vous!
Mon Eudoxie!... ô maîtresse chérie,
Viens, ne crains rien, l'amour veille sur nous.
O doux moment dont mon âme est ravie,
Moment heureux d'un premier rendez-vous!
Oui, mon cœur bat et d'amour et d'espoir...
Et tout me dit : je vais la voir.

On vient; la porte s'ouvre; c'est elle; non, c'est la princesse. Dieu! quel contre-temps! et qui diable peut l'amener ici, juste dans ce moment?

SCÈNE V.

DIMITRI, ÉLISABETH, GOLOFKIN, dans le cabinet à droite.

TRIO.

ÉLISABETH, au fond du théâtre.

A chaque pas je sens mon cœur
Battre d'amour et de frayeur.
(Apercevant Dimitri.)
Ah! le voilà, c'est lui-même,
O moment plein de douceur!
Mes dangers même et ma terreur,
Tout est plaisir, tout est bonheur.

DIMITRI, à part.

Quel contre-temps, hélas! mon cœur
Bat de dépit et de frayeur.
Ah! quand j'attends ce que j'aime,
Faut-il donc qu'un sort jaloux

Vienne troubler un sort si doux,
Et déranger mon rendez-vous!

ÉLISABETH, s'avançant vers Dimitri.

De trouble et de bonheur que mon âme est saisie!

DIMITRI, regardant autour de lui.

Ah! que je crains de voir arriver Eudoxie!

(Il veut faire un pas pour sortir et se trouve près d'Élisabeth.)

ÉLISABETH, avec émotion.

Dimitri... dès longtemps je voulais vous parler.

DIMITRI, s'inclinant.

Madame... un tel honneur...

ÉLISABETH, à part, et se soutenant à peine.

Ah! je me sens trembler.

(Haut, à Dimitri.)

Asseyons-nous, de grâce.

DIMITRI, à part.

O contre-temps funeste!

GOLOFKIN, à part, dans le cabinet.

Que va-t-elle lui dire? Écoutons.

DIMITRI, avec désespoir.

Elle reste.

ENSEMBLE.

DIMITRI, à part.

O ciel! elle ne s'en va pas.
Ah! je me meurs d'impatience :
On va venir, l'heure s'avance,
Tout redouble mon embarras.
A chaque instant je crois, hélas!
Entendre le bruit de ses pas.

ÉLISABETH.

Que j'aime ce doux embarras!
Oui, par respect, en ma présence,
Il n'ose rompre le silence,
Il veut parler et n'ose pas.
Malgré moi je partage, hélas!
Et son trouble et son embarras.

GOLOFKIN, à part.

Qui peut guider ici ses pas?
Oui, dans un tel lieu, sa présence
Doit exciter ma défiance
Écoutons, et ne nous montrons pas.
A ma surveillance, à mon bras,
Les traîtres n'échapperont pas.

ÉLISABETH, regardant Dimitri qui s'est assis près d'elle.
(A part.)   (Haut.)
Il se tait... c'est à moi de parler... et d'abord
Il faut qu'Élisabeth ici vous remercie
Du zèle qui vous fait exposer votre vie
Pour défendre sa cause et partager son sort.

DIMITRI, vivement.
De moi, de mes soldats je vous réponds, Madame.

GOLOFKIN, à part.
Qu'entends-je ?

DIMITRI, de même.
Dans l'ardeur qui pour vous les enflamme,
De la révolte attendant le signal,
Ils sont tous prêts.

GOLOFKIN, à part.
O complot infernal !

ÉLISABETH, souriant.
Oui, Lestocq me l'a dit.

GOLOFKIN, à part.
Lui, Lestocq ! ah ! le traître !

ÉLISABETH.
Il prétend qu'on peut croire à leur fidélité,
(Avec intention.)
A la vôtre surtout...

DIMITRI, vivement et avec chaleur.
Vous pourrez la connaître
Dès ce soir.

ÉLISABETH.
Ce soir !

DIMITRI, de même et rapidement.
Oui, le plan est arrêté.
Tous les principaux chefs, moi, Lestocq et vingt autres,
Nous devons à minuit nous rendre tous d'ici
Aux quartiers Préobajenski,
Haranguer les soldats qui sont déjà les nôtres.
Nous marchons à leur tête, et saisissons soudain
La régente, Munich et surtout Golofkin.

GOLOFKIN, à part.
Grand merci ! d'un tel soin la récompense est prête.

DIMITRI, se levant.
Si tels sont les projets que vous vouliez savoir...

ÉLISABETH, le retenant.
Ce n'est pas tout encore !

DIMITRI, à part.
Ah! plus d'espoir,
C'est fini, j'en perdrai la tête.

ENSEMBLE.

DIMITRI, à part.
O ciel! elle ne s'en va pas,
Ah! je me meurs d'impatience.
On va venir, l'heure s'avance,
Tout redouble mon embarras.
A chaque instant je crois, hélas!
Entendre le bruit de ses pas.

ÉLISABETH, à part.
Que j'aime ce doux embarras!
Oui, par respect, en ma présence,
Il craint de rompre le silence,
Il veut parler et n'ose pas.
Malgré moi je partage, hélas !
Et son trouble et son embarras.

GOLOFKIN, à part.
De leurs coupables attentats,
Grâce au ciel, j'ai donc connaissance,
Et je bénis leur imprudence
Qui vient les livrer à mon bras.
Dans l'ombre je suivrai leurs pas :
Les traîtres n'échapperont pas.

ÉLISABETH.
Je veux savoir encore...

DIMITRI, vivement.
Ah! je vous en conjure,
Parlez vite!

ÉLISABETH.
On prétend, c'est Lestocq qui l'assure,
Qu'à tous ces noirs projets de conspiration,
Vous vous êtes mêlé, non par ambition,
Mais par amour, par excès de tendresse?

DIMITRI.
Ce Lestocq est-il indiscret!
(Avec embarras.)
Oser ainsi parler à Votre Altesse...

ÉLISABETH, le regardant avec tendresse.
C'est une trahison ! c'est bien mal en effet.

ACTE III, SCÈNE V.

DIMITRI, avec impatience et chaleur.

Eh bien! si vous savez pour qui mon cœur soupire,
Si vous savez par lui mes amours, mes projets,
A quoi bon feindre encore? et s'il faut tout vous dire,
Celle que j'aime et qu'ici j'attendais...

(On frappe violemment en dedans du cabinet à gauche où est Lestocq. Dimitri et Élisabeth s'arrêtent étonnés.)

ÉLISABETH.

Du silence!

DIMITRI, à part.

O terreur mortelle!

ÉLISABETH, montrant le cabinet à gauche.

C'est là, de ce côté!

DIMITRI, à part.

Grand Dieu! si c'était elle!

(A Élisabeth.)

Qui que ce soit, fuyez des regards indiscrets.

ENSEMBLE.

DIMITRI, à Élisabeth.

On pourrait nous surprendre,
On pourrait nous entendre;
Il est trop dangereux
De rester en ces lieux.
Partez, partez, de grâce,
Le danger vous menace,
Mais comptez sur ma foi,
L'honneur m'en fait la loi.

ÉLISABETH.

Oui, l'on peut nous surprendre,
On pourrait nous entendre:
Il est trop dangereux
De rester en ces lieux.
Partez, partez, de grâce,
Le danger vous menace.
Adieu, pensez à moi,
Et croyez à ma foi,

GOLOFKIN, à part.

Ce que je viens d'entendre,
Ce qu'il vient de m'apprendre,
Peut suffire à mes vœux.
Quittons, quittons ces lieux.
O criminelle audace!

Point de pitié, de grâce;
Leurs secrets sont à moi,
Qu'ils pâlissent d'effroi!

(Élisabeth sort par la porte du fond, et Golofkin sort du cabinet à droite où il est, par la porte extérieure qui donne sur le parc.)

SCÈNE VI.

DIMITRI, seul, puis LESTOCQ.

DIMITRI.

Enfin je suis débarrassé! (Montrant le cabinet à gauche.) Et cette pauvre Eudoxie qui était là, qui attendait. (On continue à frapper.) Et qui s'impatiente, je le crois bien. Courons lui ouvrir! (Il tire le verrou qui est en dehors, et Lestocq paraît.) Dieu! Lestocq. Que diable venez-vous faire ici?

LESTOCQ, avec colère.

Eh! morbleu! c'est ce que j'allais vous dire.

DIMITRI.

Me faire manquer mon rendez-vous!

LESTOCQ.

Faire manquer nos projets! nous dénoncer!... nous perdre!

DIMITRI.

Moi! êtes-vous fou?

LESTOCQ.

Il y a de quoi le devenir! (Montrant le cabinet à droite.) Il était là; il y est peut-être encore. (Portant la main à un poignard, et allant ouvrir la porte.) Non, non, parti.

DIMITRI.

Et qui donc?

LESTOCQ.

Golofkin! qui vous écoutait.

DIMITRI, gaiement.

Vraiment! quel bonheur que sa femme ne soit pas venue! moi qui en étais désolé! il y a un Dieu pour les amants! et après tout, puisqu'il est parti, bon voyage.

LESTOCQ, avec fureur.

Parti! avec tous nos secrets, dont vous venez de lui faire part!

DIMITRI.

Comment cela?

LESTOCQ.

Puisqu'il était là, il a dû vous entendre; car moi, qui étais plus loin, je n'ai pas perdu un mot de votre conversation; et si je n'avais pas frappé à cette porte, si je ne l'avais pas interrompu au plus beau moment, il allait tout renverser, il allait déclarer à la princesse...

DIMITRI.

Que j'adore madame Golofkin, où est le mal?

LESTOCQ, avec colère.

Le mal!

DIMITRI.

C'est juste; son mari qui était là; je n'y pensais plus. C'est vrai, docteur, c'est vrai; je suis un étourdi. Que voulez-vous, je l'aime tant que j'en perds la tête; dites-moi ce qu'il faut faire.

LESTOCQ, avec fureur.

Rien! rien! ne faites plus rien! ne vous mêlez de rien, voilà tout ce que je vous demande. Venez, venez, suivez-moi, et voyons s'il y a moyen de tout réparer... (Il sort en entraînant Dimitri, qui regarde du côté du cabinet à droite.)

DIMITRI.

C'est elle! je la vois!

LESTOCQ, l'entraînant.

Raison de plus! (Ils sortent par le fond. Au même moment Golofkin, Eudoxie et Voref paraissent à la porte à droite.)

SCÈNE VII.

GOLOFKIN, EUDOXIE, VOREF.

GOLOFKIN, entrant par la porte à droite, au moment où Dimitri vient de sortir par le fond, et le montrant du doigt à Voref.

Tenez, vous le voyez, ce jeune homme qui s'éloigne dans les jardins avec Lestocq, le capitaine Dimitri, du régiment de Novogorod.

EUDOXIE, à part.

Dimitri!

GOLOFKIN.

Qu'on me rende compte de toutes leurs démarches. Je vous charge de les surveiller...

VOREF, à demi voix.

Pourquoi ne pas les arrêter sur-le-champ?

GOLOFKIN, de même.

Parce que je n'en connais que deux encore! tandis qu'en attendant à ce soir, je saisirai d'un seul coup tous les conjurés. Va, te dis-je, et observe-le sans éveiller ses soupçons. (Vorel sort.)

EUDOXIE.

Eh! mon Dieu! Monsieur, quel air sombre et soucieux! que se passe-t-il donc? et pourquoi m'empêcher d'aller à ce bal?

GOLOFKIN.

Je dirai... j'ai déjà dit à plusieurs personnes que vous étiez indisposée! vous le serez; vous vous arrangerez pour l'être.

EUDOXIE.

Mais pourquoi? pour quelles raisons?

GOLOFKIN.

Pour vous éloigner du danger. (A demi voix.) Apprenez qu'une conspiration doit éclater cette nuit pendant le bal.

EUDOXIE.

Est-il possible!

GOLOFKIN.

Eh! oui, sans doute, ce Lestocq que j'avais acheté et qui m'a vendu; ce Dimitri, et d'autres encore que je connaîtrai, doivent, ce soir à minuit, se rendre aux casernes Préobajenski pour exciter à la révolte des soldats qui déjà m'étaient suspects, et que l'on a remplacés par les chevaliers-gardes, qui nous sont dévoués. (Se promenant.) Oui, à minuit, ils se présenteront pour haranguer la troupe, on les laissera entrer; la porte se refermera sur eux; tous pris, et un quart d'heure après, tous fusillés!

EUDOXIE, à part.

Je me meurs! (A Golofkin et en tremblant.) Mais s'il y avait dans le nombre des gens plus imprudents que coupables, qui, entraînés, égarés...

GOLOFKIN.

Pourquoi se trouvent-ils là? car je vous jure bien que de tous ceux qui, à minuit, se présenteront aux casernes, pas un n'échappera.

EUDOXIE, à part.

Oh! mon Dieu! comment le sauver? comment l'empêcher de s'y rendre?

SCÈNE VIII.

Les précédents, CATHERINE.

CATHERINE.

Eh! mais, Madame, vos fleurs, votre parure, tout est prêt, et nous vous attendons.

EUDOXIE.

C'est inutile; je ne m'habillerai pas; je n'irai pas au bal.

GOLOFKIN, lui prenant la main et à demi voix.

C'est bien, Madame, je vous remercie,

EUDOXIE.

Viens, viens, Catherine, je n'espère qu'en toi. (Elle sort avec Catherine.)

SCÈNE IX.

GOLOFKIN, puis LESTOCQ.

GOLOFKIN.

Ah! monseigneur Lestocq, vous qui êtes un si habile médecin, nous verrons si vous avez le talent de vous sauver..... (Se retournant et apercevant Lestocq.) Eh! le voilà, ce cher docteur; je vous demandais.

LESTOCQ.

Est-il vrai, Monseigneur? (A part.) Tâchons de savoir s'il a tout entendu...

GOLOFKIN.

Oui, ma femme était un peu indisposée.

LESTOCQ.

O ciel!

GOLOFKIN.

Rassurez-vous, cela va mieux; seulement, je crains qu'elle ne puisse ce soir aller au bal.

LESTOCQ.

C'est donc grave; et je cours auprès d'elle.

GOLOFKIN.

Demain, si vous avez le temps, si vous le pouvez.

LESTOCQ, se promenant ainsi que Golofkin.

Aura-t-on le plaisir de vous voir au bal?

GOLOFKIN.

Certainement. Croyez-vous, docteur, que la fête soit belle?

LESTOCQ, froidement.

Superbe !

GOLOFKIN, souriant.

Vous espérez vous y amuser?

LESTOCQ.

Mais oui. Et vous, excellence?

GOLOFKIN.

Franchement, j'y compte; et à moins d'événements qu'on ne peut prévoir.

LESTOCQ, froidement.

Je n'en vois guère, et je crois que tout se passera à merveille.

GOLOFKIN, cessant de se promener.

Moi aussi! Dites donc, docteur, (S'appuyant sur son épaule.) j'ai observé ce jeune homme de ce matin, et vous aviez raison, je crois comme vous qu'il est amoureux de ma femme.

LESTOCQ, vivement.

Je n'ai jamais dit que madame la comtesse...

GOLOFKIN.

Je le sais bien, car j'ai fait encore une autre découverte : je soupçonne qu'il y a une dame, une grande dame...

LESTOCQ.

Qui est éprise du jeune officier, je le savais.

GOLOFKIN, riant.

Et vous ne me le disiez pas : c'est mal. (En confidence.) Demain, docteur, demain nous causerons de cela.

LESTOCQ, à part.

Est-ce qu'il ne saurait rien?

GOLOFKIN.

Quand vous viendrez voir ma femme, et en même temps je vous demanderai pour moi une petite consultation.

LESTOCQ, lui prenant la main.

Sur-le-champ, je suis à vos ordres. (Lui tâtant le pouls.) Et si vous voulez permettre.

GOLOFKIN.

Comment donc? dès que je suis entre vos mains, je suis tranquille.

LESTOCQ, à part, après avoir tâté le pouls.

Dieu!... comme il bat avec violence. (Il regarde Golofkin en face bien attentivement. Golofkin détourne les yeux, et Lestocq, tenant toujours son pouls, dit à part.) Il sait tout! (Haut et froidement.) Le pouls est bon;

il est calme; un peu de malaise, de plénitude; nous vous débarrasserons de tout cela.

GOLOFKIN, souriant.

Je ne vous parle pas de ma reconnaissance.

LESTOCQ, de même.

J'y compte et m'y attends. A ce soir, Monseigneur.

GOLOFKIN, sortant.

A ce soir, docteur.

SCÈNE X.

LESTOCQ, regardant sortir Golofkin.

Oui, il sait tout. (Montrant son pouls.) Sans le savoir il s'est trahi. Il n'y a qu'une chose qui m'étonne, c'est qu'il n'ait pas déjà fait tomber ma tête; c'est une faute! je tâcherai de la lui faire payer cher; il ne faut plus penser à nous rendre aux casernes Préobajenski, où sans doute Golofkin nous attendra. Mais pendant ce temps, si on s'emparait du conseil de régence, du jeune empereur surtout; mais il habite le palais dont les portes sont bien gardées! Une attaque de vive force, impossible; y pénétrer cette nuit par ruse ou par adresse, cela vaudrait mieux; mais comment? (Il marche d'un air agité, et remonte le théâtre.)

SCÈNE XI.

LESTOCQ, CATHERINE, sortant du cabinet à droite.

CATHERINE.

J'ai beau courir, je ne l'aperçois pas.

LESTOCQ.

C'est Catherine, à qui en veut-elle?

CATHERINE, jetant un cri de surprise.

Ah! monsieur le docteur!

LESTOCQ.

Ce n'est pas moi que vous cherchez?

CATHERINE.

Non! c'est M. Dimitri; j'ai quelque chose à lui dire.

LESTOCQ.

De votre part?

CATHERINE.

Oh! mon Dieu, non!

LESTOCQ.

De qui donc alors?

CATHERINE.

Ne me le demandez pas, monsieur le docteur, parce que j'ai juré de ne pas en parler.

LESTOCQ, avec ironie.

Et quand vous avez juré, vous tenez si bien vos serments.

CATHERINE.

Que voulez-vous dire?

LESTOCQ.

Est-ce que je ne sais pas tout ce qui se passe? est-ce que vous n'avez pas révélé tantôt, ici même, à Golofkin, ce que je vous avais recommandé de lui taire? et votre trahison...

CATHERINE.

Ce n'est pas de la trahison, c'est de la peur! il voulait me tuer.

LESTOCQ.

Et si je raconte à Strolof que vous avez manqué à vos serments, il vous abandonnera, il ne voudra plus vous épouser.

CATHERINE, effrayée.

Eh bien! par exemple...

LESTOCQ, faisant un pas.

Et je le lui dirai.

CATHERINE, le retenant.

Ah! monsieur le docteur, je vous en prie, ne lui en parlez pas!

LESTOCQ.

Soit, à condition que vous parlerez, que vous me direz tout!

CATHERINE.

Ça ne vous regarde en rien.

LESTOCQ.

N'importe; vous cherchiez Dimitri.

CATHERINE.

Pas pour moi.

LESTOCQ.

Pour qui donc?

CATHERINE.

De la part de ma maîtresse.

LESTOCQ.

Madame Golofkin?

CATHERINE.

Oui.

LESTOCQ, vivement.

Et pourquoi faire? dans quel motif? que lui veut-elle?

CATHERINE.

Attendez donc que je m'y reconnaisse; je suis entrée tout à l'heure avec Madame au palais impérial où elle demeure.

LESTOCQ, vivement.

Au palais?

CATHERINE.

Oui, dans son appartement; et au lieu de s'habiller pour le bal, elle se promenait d'un air agité, disant de temps en temps tout haut des mots que je ne comprenais pas.

LESTOCQ.

C'est égal!

CATHERINE.

Elle a répété plusieurs fois : caserne Préobajenski.

LESTOCQ.

Et puis?

CATHERINE, imitant sa maîtresse.

« Le malheureux! l'imprudent! s'il y va, il est mort. »

LESTOCQ.

Et puis?

CATHERINE, imitant toujours sa maîtresse.

« Minuit! minuit! comment l'empêcher? » Enfin, si ce n'était le respect qu'on doit à une grande dame, elle avait l'air d'être folle! et elle s'est mise à écrire en me disant : Tu vas porter cette lettre...

LESTOCQ, vivement.

Une lettre; où est-elle?

CATHERINE.

Elle l'a déchirée, en s'écriant : Non, non, c'est trop se compromettre; j'aime mieux, a-t-elle ajouté, me confier à toi, à ton attachement, à ta fidélité; et vous voyez, monsieur le docteur.

LESTOCQ.

Est-ce que c'est y manquer? est-ce qu'on ne doit pas tout dire à son docteur? Eh bien! tu t'es donc chargée d'annoncer à Dimitri...

CATHERINE.

Que Madame avait un important service à lui demander!

un service d'où dépendait sa vie, et qu'elle le suppliait de se trouver ce soir à minuit à la porte du palais.

LESTOCQ.

La grande porte?

CATHERINE.

Non, celle qui donne sur les bords de la Néva, et je dois, seule et dans l'ombre, aller lui ouvrir, dès qu'il aura frappé trois coups; voilà tout ce qu'elle m'a dit; il n'y a pas un mot de plus; c'est l'exacte vérité.

LESTOCQ, avec impatience.

C'est bien! c'est bien!

CATHERINE.

Et maintenant, qu'est-ce qu'il faut faire?

LESTOCQ.

Remplir ton message auprès de Dimitri, sans parler à lui ni à ta maîtresse de ce que tu m'as confié.

CATHERINE, vivement.

Oh! je vous le promets; d'autant que j'avais déjà promis... car je ne sais pas comment cela se fait, mais sans le vouloir je promets à tout le monde!

LESTOCQ.

Qu'importe, si on est fidèle?

CATHERINE.

Voilà! aussi vous le direz à Strolof, n'est-il pas vrai? parce qu'une fois marié il aura confiance...

LESTOCQ.

Eh! partez donc, morbleu! vous n'avez pas de temps à perdre. (Catherine s'enfuit.) Ni nous non plus! le ciel nous seconde; je sais maintenant comment pénétrer cette nuit au palais. (On entend en dehors et au loin un bruit de fanfare et d'harmonie.)

SCÈNE XII.

LESTOCQ; STROLOF, sortant de la porte à droite.

STROLOF, à demi voix.

La régente traverse les jardins de l'Ermitage et se rend à la salle de bal.

LESTOCQ.

Un bal, des parures, des chants d'allégresse et dans quelques heures, la mitraille, la fusillade, des malheureux égorgés; et si nous succombons, moi ce n'est rien ! mais Élisabeth, ma pauvre souveraine ! (Montrant Strolof.) Et lui peut-être...

STROLOF.

Qu'y a-t-il, maître?

LESTOCQ.

Rien, une absurdité; je m'amuse à penser, quand il faut agir !

FINAL.

Entends-tu, la fête commence.
(Courant aux croisées du fond, qu'il ouvre toutes l'une après l'autre, et par lesquelles on aperçoit les jardins de l'Ermitage.)
Quelle foule joyeuse, immense!
Vois-tu dans ces jardins comme ils se pressent tous!
Et des orchestres de la danse
Les sons harmonieux arrivent jusqu'à nous.

LESTOCQ ET STROLOF, regardant au fond.

O douce nuit, belle soirée!
Instant d'où dépend notre sort!
Quelle chance m'est préparée?
Est-ce la victoire ou la mort?
(Ils vont regarder aux croisées du fond. L'on voit plusieurs groupes traverser les jardins.)

SCÈNE XIII.

LES PRÉCÉDENTS ; DIMITRI, entrant par la porte à droite, qui est restée ouverte.

DIMITRI.

O douce nuit, belle soirée!
Espérance plus douce encor!
Maîtresse chérie, adorée,
De toi va dépendre mon sort.

(A part.)

Oui, j'irai, mais minuit, c'est juste la même heure
Que nos autres projets, et s'il faut que je meure;
Que deviendrait, hélas ! Eudoxie!...

(Apercevant Lestocq.)

Ah! c'est lui.
Pourriez-vous retarder pour moi, pour un ami,
La conspiration d'un quart d'heure?

LESTOCQ, froidement.

Eh! mais, oui!

Aux quartiers Préobajenski
Nous n'irons point.

DIMITRI, avec joie.

L'idée est bien meilleure,
Et vous avez raison, car j'ai pour cette nuit
Un rendez-vous...

LESTOCQ.
Vraiment?

DIMITRI, s'arrêtant.

Mais jamais je ne cause.
De votre appartement, ce soir, avant minuit,
Permettez-vous, docteur, qu'un instant je dispose?

LESTOCQ.

Et pourquoi?

DIMITRI.

Pour changer de costume et d'habit,
Et prendre un long manteau...

LESTOCQ.

Favorable au mystère.
A vos ordres.

DIMITRI.

C'est bien.

LESTOCQ, bas, à Strolof, lui montrant Dimitri

Toi, tu suivras ses pas,
Et dès qu'il aura mis les pieds chez moi...

STROLOF.

Que faire?

LESTOCQ, à voix basse.

Sur-le-champ tu l'enfermeras.
En restant prisonnier ainsi la nuit entière,
Il ne pourra plus nuire à nos desseins, je croi.

STROLOF.

Oui, mais son rendez-vous!

LESTOCQ.

Un autre ira.

STROLOF.

Qui?

LESTOCQ.

Moi?

ENSEMBLE.

LESTOCQ ET STROLOF.
O douce nuit, belle soirée!

ACTE III, SCÈNE XIV.

Instant d'où dépend notre sort!
Quelle chance m'est préparée?
Est-ce la vengeance ou la mort?

DIMITRI.

O douce nuit, belle soirée!
Espérance plus douce encor!
Maîtresse chérie, adorée,
C'est de toi que dépend mon sort.

SCÈNE XIV.

Les précédents; GOLOFKIN, ÉLISABETH, habillée en bergère du temps, ainsi que PLUSIEURS DAMES DE LA COUR; CATHERINE, GENS DE COUR, HOMMES ET FEMMES, en habits de caractère. Ils paraissent au fond dans le jardin, et plusieurs entrent dans le pavillon.

ÉLISABETH, montrant son costume.

Voyez si j'ai les habits,
Le ton d'une humble bergère,
Voyez si j'ai bien appris
Les airs naïfs du pays.

PREMIER COUPLET.

« Ah! quelle est belle
  « Celle
« Qu'aime Monseigneur
  « La jeune fille
  « Brille
« D'un éclat vainqueur,
« Esclave aux regards si doux,
  « Sans peine
  « On brise sa chaîne;
« Un mot, un coup d'œil de vous,
« Le maître est à vos genoux.

DEUXIÈME COUPLET.

« Il croyait être
  « Maître
« Dans ce beau séjour.
  « Erreur extrême,
  « Il aime
« Et tremble à son tour.
« Esclave aux regards si doux,
  « Sans peine
  « On brise sa chaîne;

« Un mot, un coup d'œil de vous,
« Le maître est à vos genoux.

TROISIÈME COUPLET.

« La jeune esclave
   « Brave
« Les lois de la cour.
   « Soudain noblesse
   « Cesse
« Où règne l'amour.
« Esclave aux regards si doux,
   « Sans peine
« On brise sa chaîne :
« Un mot, un coup d'œil de vous,
« Le maître est à vos genoux. »

CHŒUR.

C'est divin, c'est charmant! ses accents enchanteurs
Ont séduit à la fois et nos sens et nos cœurs.

GOLOFKIN, à Élisabeth.

Déjà pour le bal tout s'apprête
Et la régente espère à cette fête
Voir Votre Altesse...

ÉLISABETH.

A l'instant je m'y rends.

(A Lestocq.)
Vous y venez, docteur?

LESTOCQ, s'inclinant.

Pour vous y voir paraître.

(Bas, à Strolof.)
Va trouver nos amis...

ÉLISABETH, à Golofkin.

Ces jardins sont charmants!

LESTOCQ.

Mais y rester trop tard est imprudent, peut-être.

DIMITRI, étourdiment.

Le docteur a raison, je pars avant minuit...

LESTOCQ.

Moi de même.

CATHERINE, regardant Dimitri, et GOLOFKIN, regardant Lestocq et Dimitri.
J'entends.

GOLOFKIN, à part.

Traîtres, mon œil vous suit!

ÉLISABETH, bas, à Lestocq.

Quoi! minuit... c'est l'instant du complot... Je frissonne...
Et que faire ?

LESTOCQ, à demi voix.

Danser, la prudence l'ordonne.
(Bas, à Strolof.)
Et nous, à minuit!

STROLOF, regardant Lestocq.

C'est dit!

CATHERINE, à Dimitri, à demi voix.

Minuit!

DIMITRI, de même.

Minuit!

GOLOFKIN, les regardant à part, avec joie.

Minuit!

ÉLISABETH, tremblante.

Minuit!

ENSEMBLE.

DIMITRI.

O douce nuit, belle soirée,
Espérance plus douce encor!

ÉLISABETH ET LE CHŒUR.

O douce nuit, belle soirée,
Espérance plus douce encor!

GOLOFKIN.

O douce nuit, belle soirée!
Pour moi bientôt plus douce encor!

LESTOCQ ET STROLOF.

O douce nuit, belle soirée,
Instant d'où dépend notre sort!

CATHERINE.

O douce nuit, belle soirée,
Dont il faut se priver encor!

DERNIÈRE STRETTE.

Oui, l'orchestre joyeux
Retentit en ces lieux,
Sous ce riant feuillage,
Le plaisir nous engage;
Les grâces et l'amour
Ici tiennent leur cour.

A l'appel du plaisir
Hâtons-nous d'accourir.

(Ils sortent tous en désordre, et se perdent dans les jardins.)

ACTE IV.

Un appartement du palais. De grandes fenêtres au fond, donnant sur la place publique. Porte au fond, et deux latérales.

SCÈNE PREMIÈRE.

EUDOXIE, seule.

RÉCITATIF.

EUDOXIE.
Voici bientôt minuit... au rendez-vous fidèle,
Il va venir, et moi je ne le verrai pas ;
Mais en ces lieux où l'amitié l'appelle,
Loin des bourreaux, du moins, je retiendrai ses pas.

CANTABILE.
Celui qui m'adore
M'attend et m'implore,
Une fois encore
Je pourrai le voir!
Dieu qui nous console,
Sois ma seule idole,
Que par toi j'immole
L'amour au devoir.

CAVATINE.
Oui, d'espérance et de plaisir,
Ce seul espoir me fait frémir ;
Il est sauvé... que dans mon cœur
Rentrent la joie et le bonheur.
Mon zèle
Fidèle
Sur lui veille toujours ;
Heureuse,
Joyeuse,
J'aurai sauvé ses jours.

SCÈNE II.

EUDOXIE, CATHERINE.

CATHERINE.

Voici minuit; je vais l'attendre où il m'a promis de se trouver.

EUDOXIE.

Tu m'as bien comprise?

CATHERINE.

Oui, Madame. Dès qu'il viendra, dès que j'entendrai le signal...

EUDOXIE.

Tu ouvriras la porte du palais qui donne sur la Néva, et tu le conduiras, là, dans ce cabinet, où tu l'enfermeras.

CATHERINE.

Tout seul?

EUDOXIE.

Sans doute.

CATHERINE.

Et vous ne le verrez pas?

EUDOXIE.

Non; je rentre chez moi, dans mon appartement, d'où je ne sortirai pas.

CATHERINE, à part.

Eh bien! par exemple! donner un rendez-vous à un amant pour l'enfermer tout seul, autant valait le laisser chez lui. Ces grandes dames ont des idées... (Haut.) J'y vais, Madame.

EUDOXIE.

Et de la discrétion.

CATHERINE.

Oui, Madame. (A part, en sortant.) Pauvre jeune homme!

EUDOXIE.

Au moins, en le forçant de passer la nuit ici, au palais, il n'ira pas ce soir aux casernes Préobajenski; c'est tout ce que je veux. (Regardant la porte à gauche.) Ne restons pas ici... Qui vient là? serait-ce mon mari? non, la princesse.

SCÈNE III.

EUDOXIE, ÉLISABETH, un domestique, la suit et reste dans l'antichambre.

EUDOXIE.

Vous, Madame, que je croyais au bal, à cette fête, dans les jardins de l'Ermitage!

ÉLISABETH.

Je n'y suis pas restée longtemps; je n'ai pas attendu minuit, et sachant de M. Golofkin que vous étiez seule et souffrante, j'ai voulu vous voir avant de me retirer.

EUDOXIE.

Que de bontés!

ÉLISABETH.

Et puis, j'ai appris tant de choses... (A part.) Ce Lestocq vient de me faire part de son nouveau plan, d'une attaque sur le palais. Il parle de tout tuer, de tout renverser. C'est horrible; comme si on ne pouvait pas faire une révolution sans faire de mal à personne!

EUDOXIE, qui pendant ce temps a écouté près de la porte, à part, vivement.

J'ai cru entendre... (Haut, à Élisabeth.) Venez, Madame, passons chez moi!

ÉLISABETH.

Mais non, au contraire, je voulais vous décider à me suivre; à venir auprès de moi. (A part.) Là, du moins, elle sera en sûreté.

EUDOXIE.

Quitter ces lieux, cette nuit; et pourquoi?

ÉLISABETH.

Ne me le demandez pas, je ne pourrais vous le dire; mais vous savez, Eudoxie, que vous avez été autrefois pour moi une compagne, une amie, et il y a ici, à la cour, si peu de gens qui nous aiment, que ceux-là, il faut veiller sur eux, les sauver...

EUDOXIE.

Les sauver! il y a donc du danger?

ÉLISABETH.

Je ne dis pas cela; aucun, sans doute; mais vous savez que Golofkin, votre mari, est assez généralement détesté... (Se reprenant.) Non, non, je veux dire qu'il n'est pas aimé de beaucoup de monde, pas même de vous, peut-être. (Vivement.) C'est tout naturel, ça ne me regarde pas; mais dans ces temps de trouble... (Avec embarras.) il se pourrait que l'on s'en prît d'abord à lui, et vous pourriez vous-même, confondue dans le désordre et l'horreur d'une scène pareille...

EUDOXIE.

Ah! vous me faites trembler! On va donc attaquer le palais!

ÉLISABETH.

C'est possible; je n'en sais rien.

EUDOXIE, à part.

Et Dimitri que dans ce moment je fais venir... Dieu! c'est Catherine!

SCÈNE IV.

Les précédents, CATHERINE, sortant de la porte à gauche, qu'elle referme, et dont elle prend la clé.

TRIO.

CATHERINE, à Eudoxie, sans voir Élisabeth.
Il est là... tout a réussi.
(Montrant la porte à gauche.)
Je viens de l'enfermer ici.
(Montrant la clé qu'elle vient d'ôter de la porte et qu'elle tient à la main.)
Voici la clé.
(Apercevant Élisabeth.)
Dieu! Son Altesse!

EUDOXIE, bas, à Catherine.
Qu'as-tu fait?

CATHERINE, à part.
Quelle maladresse.

ÉLISABETH, regardant en souriant Eudoxie et Catherine.
D'où vient donc ce trouble? et quel est
La personne qu'avec mystère
Vous tenez ainsi prisonnière?

EUDOXIE.
O ciel! Votre Altesse croirait...

ÉLISABETH, la regardant toujours en riant.
Mais si, comme je le soupçonne,
Il s'agit d'un tendre secret,
D'avance, je vous le pardonne.

EUDOXIE, vivement.
Madame...
ÉLISABETH.
Je sais ce que c'est.
Et, loin de vouloir vous trahir,
Que ne puis-je ici vous servir.
(A Eudoxie.)
Parlez, je voudrais vous servir.

ENSEMBLE.

ÉLISABETH.
Allons, belle dame,
Mon cœur le réclame,
Ouvrez-moi votre âme,
Parlez sans détours.
Croyez ma tendresse,
Oui, quoique princesse,
Moi, je m'intéresse
Toujours aux amours.

CATHERINE.
Allons donc, Madame,
Son cœur le réclame;
Ouvrez-lui votre âme,
Parlez sans détours.
Croyez sa tendresse,
Oui, quoique princesse,
Elle s'intéresse
Toujours aux amours.

EUDOXIE.
En vain, dans mon âme,
Contre cette flamme
Le devoir réclame!
Mon cœur, dans ce jour,
Tout à la tendresse,
Cède à sa faiblesse.
Et comment sans cesse
Combattre l'amour?

CATHERINE, bas, à Eudoxie.
Lorsque autrement l'on ne peut faire,
Il vaut mieux parler franchement.
(Passant près d'Élisabeth.)
Oui, c'est un jeune militaire
Que nous faisons venir en secret...

ACTE IV, SCÈNE IV.

ÉLISABETH, avec gaieté.
C'est charmant!
CATHERINE.
Mais dans un bon motif.
EUDOXIE, lui faisant signe de se taire.
(A la princesse.)
Oui, Madame,
Je voulais préserver ses jours d'un sort fatal;
Mais je ne l'aime pas, j'en jure sur mon âme.

ENSEMBLE.

ÉLISABETH, riant, et à demi voix.
Allons, belle dame,
Mon cœur le réclame,
Ouvrez-moi votre âme,
Parlez sans détours.
J'aime la tendresse,
Et, quoique princesse,
Mon cœur s'intéresse
Toujours aux amours.

CATHERINE.
Allons donc, Madame,
Son cœur le réclame,
Ouvrez-lui votre âme,
Parlez sans détours.
Croyez sa tendresse,
Oui, quoique princesse,
Son cœur s'intéresse
Toujours aux amours.

EUDOXIE.
En vain, dans mon âme,
Contre cette flamme
Le devoir réclame.
Mon cœur sans détour,
Tout à la tendresse
Cède à sa faiblesse;
Et comment sans cesse
Combattre l'amour?

ÉLISABETH.
Et cet amant vaut-il que l'on s'expose ainsi
Pour le sauver?
CATHERINE, à qui sa maîtresse fait en vain signe de se taire.
Sans doute, il adore Madame,

Et c'est un cavalier si brave et si gentil!
Vous l'avez vu.
ÉLISABETH, gaiement.
Vraiment!...
CATHERINE, à demi voix.
Le jeune Dimitri.
ÉLISABETH, stupéfaite, et toute tremblante d'émotion.

Dimitri! qu'as-tu dit? lui que l'amour enflamme
Pour ta maîtresse?
CATHERINE.
Eh! vraiment oui.

Qui pour un rendez-vous, pour la voir, vient ici!
CATHERINE.

Oui, vraiment.
(Montrant le cabinet à gauche et la clé qu'elle tient à la main.)
Il est là, je l'ai conduit moi-même!
ÉLISABETH, lui arrachant la clé.

Ah! c'en est trop...
CATHERINE ET EUDOXIE.
D'où vient ce trouble extrême?
ÉLISABETH, à part, et douloureusement.

Ah! moi qui l'aimais tant!...
(Avec colère.)
Et ce Lestocq... et lui...

M'abuser, me trahir et me jouer ainsi!
ENSEMBLE.
ÉLISABETH.

Oui, la haine succède
A l'amour, au bonheur.
Oui, c'en est fait, je cède
A ma juste fureur.
D'un pareil artifice
D'un détour si honteux,
Je veux avoir justice,
Ils périront tous deux!

EUDOXIE ET CATHERINE, regardant Élisabeth.
A sa bonté succède
La haine et la fureur.
Mon Dieu, sois-nous en aide,
Je tremble de frayeur.
Ah! s'il faut qu'il périsse,
Si quelqu'un dans ces lieux

Mérite le supplice,
Ne punis que nous deux.

ÉLISABETH, se mettant à la table, et écrivant d'un air agité.

Golofkin saura tout!... malheur à qui m'offense!

EUDOXIE, effrayée.

O ciel!

ÉLISABETH, écrivant toujours.

Oui, leur trépas assure ma vengeance.

(A Eudoxie.)

Mais vous, ne craignez rien, pour vous aucun danger,
Car ce n'est pas de vous que je veux me venger.

(Appelant le domestique qui l'accompagnait à la deuxième scène.)

Tiens, pars...

(Lui remettant le billet qu'elle vient d'écrire.)

A Golofkin!...

(Le domestique sort.)

ENSEMBLE.

ÉLISABETH.

Oui, la haine succède
A l'amour, au bonheur!
Oui, c'en est fait, je cède
A ma juste fureur!

EUDOXIE ET CATHERINE.

A sa bonté succède
La haine et la fureur.
Mon Dieu, sois-nous en aide,
Je tremble de frayeur.

(Eudoxie et Catherine, sur un geste de la princesse, sortent par une des portes à gauche.)

SCÈNE V.

ÉLISABETH, seule.

Je serai vengée! c'est ce que je voulais. Golofkin est instruit maintenant de tous les projets que l'on tramait en mon nom. Lestocq les paiera de sa tête, et quant à Dimitri, je me charge moi-même de le punir. (Montrant la porte à gauche.) Il est là! que je le voie, ce perfide, que je jouisse de son trouble et de sa confusion! Ah! ma main tremble, et je puis à peine tourner cette clé. (La porte s'ouvre.) Paraissez, capitaine, paraissez, Dimitri.

SCÈNE VI.

ÉLISABETH, LESTOCQ, enveloppé d'un manteau.

ÉLISABETH.

Venez, c'est maintenant qu'il faut me rendre compte de toutes les trahisons dont vous et Lestocq vous êtes rendus coupables envers moi.

LESTOCQ, jetant son manteau.

Moi, coupable!

ÉLISABETH.

Dieu! Lestocq!

LESTOCQ, souriant.

Coupable de vous aimer, de vous servir, de se dévouer pour vous. Si ce sont là les crimes dont Votre Altesse m'accuse, j'ai, grâce au ciel, beaucoup de complices.

ÉLISABETH.

Je vous accuse de vous être joué de ma confiance et des sentiments qui m'étaient les plus chers, de m'avoir dit que Dimitri m'aimait.

LESTOCQ.

Je le soutiens!

ÉLISABETH.

Et vous me trompez encore. Vous savez aussi bien que moi qu'il aime Eudoxie, qu'il en est aimé.

LESTOCQ, à part.

Grand Dieu!

ÉLISABETH.

Que cette nuit même il en a reçu un rendez-vous, et, tout à l'heure, j'ai trouvé ici madame Golofkin qui, inquiète et tremblante, m'a tout confié. Ah! vous ne comptiez pas sur un tel aveu, et, confondu maintenant, vous ne savez que répondre.

LESTOCQ, froidement.

Cela ne m'embarrasse pas un moment.

ÉLISABETH.

Quoi! vous me soutiendrez qu'elle n'attendait pas ici même Dimitri?

LESTOCQ.

C'est possible! mais en tout cas, elle l'aurait attendu longtemps; car il était bien décidé à ne pas venir.

ÉLISABETH.

Que dites-vous?

LESTOCQ.

Qu'il est aimé de madame Golofkin, c'est vrai. Ce n'est pas sa faute, tout le monde l'aime, ce jeune homme, il ne peut pas empêcher cela; mais tous les sentiments qu'on éprouve pour lui, il n'est pas obligé de les partager, dans ce moment surtout où il a bien autre chose en tête, et surtout dans le cœur. Oui, Madame, oui, je vous le répète, c'est vous seule qu'il aime; et quand il a reçu tantôt ce message de madame Golofkin, j'étais là, près de lui, et il s'est écrié : c'est impossible! je n'irai pas! ça été son premier mot. Puis, en galant homme, et se rappelant les égards que l'on doit à une femme, même qu'on n'aime pas, il m'a dit : Docteur, aller-y à ma place; faites-lui entendre raison, calmez son désespoir, mais dites-lui la vérité, dites-lui que j'aime ailleurs. Oui, Madame, et il le prouve en ce moment les armes à la main, en combattant pour vous.

ÉLISABETH.

Grand Dieu!

LESTOCQ.

Il est à la tête des conjurés, il expose sa vie pour défendre celle qui l'accuse et qui doute de son amour.

ÉLISABETH.

Ah! je n'en doute plus, et c'est moi qui suis bien malheureuse, bien coupable; c'est moi qui l'ai trahi, qui vous ai trahis tous.

LESTOCQ.

Que dites-vous?

ÉLISABETH.

N'écoutant que ma colère, ma jalousie, que voulez-vous! peu m'importait le complot, son amour était tout pour moi; je ne voyais que lui, et, me croyant trahie, ne rêvant que la vengeance, je viens d'écrire, de tout révéler à Golofkin...

LESTOCQ.

Malédiction!

ÉLISABETH.

Vos projets sur Munich, Osterman; et je lui ai même recommandé d'éloigner le prince Ivan de ce palais.

LESTOCQ, se frappant la tête.

Voir tout renverser au moment du succès! jeter à ses pieds une couronne, et tout cela par amour!

ÉLISABETH.

Lestocq! Lestocq! pardonnez-moi!

LESTOCQ, froidement.

Que voulez-vous, Madame? tout est fini, tout est perdu. Il faut savoir mourir, et je tâcherai de m'en tirer le moins mal possible. O France! ô mon pays! je ne te verrai plus; pourquoi aussi t'avoir abandonné? (Après un instant de réflexion.) Pourquoi? pour faire fortune ou me faire tuer. Eh bien! de quoi ai-je à me plaindre? m'y voilà, je suis arrivé au but.

ÉLISABETH.

Ah! que ne puis-je mourir pour réparer ma faute!

LESTOCQ, vivement et lui prenant la main.

Dites-vous vrai?

ÉLISABETH.

Oui, pour sauver vos jours, ceux de Dimitri et de vos amis, je donnerais les miens.

LESTOCQ, avec fierté.

C'est bien! voilà la première fois d'aujourd'hui que vous parlez en impératrice. Eh bien! Élisabeth...

ÉLISABETH, avec résolution.

Il faut mourir.

LESTOCQ.

Non, mais régner! courez vous réfugier au milieu du régiment de Novogorod, vous n'avez pas d'autre asile en ce moment; et qui sait l'effet que produira sur eux, sur la multitude, une femme jeune et belle, la fille de Pierre le Grand qui vient leur demander la couronne? Ou je m'y connais mal, ou il a souvent fallu moins que cela pour exciter l'enthousiasme, gage du succès. Enfin, qu'ils résistent, qu'ils maintiennent, qu'ils amassent la révolte, c'est tout ce que je demande, moi, pendant ce temps...

ÉLISABETH.

Que voulez-vous tenter?

LESTOCQ.

Une résolution dernière, désespérée. Puisque ma tête est livrée, il faudra qu'ils viennent la prendre, car je ne la leur porterai pas, et je la défendrai le plus longtemps possible. Partez, Madame, nous ne nous reverrons plus maintenant que sur le trône, ou, comme je vous le disais hier soir...

ÉLISABETH, vivement.

Non, ne dites pas cela! (Prête à partir, d'un air suppliant.) Lestocq! Lestocq! quoi qu'il arrive, dites que vous me pardonnez, et embrassez-moi! (Elle se jette dans ses bras.)

LESTOCQ, se dégageant et essuyant une larme.

Allons, allons, il ne s'agit pas de s'attendrir; partez, sortez de ce palais pendant qu'on vous le permet encore. (Élisabeth sort.)

SCÈNE VII.

LESTOCQ, seul, puis STROLOF ET SES COMPAGNONS.

LESTOCQ.

Moi, j'y reste! en ce palais, il m'appartient; je m'en empare, et malgré les dangers qui m'y environnent, si Strolof et ses amis sont exacts au rendez-vous... (Il va ouvrir la fenêtre du fond. On aperçoit en dehors Strolof et une douzaine de conjurés qui sautent de la fenêtre dans l'intérieur de l'appartement.)

CHOEUR.

Dans l'ombre et le silence,
L'heure de la vengeance
Va-t-elle enfin venir?
(A Lestocq.)
Que ton bras intrépide
Nous dirige et nous guide;
Il faut vaincre ou mourir.

LESTOCQ, au milieu des conjurés.

Amis, vos cœurs sont-ils au-dessus de la crainte?
A braver le trépas êtes-vous résolus?

CHOEUR.

Oui, tous!

LESTOCQ.

Alors, on peut parler sans feinte.
On nous a dénoncés, nos projets sont connus.

TOUS.

O ciel!

LESTOCQ.

Eh bien! nous sommes tous perdus,

Je le sais, et pour fuir la mort qui nous menace,
Quel péril peut alors arrêter notre audace?
Je connais un moyen, désespéré, hardi,
Mais qui peut tout sauver.

TOUS.

Ordonnez, nous voici.

CHOEUR.

Sur notre obéissance
Tu peux compter d'avance;
Nous saurons te servir.
Que ton bras intrépide
Nous dirige et nous guide;
Il faut vaincre ou mourir!

LESTOCQ, les rassemblant autour de lui.

Il ne faut plus songer à nous emparer de Munich et de Golofkin, ils sont avertis, et sans doute sur leurs gardes. Il faut renoncer à nous saisir du prince Ivan, il n'est plus au palais.

TOUS.

O ciel!

LESTOCQ.

Mais sa mère, la régente, Anne de Courlande, y est encore; elle sort du bal et vient de rentrer dans ses appartements qui sont de ce côté; voici la porte qui conduit chez elle.

STROLOF.

Eh bien?

LESTOCQ.

Il faut y pénétrer; vous la trouverez, ou déjà endormie, ou entourée de ses femmes. A votre seul aspect, elle s'effrayera aisément, et, de gré ou de force, il faut qu'elle signe l'ordre d'arrêter Golofkin, Munich et Osterman, et qu'elle me charge, moi, d'exécuter cet ordre; le reste me regarde. Je connais le soldat russe et son obéissance passive; je commanderai aux troupes mêmes de Golofkin, au nom de la régente, et aux nôtres, au nom d'Élisabeth; mais il faut qu'elle signe. (A Strolof.) Il le faut, tu m'entends?

STROLOF.

Si elle résiste?

LESTOCQ, souriant.

A la vue d'un poignard, c'est impossible; elle est femme et je la connais.

STROLOF.

Et si l'on vient à son secours, si les gardes du palais attirés par ses cris...

LESTOCQ, avec insouciance.

Alors, comme je vous disais tout à l'heure, cela revient au même; nous sommes perdus et nous ne risquons pas davantage à tenter l'entreprise. (Avec force.) Du reste, si l'on accourt à son aide, on n'arrivera à vous qu'après m'avoir tué; car je reste ici à cette porte, dont je défendrai l'entrée. Vous, mes amis, vous m'avez compris.

CHOEUR.

Sur notre obéissance
Tu peux compter d'avance,
Nous saurons te servir.
Oui, ta voix intrépide
Nous dirige et nous guide;
Il faut vaincre ou mourir.

(Ils entrent tous par la porte à deux battants qui est à droite, et Lestocq reste debout devant la porte, un pistolet dans chaque main.)

SCÈNE VIII.

LESTOCQ, puis DIMITRI.

DIMITRI, paraissant à la croisée du fond qui est restée ouverte.

N'importe comment, j'y arriverai!

LESTOCQ, regardant.

Qui monte par cette croisée? qui va là? répondez!

DIMITRI.

Dieu! le docteur!

LESTOCQ, à part.

Dimitri! qui diable nous l'amène?

DIMITRI.

Ah! traître, je te trouve enfin! et tu me rendras raison d'un pareil outrage.

LESTOCQ, froidement.

Et lequel?

DIMITRI.

Me faire manquer un rendez-vous avec madame Golofkin. Me faire enfermer à double tour dans ta chambre, où je serais encore sans les draps de ton lit qui m'ont servi à me glisser dans la rue.

LESTOCQ.

Une belle idée.

DIMITRI.

Et tu m'expliqueras maintenant pourquoi tu me retenais prisonnier; c'était à dessein, avec intention; car tu ne fais rien sans réfléchir.

LESTOCQ, froidement.

C'est la différence qu'il y a entre nous!

DIMITRI.

Je t'ai retrouvé, tu ne m'échapperas pas; et puisque tu connais les détours de ce palais, tu vas me conduire à l'instant chez madame Golofkin.

LESTOCQ, avec colère.

Moi! au diable vos amours! qui, depuis ce matin, m'ont donné plus de mal, d'inquiétudes et de tourments que Munich, Golofkin et tous nos ennemis.

DIMITRI.

Vous m'y conduirez!

LESTOCQ, avec inquiétude et regardant toujours du côté de la porte à droite.

Non!

DIMITRI.

Ou vous vous battrez avec moi.

LESTOCQ, avec mépris.

Me battre! c'est bon pour vous qui ne risquez que votre tête, qui ne risquez rien.

DIMITRI, avec colère.

Monsieur, si vous n'êtes un lâche...

LESTOCQ, sans l'écouter et regardant à droite.

Tout ce que vous voudrez!

DIMITRI.

Un infâme!

LESTOCQ, de même.

Comme il vous plaira... (Lui prenant la main.) Mais silence! pas de bruit... (Lui montrant le pistolet.) ou je vous brûle la cervelle.

DIMITRI, avec indignation.

Ah! c'est là votre réponse.

LESTOCQ.

Maintenant! et plus tard je verrai si vous en méritez une

autre... (Apercevant Strolof qui sort de l'appartement à droite, il pousse un cri et court au-devant de lui.) Ah ! te voilà... (A Dimitri.) Attendez-moi, je suis à vous... (A Strolof.) Eh bien ! quelles nouvelles ?

STROLOF, lui remettant un papier.

L'ordre est signé et sans résistance, car elle tremblait de tous ses membres.

LESTOCQ, prenant le papier.

C'est bien... que, renfermée dans l'endroit le plus écarté, elle n'en puisse sortir; que nos conjurés veillent près d'elle et se fassent tuer plutôt que de la laisser délivrer; quatre suffiront.

STROLOF, froidement.

En serai-je?

LESTOCQ.

Non, je te réserve pour d'autres dangers.

DIMITRI, avec impatience et se promenant au fond du théâtre.

Eh bien ! Monsieur ?

LESTOCQ, à Dimitri.

Dans l'instant. (A Strolof.) Partez... (Strolof sort.) On vient; il était temps !

SCÈNE IX.

LES PRÉCÉDENTS ; VOREF ET PLUSIEURS SOLDATS paraissent à la porte du fond.

LESTOCQ, aux soldats, à haute voix.

Que voulez-vous? qui va là?

VOREF.

Service du palais ! officier des gardes ; mais vous-même, de quel droit?..

LESTOCQ.

De celui que vient de me confier la régente, S. A. I. Anne de Courlande, dont vous connaissez la signature. (Il lui montre un papier.)

DIMITRI, à part, pendant que Voref lit le papier.

Ah ! le traître ! lui qui conspirait pour Élisabeth, est maintenant aux gages de ses ennemis.

VOREF, ôtant son chapeau, à Lestocq.

C'est différent, excellence !

LESTOCQ, montrant Dimitri.

Assurez-vous d'abord de Monsieur, et jusqu'à nouvel ordre retenez-le prisonnier?

DIMITRI.

Ah! par exemple!

LESTOCQ, à part.

Il n'y a que ce moyen-là pour que la conspiration puisse marcher.

VOREF, s'approchant de Dimitri.

Votre épée, Monsieur.

DIMITRI, ôtant son épée et regardant Lestocq; à l'officier :

Voici mon épée. (Avec colère et montrant Lestocq qui le regarde en souriant.) Mais ce traître, son sang-froid me fait horreur!

LESTOCQ.

Et votre colère me ferait rire, si j'en avais le temps. (A part.) Allons rejoindre nos amis. (Il sort.)

SCÈNE X.

Les précédents, hors LESTOCQ et STROLOF.

FINAL.

VOREF.

Allons, mon officier, il faut suivre nos pas.

DIMITRI.

C'est juste! j'obéis et ne vous en veux pas;
Mais ce docteur... ce traître, avec son doux langage,
Moi qui n'y pensais pas, dans un complot m'engage.

L'OFFICIER.

C'est donc vrai?

DIMITRI, vivement.

Qu'ai-je dit?

(Se reprenant.)

Non, je puis le jurer,

(A part.)

Ah! si l'on me rattrape encore à conspirer!

ENSEMBLE.

L'OFFICIER ET LE CHOEUR.

Allons, partons, il faut nous suivre;
Il faut obéir au devoir.
Le sort qui dans nos mains le livre,
Pour lui nous laisse peu d'espoir.

DIMITRI.

Allons, je suis prêt à vous suivre.

(A part.)
O toi ! mon bonheur, mon espoir !
Lorsque je vais cesser de vivre,
Que ne puis-je encore te voir ?
(Les soldats vont emmener Dimitri.)

SCÈNE XI.

LES PRÉCÉDENTS ; EUDOXIE, sortant de l'appartement à gauche.

EUDOXIE.

D'où vient ce bruit ?

DIMITRI, l'apercevant.

C'est elle, ah ! le ciel m'entendait.

EUDOXIE, aux soldats.

Où donc l'emmenez-vous ?

DIMITRI, d'un air indifférent.

Eh ! mais, je le suppose,
A la mort !

EUDOXIE.

Grand Dieu ! qu'a-t-il fait ?

DIMITRI, gaiement.

Je n'en sais rien !

(Tendrement.)

Mais qu'importe la cause
De ma mort... je vous vois, et je suis trop heureux.

L'OFFICIER ET LES SOLDATS.

Allons, partons !

DIMITRI, les priant.

Un seul instant encore.
(A Eudoxie, devant les soldats.)
O vous, qui connaissez la beauté que j'adore,
Daignez pour moi lui faire mes adieux !
(A l'officier qui fait un mouvement.)
Ah ! vous le permettez !

(A Eudoxie.)

Dites-lui que, sans elle,
La vie était sans prix et sans charme à mes yeux,
Et que toujours fidèle
A son doux souvenir,
Mon cœur battra pour elle
Jusqu'au dernier soupir.

ENSEMBLE.
L'OFFICIER ET LES SOLDATS.

Allons, partons! il faut nous suivre;
Il faut obéir au devoir.
Le sort qui dans nos mains le livre,
Pour lui nous laisse peu d'espoir.

DIMITRI, regardant Eudoxie.

Doux objet dont l'aspect m'enivre,
Bonheur qui comble mon espoir,
Qu'à présent je cesse de vivre,
Le ciel m'a permis de te voir.

EUDOXIE.

O ciel! il va cesser de vivre,
Et je ne dois plus le revoir.
Ah! s'il meurt je saurai le suivre,
De mon cœur c'est le seul espoir.

(Les soldats vont emmener Dimitri. Un grand bruit se fait entendre au dehors sur la place publique, où donnent les fenêtres du palais.)

EUDOXIE.

Écoutez, écoutez!

DIMITRI.

J'entends le bruit des armes!

L'OFFICIER ET LES SOLDATS.

Les cris des combattants.

EUDOXIE.

Tous mes sens sont glacés.

(On entend crier en dehors.)

« Mort! mort à Golofkin!

EUDOXIE.

O mortelles alarmes,
De mon époux les jours sont menacés.
Je cours à ses côtés.

(Elle sort par le fond.)

DIMITRI, aux soldats qui le retiennent.

Ah! je vous en supplie,
Près d'elle laissez-moi mourir.

LES SOLDATS.

Non, non, tu resteras.

(Le bruit redouble en dehors.)

Entendez-vous mugir
Les flots tumultueux de ce peuple en furie?
Les portes du palais ont tombé sur leurs coups,

ACTE IV, SCÈNE XI.

Et leurs chants de victoire arrivent jusqu'à nous.
(En ce moment, le peuple se précipite sur le théâtre, mêlé au soldats. Les fenêtres du fond sont ouvertes. On voit en dehors, à la lueur des torches, une des places principales de Saint-Pétersbourg.)

CHŒUR.

Vive l'impératrice
Qui proclament nos vœux ;
Que chacun obéisse
A son nom glorieux !
Vive l'impératrice
Que proclament nos vœux !

(Paraît Élisabeth, appuyée sur le bras de Lestocq, et entourée de tous les conjurés.)

DIMITRI.

Que vois-je ! Élisabeth ?

LESTOCQ.

Que le peuple couronne,
Et qui voit à ses pieds ses ennemis vaincus.

ÉLISABETH.

Grâce pour eux, qu'on leur pardonne.
Grâce pour Golofkin.

(A Strolof.)

Courez vite !

STROLOF, froidement.

Il n'est plus.

DIMITRI, à part, avec joie.

Ciel ! il n'existe plus !

LESTOCQ, à Strolof.

En as-tu l'assurance ?

STROLOF, froidement.

Je m'en étais chargé ; je l'avais retenu :
Un seul jour a payé vingt-cinq ans de vengeance.

ÉLISABETH.

Je vous dois tout, Lestocq.

(Montrant les autres conjurés.)

Ainsi qu'à leur vaillance.

(Apercevant Dimitri, elle fait un geste d'émotion, et s'avance vers lui.)
Et vous... vous dont le zèle à mon cœur est connu,
Que puis-je faire ici pour votre récompense ?

DIMITRI.

J'en veux une.

ÉLISABETH, tendrement.
Parlez.

DIMITRI, hésitant.
C'est... non pas maintenant...
Mais plus tard... de daigner... me protégeant vous-même,
Vous employer pour moi près de celle que j'aime,
Près d'Eudoxie..

ÉLISABETH, chancelant, et s'appuyant sur Lestocq.
O ciel!
(A Lestocq, avec un regard douloureux.)
Vous m'avez trompée!

LESTOCQ.
Oui!
Pour voir sur votre front briller le diadème!
(Lui montrant les soldats qui lui portent les armes.)
Votre règne commence.

ÉLISABETH, à part, regardant Dimitri, et essuyant une larme.
Et les chagrins aussi!

CHŒUR.

Vive à jamais, vive l'impératrice
Que sur le trône appelaient tous nos vœux!
Houra! houra! que chacun obéisse,
Et que tout cède à son nom glorieux!
Vive l'impératrice
Que proclament nos vœux!

(Les tambours battent aux champs, les trompettes sonnent, les cloches se font entendre, le peuple agite ses chapeaux, ses mouchoirs, et les soldats leurs drapeaux. — La toile tombe.)

FIN DE LESTOCQ.

LE CHALET

OPÉRA-COMIQUE EN UN ACTE

En société avec M. Mélesville

MUSIQUE DE M. ADAM

Opéra-Comique. — 25 septembre 1834.

PERSONNAGES.

DANIEL, jeune fermier.
MAX, soldat suisse.
BETTLY, sœur de Max.

CHŒUR DE SOLDATS.
CHŒUR DE PAYSANS ET PAYSANNES.

La scène se passe en Suisse, dans le canton d'Appenzel.

ACTE PREMIER.

L'intérieur d'un chalet. Deux portes latérales, une au fond, qui s'ouvre sur la campagne, et laisse voir, dans le lointain, les montagnes d'Appenzel.

SCÈNE PREMIÈRE.

DES JEUNES FILLES ET DES JEUNES GARÇONS DU CANTON, portant des hottes en bois blanc, remplies de lait.

CHŒUR.
Déjà dans la plaine,
Le soleil ramène
Filles et garçons,
Et laitière }
Et d'un pas } agile,
Partons pour la ville,
Quittons nos vallons.

LES JEUNES FILLES, appelant.
Bettly! Bettly! comment n'est-elle pas ici?
Nous venons la chercher pour partir avec elle.

LES GARÇONS, à mi voix, et regardant autour d'eux.
Au rendez-vous Daniel n'est pas fidèle,
Nous qui voulions rire de lui.

LES JEUNES FILLES.
Sans voir l'effet de notre ruse,
Il faut partir, il est grand jour.

LES GARÇONS.
Mais du faux hymen qui l'abuse,
Ce soir nous rirons au retour.
ENSEMBLE.
Déjà dans la plaine, etc.
(Au moment où ils vont partir, Daniel paraît sur la montagne.)

SCÈNE II.

LES PRÉCÉDENTS, DANIEL.

LES JEUNES FILLES.
C'est lui, le voici, c'est Daniel!
Le plus beau garçon d'Appenzel.
LES GARÇONS, entre eux, à mi-voix.
Qu'il a l'air fier et satisfait!
Il a reçu notre billet.
DANIEL.
AIR.
Elle est à moi, c'est ma compagne;
Elle est à moi, j'obtiens sa main.
Tous nos amis de la montagne
Seront jaloux de mon destin.
Longtemps insensible et cruelle,
Bettly repoussa mon amour;
Mais je reçois ce billet d'elle,
Et je l'épouse dans ce jour.
Elle est à moi, c'est ma compagne;
Elle est à moi, j'obtiens sa main.
Tous les garçons de la montagne
Seront jaloux de mon destin.
O bonheur extrême!
Enfin elle m'aime;
Je veux qu'ici même
Chacun soit heureux.
Que tout le village,
Qu'aujourd'hui j'engage
Pour mon mariage,
Accoure en ces lieux.
Que ce soir en cadence,
Et les jeux et la danse
Animent nos côteaux;
Que le hautbois résonne;

SCÈNE II.

Venez tous, je vous donne
Le vin de mes tonneaux.
O bonheur extrême !
Enfin elle m'aime ;
Je veux qu'ici même
Chacun soit heureux, etc.
Je suis riche, et ce que renferme
Mon cellier, ma grange ou ma ferme,
Prenez, prenez, tout est à vous,
Que tout soit commun entre nous.

ENSEMBLE.

LES JEUNES GENS, à part.

Comme il est dupe, ah ! c'est charmant.

LES JEUNES FILLES, à part.

C' pauvre garçon est si content,
Il me fait d' la peine, vraiment.

TOUS.

A ce soir ! à ce soir !

DANIEL.

A ce soir, quel moment !

ENSEMBLE.

CHOEUR, à part.

Ah ! combien il l'aime !
Je ris en moi-même
De l'erreur extrême
Qui trompe ses vœux.

(Haut.)

Oui, tout le village,
Que Daniel engage
Pour son mariage,
Viendra dans ces lieux.

DANIEL.

O bonheur extrême !
Enfin elle m'aime,
Je veux qu'ici même
Chacun soit heureux.
Que tout le village,
Qu'aujourd'hui j'engage
Pour mon mariage,
Accoure en ces lieux.

(Ils sortent tous par la porte du fond en regardant Daniel, et en se moquant de lui.)

SCÈNE III.

DANIEL, seul et lisant.

J'ai là sa lettre, j'ai sa promesse. « Monsieur Daniel, je vous « aime, et aujourd'hui je serai votre femme. » J'avoue que ça m'a étonné, parce que jamais mademoiselle Bettly ne m'avait donné d'espérance ! au contraire ; mais on dit que les jolies filles ont des caprices, et à ce titre-là elle a le droit d'en avoir ; ce n'est pas moi qui lui en voudrai ! Je lui en veux seulement d'être sortie de si bonne heure ; elle devait bien se douter que j'accourrais sur-le-champ ! et Dieu sait si je me suis essoufflé à gravir la montagne ! Après tout, elle a bien fait de ce décider. Il y a si longtemps que je l'aime ! et puis, comme on dit, les années arrivent pour tout le monde, et elle aurait été tout étonnée, un de ces matins, de se trouver une vieille fille ! au lieu que ça fera une jeune femme ! la plus jolie ! la plus gracieuse ! (Regardant.) Oh ! la v'là ! la v'là ! c'est elle !

SCÈNE IV.

DANIEL, BETTLY.

BETTLY.
Tiens ! c'est vous, monsieur Daniel ? comment êtes-vous ici ?

DANIEL.
C'te question ! C'est moi, mademoiselle Bettly, qui vous demanderai comment n'y êtes-vous pas ?

BETTLY.
Parce que le percepteur m'avait fait dire, hier, qu'il y avait une lettre pour moi : ce ne pouvait être que de mon frère Max. Alors, dans mon impatience, je n'ai pas pu attendre. J'ai été la chercher ! la voilà !

DANIEL, avec embarras.
Il se porte bien, M. Max ? il n'a pas été tué ?

BETTLY.
Puisqu'il écrit...

DANIEL.
C'est vrai ! c'est que les soldats, ça leur arrive souvent ; lui surtout qui se bat depuis si longtemps !

BETTLY.
Voilà quinze ans qu'il nous a quittés ! J'étais bien jeune,

mais je me rappelle encore le jour de son départ; quand, le sac sur le dos, il faisait ses adieux à mon père et à ma mère, qui vivaient alors! et que moi il me prit sur ses genoux en me disant : Adieu, petite sœur; si je ne suis pas tué, je reviendrai danser à ta noce.

DANIEL.

Ça se trouve bien!

BETTLY.

Comment cela?

DANIEL.

C'est-à-dire, non. Ça se trouve mal! parce que, quoique je tienne à faire la connaissance de M. Max, je ne me soucie pas d'attendre son retour pour notre mariage...

BETTLY.

Notre mariage! d'où te viennent ces idées-là?

DANIEL.

Pardi! de vous, Mam'selle... Car, moi aussi, (Déroulant sa lettre.) j'ai reçu une lettre, une lettre ben aimable, qui ne me vient pas d'un frère, mais d'une personne que je chéris plus que tout au monde, plus que moi-même.

BETTLY, avec surprise.

Eh bien?

DANIEL, déconcerté.

Eh bien! vous me regardez là d'un air étonné. Vous savez bien que ce billet où l'on promet de m'épouser est signé de vous?

BETTLY, prenant la lettre.

De moi? ce n'est pas possible! et pour de bonnes raisons... D'abord je ne sais ni lire ni écrire, c'est-à-dire je signe mon nom, et très-gentiment; mais ça n'est pas comme ça.

DANIEL.

Est-il possible! Cet amour, ce mariage, tout ce bonheur qu'il y avait là-dedans, vous ne l'avez pas promis? vous ne l'avez pas pensé?

BETTLY.

Non vraiment.

DANIEL.

Je suis donc fou! je perds donc la raison! Qu'est-ce que ça signifie?

BETTLY.

Ça signifie, mon pauvre garçon, que les jeunes filles ou les jeunes gens du village se sont moqués de toi et de moi!

DANIEL.

Quelle perfidie! quelle trahison! Je n'ai plus qu'à m'aller jeter dans le lac...

BETTLY, le retenant.

Y penses-tu?

DANIEL.

Savez-vous bien, Mam'selle, que je les ai tous invités à ma noce pour ce soir; que j'ai commandé les violons, que j'ai commandé le repas?

BETTLY.

O ciel!

DANIEL.

J'ai défoncé tous mes tonneaux; j'ai tué un bœuf, deux moutons, étranglé tous mes canards? Que voulez-vous, j'étais si heureux; je voulais que tout le monde s'en ressentît! je n'y étais plus; je ne me connaissais plus; et ce n'est rien encore! j'ai fait bien pis que cela, j'ai couru chez le notaire.

BETTLY, effrayée.

Et tu l'as étranglé aussi?

DANIEL.

Non, Mam'selle; mais je l'ai obligé sur-le-champ à me faire un contrat de mariage où je vous donne tout ce que je possède. Car je suis le plus riche du pays; j'ai trois cents vaches à la montagne, une fabrique et deux métairies. Et tout ça était à vous, ainsi que moi, par-dessus le marché. Je l'avais signé, le voilà; et au lieu de cela, je suis perdu, déshonoré dans le canton! Ils vont me montrer au doigt.

BETTLY.

Et moi donc! m'exposer, me compromettre à ce point! A-t-on jamais vu une pareille extravagance? sans réfléchir, sans me consulter, croire à une pareille lettre!

DANIEL, timidement.

Dame! on croit si vite au bonheur! Et puis, tous ces gens-là qui vont se railler et se moquer de moi. Il nous serait si facile, si vous le vouliez, de nous moquer d'eux!

BETTLY.

Comment cela?

DANIEL.
En mettant seulement votre nom au bas de cette page...
BETTLY.
Y penses-tu? tout serait fini, nous serions mariés.
DANIEL.
C'est justement ce que je veux!
BETTLY.
Et moi, je ne le veux pas; tu le sais bien. Je ne veux pas entendre parler de mariage, je l'ai juré.
DANIEL.
Et pourquoi cela?
BETTLY.
Pourquoi?

COUPLETS.

PREMIER COUPLET.

Dans ce modeste et simple asile,
Nul ne peut commander que moi.
Je suis libre, heureuse et tranquille,
Je puis courir partout, je croi,
Sans qu'un mari gronde après moi,
 Ou si quelque amoureux,
  Soupçonneux,
 Veut faire les gros yeux,
  Moi, j'en ris,
  Et lui dis :
  Liberté chérie,
  Seul bien de la vie;
  Liberté chérie,
(Mettant la main sur son cœur.)
  Règne toujours là!
Tra, la, la, la, tra, la, la, la,
Tant pis pour qui s'en fâchera.

DEUXIÈME COUPLET.

J'irais, quand je suis ma maîtresse,
Me donner un maître!... oui da!
Pour qu'à la danse où l'on s'empresse,
Quand un galant m'invitera,
Mon mari dise : restez là!
 Un époux en fureur
  Me fait peur.
 C'est alors que mon cœur
  Me dirait

En secret :
Liberté chérie,
Seul bien de la vie, etc., etc.

DANIEL.

Tra la la! tra la la! ce n'est pas des raisons. Dieu! si j'avais assez d'esprit pour en trouver, comme je vous prouverais...

BETTLY.

Quoi?

DANIEL.

Qu'il faut prendre un mari!

BETTLY.

Et à quoi ça me servira-t-il?

DANIEL.

A quoi? Vous me faites là une drôle de question! Ça servirait à vous aimer; n'est-ce donc rien?

BETTLY.

Si vraiment! mais tu vois bien que tu m'aimes sans cela, que je puis compter sur ton amitié.

DANIEL.

Oh! oui, Mam'selle.

BETTLY.

Comme toi sur la mienne! Car vois-tu bien, Daniel, je rends justice à tes bonnes qualités. Tu es un brave garçon, un excellent cœur, et si j'épousais quelqu'un, c'est toi que je choisirais.

DANIEL, avec chaleur.

Vraiment?

BETTLY.

Mais calme-toi; je n'épouserai personne! c'est plus fort que moi; ainsi ne m'en parle plus, ne m'en parle jamais! et, pour n'y plus songer, tiens, rends-moi un service.

DANIEL.

Un service! parlez, Mam'selle. Où faut-il aller? que faut-il faire?

BETTLY.

Seulement me lire cette lettre de mon frère, parce que moi, comme je te l'ai dit, je ne suis pas bien forte! je ne suis pas comme toi.

DANIEL.

Qui ai appris à lire, écrire et calculer au collége de Zurich;

la belle avance! On a bien raison de dire que l'érudition ne fait pas le bonheur. (Se reprenant vivement.) Si fait, si fait; dans ce moment-ci! puisque je peux vous rendre service. Voyons un peu. (Lisant.) « Au camp impérial du prince Charles, ce 1ᵉʳ juin. » Et nous sommes au milieu de juillet; il paraît que la lettre est restée longtemps en route!

BETTLY.

Ce n'est pas étonnant; l'armée du prince Charles et celle de Souwarof battent, dit-on, en retraite devant les soldats de Masséna, qui interceptent toutes les communications.

DANIEL.

Je comprends. (Lisant.) « Rien de nouveau, ma chère Bettly, « sinon que je me bats toujours ainsi que mon régiment, au « service de l'Autriche, ce dont nous avons assez. J'espérais un « congé pour aller t'embrasser... »

BETTLY.

Après quinze ans d'absence! quel bonheur! mon pauvre frère!

DANIEL, lisant.

« Mais il paraît qu'il n'y faut plus compter. Ce qui me fâche, « ma chère sœur, c'est qu'à mon retour, je comptais trouver « chez toi un régiment de nièces et de neveux, et je vois par « ta dernière que tu n'as pas encore commencé! Il serait « cependant bientôt temps de s'y mettre; une fille de ton âge « ne peut pas rester inutile... » Ça, c'est bien vrai!

BETTLY, avec colère.

Daniel...

DANIEL, pliant la lettre.

Si cela vous déplaît je n'en lirai pas davantage.

BETTLY.

Eh! non vraiment; achève!

DANIEL, continuant à lire.

« Pourquoi n'épouses-tu pas un brave garçon du pays dont « j'ai reçu une demande en mariage?... »

BETTLY.

Eh! qui donc a osé lui écrire?

DANIEL, confus.

Moi, Mam'selle; il y a deux mois.

BETTLY.

Sans mon aveu?

DANIEL.

Aussi c'était le sien seulement que je demandais! il me semble que quand on aime légitimement, c'est d'abord à la famille qu'on doit s'adresser... Faut-il continuer?

BETTLY.

Sans doute.

DANIEL, lisant.

« Ça me paraît un bon parti : il est d'une honnête famille, « il est riche, il t'aime éperdument... » (S'arrêtant.) Le bon frère; vous l'entendez! (Continuant.) « Il a l'air un peu bête... »

BETTLY, d'un air triomphant.

Tu l'entends!

DANIEL, appuyant.

« Mais ce n'est pas une raison pour le refuser, au contraire! « Je prendrai, du reste, des informations, et si ça te convient, « il faudra, milzieux! que tu l'épouses... »

BETTLY, arrachant la lettre.

C'en est trop! mon frère lui-même n'a pas le droit de me contraindre, et il suffit qu'il l'exige pour que mon indifférence devienne de la haine.

DANIEL.

Mais, Mam'selle...

BETTLY.

Finissons, je vais au marché.

DANIEL, voulant l'aider à mettre sa hotte.

Je ne peux pas vous aider?

BETTLY.

C'est inutile!

DANIEL.

Si au moins je vous accompagnais...

BETTLY.

Je ne le veux pas! et je te déclare en outre qu'on ne voit que toi ici toute la journée, que cela peut me faire du tort et me compromettre. Les filles du pays sont si mauvaises langues! Ainsi, à dater d'aujourd'hui, je ne veux plus que tu viennes chez moi. Me contraindre! Ah! bien oui! Je l'ai dit; tu m'entends; arrange-toi! (Elle sort.)

SCÈNE V.

DANIEL, seul, s'appuyant sur la table.

C'est fini! c'est le coup de grâce! (Après un instant de silence.) Je cherche seulement lequel sera pour moi le plus avantageux de me jeter du haut de la montagne ou de me lancer dans le lac! Je n'ai plus d'autre parti à prendre; ce qu'il y a d'ennuyeux c'est de se périr soi-même. D'abord notre pasteur dit que ce n'est pas bien; et puis c'est désagréable! et si j'avais quelque ami pour me rendre ce service-là... (On entend une marche militaire.) Qu'est-ce que c'est que ça? (Regardant.) Des militaires qui gravissent la montagne. Serait-ce des Français, des Autrichiens ou des Russes? Non! des compatriotes, des soldats du pays; voilà ce qu'il me faut; qu'ils m'emmènent avec eux, qu'ils m'engagent; il y aura bien du guignon si quelque boulet ne me rend pas le service que je demandais tout à l'heure, et au moins je n'aurai pas ma mort à me reprocher. (Leur faisant des signes.) Par ici, Messieurs, par ici. Si mam'selle Bettly était là, elle leur ferait les honneurs; je vais la remplacer. (Il entre dans la chambre à droite, après avoir introduit Max.)

SCÈNE VI.

MAX ET UNE DOUZAINE DE SOLDATS de sa compagnie.

MAX, à ses soldats.

RÉCITATIF.

Arrêtons-nous un peu... l'aspect de nos montagnes,
D'ivresse et de bonheur fait tressaillir mon cœur!
Un instant de repos dans ces vertes campagnes
Nous rendra sur-le-champ notre première ardeur.

AIR.

Vallons de l'Helvétie,
Objet de notre amour,
Salut, terre chérie,
Où j'ai reçu le jour!
A l'étranger un pacte impie
Vendait et mon sang et ma foi;
Mais à présent, ô ma patrie!
Je pourrai donc mourir pour toi!
Vallons de l'Helvétie,
Objet de notre amour,
Salut, terre chérie,
Où j'ai reçu le jour!

(Il écoute et entend dans le lointain un air de ranz des vaches.)
Écoutez!... écoutez... entendez-vous
Ces airs si touchants et si doux?

Chant de nos montagnes
Qui fais tressaillir,
Toi, de nos campagnes
Vivant souvenir!
Ta douce harmonie,
Tes sons enchanteurs
Rendent la patrie
Présente à nos cœurs.
Auprès d'autres maîtres
Qu'il nous faut servir,
Si tes sons champêtres
Viennent retentir,
La douleur nous gagne,
Il nous faut mourir,
Ou vers la montagne
Il faut revenir.
Chant de nos montagnes
Qui fais tressaillir,
Toi, de nos campagnes
Vivant souvenir!
Ta douce harmonie,
Tes sons enchanteurs
Rendent la patrie
Présente à nos cœurs.

(A ses soldats qui sont groupés au fond.)

Mes enfants, reposez-vous là quelques instants pour laisser passer la chaleur! surtout qu'on observe la discipline; nous ne sommes plus ici en pays ennemi, et le premier qui s'adresserait à une poule ou à un lapin, sans ma permission, aurait affaire à moi; vous le savez!

TOUS.

Oui, sergent. (Ils se groupent en dehors dans le fond et laissent seuls en scène Max et Daniel.)

SCÈNE VII.

MAX; DANIEL, revenant deux bouteilles à la main.

MAX.

Diable m'emporte si je reconnais ma route! en leur faisant faire un détour j'ai peur de m'être perdu dans nos montagnes. (Apercevant Daniel.) Ah! dis-moi, mon garçon, sommes-nous loin d'Hérissau, où doit se réunir demain tout le régiment?

SCÈNE VII.

DANIEL, après lui avoir versé à boire.

Vous n'avez pas besoin de vous presser! en trois heures de marche vous y serez, et, si vous voulez, vous et votre compagnie, vous arrêter à ma ferme qui est là-bas sur votre chemin, et y passer la nuit, rien ne vous manquera; venez chez moi, Daniel Birman.

MAX, vivement.

Daniel Birman, du canton d'Appenzel?

DANIEL.

Qu'est-ce qu'il y a d'étonnant à ça!

MAX, lui donnant une poignée de main.

On m'a parlé de toi dans le pays, et je suis enchanté de te rencontrer et de faire ta connaissance.

DANIEL.

Il ne tiendra qu'à vous, sergent; car je voulais vous prier de m'enrôler.

MAX, étonné.

Toi! alors ce n'est plus ça.

DANIEL.

Si vraiment, c'est justement ça; je pars demain matin avec vous, le sac sur le dos, si vous y consentez, parce qu'il faut que ça finisse; je suis trop malheureux!

MAX.

Quel malheur! voyons.

DANIEL.

Le plus grand de tous, sergent. Je suis amoureux d'une fille qui ne veut pas de moi.

MAX.

Et qui donc?

DANIEL.

Bettly Sterner.

MAX, à part.

Bettly!

DANIEL,

La plus belle fille du pays. Elle a un frère qui est dans le militaire et que vous avez peut-être connu?

MAX.

C'est possible.

DANIEL.

Le caporal Max Sterner, qui, peut-être, reviendra bientôt.

MAX.

Le caporal Max, je ne crois pas.

DANIEL.

Ça revient au même, car, depuis qu'il a écrit à sa sœur de m'épouser, elle ne veut plus entendre parler de moi : elle ne veut plus me voir, elle me renvoie! et moi, qui ce matin lui avais donné toute ma fortune par contrat de mariage, je vais être obligé de la lui laisser par testament; car je suis décidé à me faire tuer, et voilà pourquoi je m'adresse à vous.

MAX.

Que diable ça veut-il dire! et qu'est-ce que c'est qu'une tête pareille? Viens ici, mon garçon; Bettly n'aime donc pas son frère?

DANIEL.

Si vraiment!

MAX.

Alors c'est donc toi qu'elle n'aime pas?

DANIEL.

Mais si; elle me le disait encore ce matin, elle me préférait à tout le monde; mais c'est le mariage qu'elle n'aime pas; elle veut toujours rester fille, c'est son goût, son idée; elle prétend qu'elle peut se passer de tout le monde, qu'elle n'a besoin de personne!

MAX.

C'est une folie ; une femme à son âge a besoin d'un appui, d'un défenseur, et le meilleur de tous c'est un mari.

DANIEL.

C'est ce que je lui dis toute la journée!

MAX.

Et qu'est-ce qu'elle répond?

DANIEL.

Qu'elle ne voit pas la nécessité de se marier! Elle me le répétait encore tout à l'heure, ici, chez elle.

MAX, avec joie.

Chez elle, je suis chez elle?

DANIEL.

Elle a vendu, à la mort de son père, la maison qu'il avait dans la plaine, et elle a acheté ce chalet.

MAX, préoccupé.

C'est bien! Alors va-t'en!

DANIEL.

Où ça?

MAX.

Chez toi! chercher tes papiers, ton acte de naissance; il faut ça pour s'engager. N'est-ce pas là ce que tu demandais?...

DANIEL.

Certainement! mais c'est que... C'est égal, sergent, je ne vous en remercie pas moins, des bonnes idées que vous avez eues! Je vas revenir.

MAX.

A la bonne heure! Laisse-moi.

DANIEL.

Et demain, je pars avec vous, quoique vous m'ayez donné là un moment d'espoir qui m'a raugmenté le chagrin que j'avais déjà...

MAX, brusquement.

Eh bien! t'en iras-tu, mille canons!

DANIEL.

Oui, monsieur le sergent. (A part.) C'est-i rude et brutal, ces soldats? voilà pourtant comme je serai demain. (Rencontrant un regard de Max.) Je m'en vas, je m'en vas; vous le voyez bien. (Il sort.)

SCÈNE VIII.

MAX, puis LES SOLDATS.

MORCEAU D'ENSEMBLE.

(Sur la ritournelle du morceau suivant, Max va regarder au fond du théâtre.)

MAX.

Par cet étroit sentier qui conduit au village,
Qui vient là-bas?... C'est elle! ah! si je m'en croyais,
Comme ici je l'embrasserais!
(S'arrêtant.)
Mais non, point de faiblesse, oui, montrons du courage.
(Aux soldats qui accourent sur un signe de lui.)
Que mes ordres par vous soient suivis à l'instant.

LE CHŒUR.

Parlez, que faut-il faire?

MAX.

Amis, il faut gaîment

Ici mettre tout au pillage.
LE CHOEUR.
O ciel! y pensez-vous, sergent
Vous qui prêchez toujours sur un ton si sévère
La discipline militaire.
MAX.
Je vous réponds de tout, commencez hardiment;
Je paierai, s'il le faut.
TOUS LES SOLDATS, entre eux et à mi-voix.
Amis, c'est différent.
TOUS, avec force.
Du vin! du rhum! du rack!
Partout faisons main basse;
Il faut avec audace
Garnir le havresac,
Ainsi que l'estomac.
Du vin! du rhum! du rack!

SCÈNE IX.

Les précédents, BETTLY.

(Elle entre au milieu du bruit, et voit tous les soldats qui parcourent sa chaumière. Les uns ont décroché une poêle, les autres des broches; d'autres prennent des œufs, du beurre, et furettent de tous côtés.)

BETTLY, effrayée.
Ah! grand Dieu! qu'ai-je vu? Messieurs, que voulez-vous?
MAX.
Nous voulons à dîner. Ainsi, belle aux yeux doux,
Il faut à nous aider que votre talent brille.
BETTLY.
Mais, Messieurs, de quel droit?
MAX, à un soldat.
Elle est vraiment gentille!
J'aime ses traits charmants par la crainte altérés.
BETTLY.
Que me demandez-vous?
MAX, d'un air galant.
Tout ce que vous aurez.
BETTLY.
Mais je n'ai rien.
MAX.
Pas possible, inhumaine.

PLUSIEURS SOLDATS, *entrant avec des volailles.*
Voici pour les enfants de Mars :
C'est ma conquête.
D'AUTRES, *tenant des lapins.*
Et moi, voici la mienne.
MAX.
A nous et lapins et canards !
BETTLY.
Toute ma basse-cour ! une pareille audace !...
MAX, *à Bettly.*
Et les clés de la cave.
BETTLY.
Ah ! c'est aussi trop fort,
Vous ne les aurez pas.
D'AUTRES SOLDATS, *entrant avec un panier de vin.*
Par bonheur on s'en passe ;
J'ai forcé le cellier !
BETTLY, *courant de l'un à l'autre.*
Ah ! c'est bien pis encore.
LE CHŒUR, *sautant sur les bouteilles.*
Du vin ! du rhum ! du rack !
Partout faisons main basse.
Il faut que tout y passe,
Il faut avec audace
Garnir le havresac,
Ainsi que l'estomac.
Du vin ! du rhum ! du rack !
BETTLY.
Mon meilleur vin, celui que pour mon frère
J'avais gardé.
MAX.
Rassure-toi, ma chère,
(Buvant.)
C'est tout comme s'il le buvait.
PLUSIEURS SOLDATS, *de même.*
A la santé de notre aimable hôtesse ;
Et pour fêter sa politesse,
Un seul baiser...
MAX, *les repoussant.*
Non, s'il vous plaît,
Je ne permets pas ça.

LES SOLDATS, entre eux.

Je comprends, le sergent
Veut la garder pour lui.

MAX.

Probablement.

BETTLY, effrayée.

O ciel !
(Voyant des soldats qui se mettent à différentes tables, à fumer, pendant que d'autres préparent toujours le dîner.)
Et qu'est-ce que je vois !
Les voilà donc maîtres chez moi !
(A Max.)
Aux magistrats je vais porter ma plainte.
(Des soldats prennent un banc pour jouer, dont ils barrent la porte.)

MAX.

Dès demain nous serons loin d'eux.
Mais calmez-vous, soyez sans crainte :
Pendant quinze jours... c'est heureux,
Vous aurez des soldats aimables et joyeux,
Car tout le régiment doit passer en ces lieux.

BETTLY, se laissant tomber sur la chaise à gauche.

Ah ! c'est horrible, c'est affreux !
Que vais-je devenir, hélas ! au milieu d'eux ?

MAX.

PREMIER COUPLET.

Dans le service de l'Autriche,
Le militaire n'est pas riche,
Chacun sait ça ;
Mais si sa paie est trop légère
On s'en console : c'est la guerre
Qui le paiera !
Ainsi, morbleu ! que de tout l'on s'empare,
Jeune beauté, vieux flacons et cigare...
Vivent le vin, l'amour et le tabac,
Voilà le refrain du bivouac !

DEUXIÈME COUPLET.

(S'approchant de Bettly.)
Dans les beaux yeux d'une inhumaine,
De sa défaite on lit sans peine
Le pronostic.
Nulles rigueurs ne nous retiennent !
De droit les belles appartiennent
Au kaizerlic !

SCÈNE IX.

Se divertir fut toujours mon principe :
Tout est fumée, et la gloire et la pipe
Vive le vin, l'amour et le tabac,
Voilà le refrain du bivouac !

ENSEMBLE.
BETTLY.

Malgré moi je frissonne
Et de crainte et d'horreur.
Hélas! tout m'abandonne,
Et je me meurs de peur.

MAX.

De crainte elle frissonne ;
J'en ris au fond du cœur.
Que l'amitié pardonne
Cet instant de frayeur.

LE CHŒUR.

Notre sergent l'ordonne,
Buvons avec ardeur.
Oui, la consigne est bonne,
J'obéis de grand cœur.

(A la fin de cet ensemble, un des soldats se présente à la porte de gauche, sans habit, avec un tablier de cuisine.)

LE SOLDAT.

Le dîner vous attend.

MAX.

O nouvelle agréable!
Allons, courons nous mettre à table,
Et jusqu'à demain, sans façons,
Mes amis, nous y resterons.

ENSEMBLE.
BETTLY.

Malgré moi je frissonne
Et de crainte et d'horreur.
Hélas! tout m'abandonne,
Et je me meurs de peur.

MAX.

De crainte elle frissonne ;
J'en ris au fond du cœur.
Que l'amitié pardonne
Cet instant de frayeur.

LE CHŒUR.

Notre sergent l'ordonne,

Buvons avec ardeur.
Oui, la consigne est bonne,
J'obéis de grand cœur.
(Max et les soldats entrent par la porte à gauche.)

SCÈNE X.
BETTLY, seule.

Comment! ils vont loger chez moi jusqu'à demain! toute la soirée! (Avec effroi.) et la nuit aussi! et pendant quinze jours, tout le régiment. Quelle perspective! et le moyen de les renvoyer ou de les rendre honnêtes et polis? il vaut mieux m'en aller. Mais où me réfugier? Mon plus proche voisin est Daniel, et je ne peux pas aller lui demander asile, surtout pendant quinze jours, lui qui n'est ni mon frère, ni mon cousin, et qui n'a pas de femme! Et puis, si je quitte mon chalet, ils y mettront le feu! je le retrouverai en cendres; ils sont capables de tout!...

SCÈNE XI.
BETTLY, DANIEL, avec un paquet au bout d'un long sabre, et entr'ouvrant la porte au fond.

BETTLY.
Qui vient là? encore quelque ennemi? Ah! c'est Daniel!

DANIEL.
Ne vous fâchez pas, Mam'selle, si c'est moi...

BETTLY, d'un ton caressant.
Je ne me fâche pas, monsieur Daniel.

DANIEL.
Ce n'est pas pour vous que je viens! c'est-à-dire ce n'est pas pour vous contrarier; mais pour retrouver un militaire qui m'a donné rendez-vous ici, un sergent, un bien brave homme!

BETTLY.
Un brave homme!

DANIEL.
Oui, Mam'selle, lui et ses camarades! aussi, dès demain, je serai comme eux; je serai des leurs!

BETTLY.
Y penses-tu?

DANIEL.
C'est un parti pris; je lui ai donné ma parole; je me fais

soldat. Vous voyez que j'ai déjà le principal, j'ai un sabre! un fameux sabre, qui depuis cent ans était accroché à notre cheminée, et qui a servi autrefois à la bataille de Sempach! Mais il me manquait des papiers; je les ai là, dans mon paquet, et je les apporte au sergent.

BETTLY.

Il est à table avec ses compagnons, qui ont mis ici tout sens dessus dessous.

DANIEL.

Ces pauvres gens! je leur avais demandé que ce fût chez moi. Ils vous ont donné la préférence; j'en aurais bien fait autant!

BETTLY.

Eh bien! par exemple!

DANIEL.

Dame! je ne vois que le plaisir d'être auprès de vous. Et à propos de ça, et puisqu'il faut que je m'en aille, (Dénouant le paquet qu'il a mis sur la table.) j'ai un papier à vous remettre. (Tirant plusieurs papiers.) Non, ce n'est pas ça, c'est mon acte de naissance, et maudit soit le jour où il a été paraphé! Et ça? (Le regardant.) ah! ce malheureux contrat de mariage, qui était tout prêt et que vous n'avez pas voulu signer! (Le remettant dans le paquet.) il a maintenant le temps d'attendre! (Prenant un autre papier qu'il lui présente.) Voilà!

BETTLY.

Qu'est-ce que c'est que ça?

DANIEL.

Mon testament, que je vous prie de garder.

BETTLY.

Quelle idée!

DANIEL.

C'est un service que je vous prie de me rendre, et qui ne vous oblige à rien de mon vivant! vous l'ouvrirez seulement quand je serai mort, et je tâcherai que ça ne soit pas long!

BETTLY.

Monsieur Daniel!

DANIEL.

Ça commence déjà; car je n'en peux plus, je tombe de fatigue et de sommeil; trois nuits sans dormir! des courses dans la montagne! et puis hier et ce matin, tout le mal que je me suis donné pour c'te prétendue noce! (Geste de Bettly.) Je n'en parlerai plus, et je m'en vais; car en restant ici, je vous contrarie.

BETTLY.

Mais du tout. (A part.) Il va me laisser seule dans la maison avec tous ces gens-là!

DUO.

Prêt à quitter ceux que l'on aime,
Doit-on partir si brusquement?
Et vous pouvez bien ici même
Vous reposer un seul instant.

DANIEL.

Dieu! qu'entends-je? ô surprise extrême!
Tantôt vous m'avez dit d' partir,
Et maintenant, quoi! c'est vous-même,
Vous qui daignez me retenir!

BETTLY.

D'un ami l'on peut bien, je pense,
Recevoir les derniers adieux.

DANIEL.

Non, je sens que votre présence
Me rend encor plus malheureux.
Et puisque votre ordre cruel
M'a banni, je m'en vas...

(Il a repris son paquet et son sabre et va pour sortir.)

BETTLY.

Daniel!

ENSEMBLE.

BETTLY.

Encore, encore
Un seul instant.
De vous j'implore
Ce seul moment.

(A part.)

D'effroi saisie,
Je tremble, hélas!

(A Daniel, d'un air suppliant.)

Je vous en prie,
Ne partez pas.

DANIEL, avec joie.

Encore, encore
Un seul instant;
Elle m'implore,

SCÈNE XI.

Moi, son amant.
Douce magie,
Où suis-je, hélas!
Sa voix chérie
Retient mes pas...

BETTLY.

Vous restez donc auprès de moi?

DANIEL.

Ah! j'y consens!... mais vous ne voudrez pas...

BETTLY.

Pourquoi?

DANIEL.

Vous ne voudrez pas le permettre,
Car voici le jour qui s'enfuit,
Et si je reste ici la nuit,
C'est bien pis que le jour, et, vous me l'avez dit,
Ce serait là vous compromettre!

BETTLY, avec embarras et baissant les yeux.

C'est vrai.

DANIEL.

Vous voyez bien, ainsi tout est fini.

BETTLY, à part, avec effroi.

Ah! mon Dieu! rester seule ici!
(A Daniel, avec embarras.)
Adieu, donc.

DANIEL, près de la porte.

Adieu!

BETTLY, le retenant au moment où il va sortir.

Mon ami!

ENSEMBLE.

BETTLY.

Encore, encore
Un seul instant.
De vous j'implore
Ce seul moment.
D'effroi saisie,
Je tremble, hélas!
Je vous en prie,
Ne partez pas.

DANIEL, revenant vivement.

Encore, encore

Un seul instant;
Elle m'implore,
Moi, son amant
Douce magie,
Où suis-je, hélas!
Sa voix chérie
Retient mes pas.

BETTLY, avec un sourire timide.

Eh mais!... vous pourriez bien, sans qu'on puisse en médire,
Rester dans la chambre à côté
Jusqu'à demain...

DANIEL.

O ciel! c'est bien la vérité.
Vous le voulez...

BETTLY.

Sans doute.

DANIEL, avec joie.

A peine je respire.

BETTLY.

Je vous appellerai si j'ai besoin de vous.

DANIEL, avec joie.

Vraiment!
(Montrant la porte à droite.)
C'est là... près d'elle, ah! que mon sort est doux!
(Il prend son sabre, son paquet, et entre dans la chambre à droite, toujours en regardant Bettly.)

BETTLY, demeurant seule un instant
Sa présence a calmé la frayeur qui me glace.
(Bruit et cris confus à gauche.)
BETTLY, effrayée, s'élance vers la porte à droite en appelant.
Daniel! Daniel!

DANIEL, sortant vivement de la chambre à droite.

Qu'est-ce donc?

BETTLY.

Ah! de grâce,
Restez ici, je l'aime mieux

DANIEL, avec ravissement.

Est-il possible?

BETTLY.

Eh! oui, je l'aime mieux.
Là-bas sur ce fauteuil... moi je rentre en ces lieux.

SCÈNE XI.

DANIEL.

Bonsoir.

BETTLY.

Bonsoir.
Vous restez là ?

DANIEL.

Pour mon cœur quel espoir !

ENSEMBLE

DANIEL, assis dans un fauteuil à gauche.

O surprise nouvelle !
Jamais je n'obtins d'elle
Aussi douce faveur.
Mon Dieu, si c'est un rêve,
Permettez qu'il s'achève,
Laissez-moi mon bonheur.

BETTLY, près de la porte à droite.

Dans ma crainte mortelle
Sa présence et son zèle
Calment un peu mon cœur.
Que mon tourment s'achève,
O mon Dieu ! faites trêve
A ma juste terreur.

BETTLY, de loin.

Il ne s'endort pas, je l'espère.

DANIEL, les yeux un peu appesantis.

Quel avenir ! et quel bonheur !
Mais je sens... déjà... ma paupière...
(D'une voix plus affaiblie.)
Je suis près d'elle... ah ! quel bonheur !

BETTLY.

Parlez-moi... je veux vous entendre.

DANIEL, à moitié endormi et prononçant à peine.

Ah ! combien je bénis mon sort.

BETTLY, écoutant.

Que dit-il ?
(Se rapprochant de lui.)
De si loin... l'on ne saurait comprendre.
Mais vraiment je crois qu'il s'endort.

ENSEMBLE.

BETTLY.

Dans ma crainte mortelle,
Sa présence fidèle

Rassure un peu mon cœur.
Que mon tourment s'achève,
O mon Dieu! faites trêve
A ma juste terreur :
Loin de lui j'ai trop peur.

DANIEL, s'endormant peu à peu.
Quelle ivresse nouvelle!
Jamais je n'obtins d'elle
Aussi douce faveur.
Mon Dieu! si c'est un rêve,
Permettez qu'il s'achève,
Laissez-moi mon bonheur.
Oui, oui, je rêve le bonheur.

(Elle finit par prendre une chaise et s'asseoir à côté de lui.)

SCÈNE XII.

MAX, sortant de la porte à droite; BETTLY, assise près de Daniel; DANIEL, dormant sur le fauteuil à droite.

MAX, à part, apercevant Daniel.

Ah! notre jeune fermier! elle l'a fait rester! Très-bien! (Il s'avance et se place entre Bettly et Daniel.)

BETTLY, se levant effrayée.

Dieu! ce soldat!

MAX.

Moi-même, ma belle enfant. (Affectant un peu d'ivresse.) Vivent l'amour et la bagatelle! Voyez-vous, j'ai servi en Allemagne, et les Allemands sont toujours aimables, après dîner! Or le vôtre était excellent; il faut donc, pour être juste, que l'amabilité soit en rapport avec le dîner!

BETTLY, à part.

Et ce Daniel qui ne s'éveille pas!

MAX.

Nous convenons donc, ma jolie hôtesse, qu'il me faut un petit baiser.

BETTLY.

Une pareille audace!...

MAX.

C'est de la reconnaissance! c'est une galanterie soldatesque et décente qui ne peut offenser personne! et ton mari lui-même le permettra... (Montrant Daniel.) je vais lui demander.

SCÈNE XII.

BETTLY, piquée.

Ce n'est point mon mari...

MAX.

Excusez! comme il dormait là près de toi, j'avais cru tout naturellement...

BETTLY, avec fierté.

Vous vous trompez! je n'ai pas de mari; je vous prie de le croire.

MAX, gaiement.

Tu n'as pas de mari! alors ne crains plus rien! ça ne fait de tort à personne, et puisque tu es libre, puisque tu es ta maîtresse...

BETTLY, effrayée.

Monsieur le soldat...

MAX, la poursuivant.

Vivent l'amour et la bagatelle!

BETTLY.

A moi! au secours!

MAX, l'embrassant au moment où Daniel s'éveille.

Tu auras beau faire!

DANIEL, s'éveillant.

Qu'est-ce que je vois là?

MAX, tenant toujours Bettly, qui se débat.

Le triomphe du sentiment!

DANIEL.

Moi qui étais dans un si joli rêve!... (S'élançant entre Max et Bettly, qu'il sépare.) Voulez-vous bien finir?

MAX, avec colère.

Eh! de quoi te mêles-tu?

DANIEL.

Je me mêle, que ces manières-là me déplaisent, entendez-vous, sergent?

MAX, de même, et affectant plus d'ivresse.

Et de quel droit ça te déplaît-il! est-ce ta sœur?

DANIEL.

Non, vraiment!

MAX.

Est-ce ta femme?

DANIEL.

Hélas! non.

MAX.

Est-ce ta nièce, ta cousine, ta grand'tante?

DANIEL.

Non, sans doute; mais cependant, sergent...

MAX, avec hauteur.

Mais cependant, morbleu! c'est à moi alors que ça déplaît; et, puisque tu n'as aucun droit légal z'et légitime de m'ennuyer z'ici, fais-moi le plaisir de battre en retraite sur-le-champ et vivement.

BETTLY.

O ciel!

MAX.

Je te l'ordonne!

DANIEL.

Et moi, ça m'est égal; je resterai.

MAX, le menaçant.

Comment! blanc-bec...

DANIEL, tremblant et se réfugiant près de Bettly.

Oui, oui, je resterai; j'en ai le droit; c'est mam'selle Bettly qui me l'a dit. N'est-ce pas, Mam'selle, vous m'en avez prié, vous me l'avez demandé?

BETTLY, tremblante.

Certainement, je le veux. (Lui prenant le bras.) Je veux que vous ne me quittiez pas!

DANIEL.

Vous l'entendez; je ne le lui fais pas dire. Vous n'avez que faire ici; n'est-il pas vrai? (Regardant Max qui se croise les bras.) Eh bien! je vous demande pourquoi il reste là! Dites-lui donc, Mams'elle, dites-lui donc de s'en aller.

MAX.

Non, morbleu! je ne m'en irai pas! car j'y vois clair enfin. Tu es son amant! tu l'aimes!

DANIEL.

Pour ce qui est de ça, c'est vrai!

MAX.

Et moi aussi!

DANIEL.

Est-il possible?

MAX, le menaçant.

Et tu renonceras à l'aimer...

DANIEL, de même.

Jamais!

MAX, de même.

Ou sinon...

BETTLY.

Monsieur le sergent, au nom du ciel !

MAX, froidement.

Ça ne vous regarde pas, la belle ! c'est une affaire entre nous, une explication z'à l'amiable qui réclame impérieusement l'absence du sexe ! Ainsi, vous comprenez, vaquez aux travaux du ménage, et nous, ça ne sera pas long. (Durement, et lui montrant la porte à droite.) M'entendez-vous ?

DANIEL.

Oui, mam'selle Bettly, retirez-vous un instant.

BETTLY, à part, montrant la porte à droite.

Ah ! je n'irai pas loin. (Bas.) Monsieur Daniel !

DANIEL.

Mam'selle Bettly.

BETTLY, à demi voix.

Ah ! mon Dieu, que j'ai peur !

DANIEL, de même.

Et moi donc ! (Bettly le regarde et, sur un geste de Max, sort par la porte à droite.)

SCÈNE XIII.

MAX, DANIEL.

DUO.

MAX.

Il faut me céder ta maîtresse,
Et renoncer à ton amour.

DANIEL.

Moi ! renoncer à ma tendresse,
J'aimerais mieux perdre le jour !

MAX.

C'est alors, suivant la coutume,
Le sabre qui décidera.

DANIEL, effrayé.

Que dites-vous ?

MAX, froidement.

Et je présume
Qu'un de nous deux y périra.

DANIEL, tremblant.

Ah! grand Dieu! mais la perdre est encor plus terrible.

MAX.

Eh bien?

DANIEL, tremblant, mais avec un peu plus de résolution.

Eh bien... c'est dit...

MAX, lui prenant la main.

Touche donc là!
(Voyant qu'il tremble.)
Poltron...
Ta main tremble...

DANIEL.

C'est bien possible.

MAX.

Tu frémis...

DANIEL.

Je ne dis pas non.

ENSEMBLE.

DANIEL, à part.

Je sens comme un froid glacial;
Mais c'est égal... oui, c'est égal.
Bon gré, mal gré, je me battrai;
Je me battrai, je l'ai juré.

MAX, souriant.

Que j'aime son air martial!
Il est tremblant, mais c'est égal,
Il se battra, bon gré, mal gré;
Il veut se battre, il l'a juré.

MAX.

Ainsi, le sabre en main... tu le veux?

DANIEL, fermant les yeux.

Je le veux.

MAX, avec ironie.

Il est brave.

DANIEL.

Non pas! mais je suis amoureux.

MAX.

Et de frayeur ton cœur palpite.

DANIEL.

Je n'en ai que plus de mérite;
Se faire tuer, c'est votre état.
Mais moi qui ne suis pas soldat...

SCÈNE XIII.

ENSEMBLE.

DANIEL.

Je sens comme un froid glacial;
Mais c'est égal... oui, c'est égal.
Bon gré, mal gré, je me battrai;
Je me battrai, je l'ai juré.

MAX.

Je ris de son air martial;
Il est tremblant, mais c'est égal.
Il se battra, bon gré, mal gré;
Il veut se battre, il l'a juré.

(Apercevant Bettly qui, pendant le commencement de ce morceau, a de temps en temps entr'ouvert la porte à droite.)

MAX, à part.

C'est elle; elle doit nous entendre.
(A Daniel.)
C'est bien... là-bas je vais t'attendre.

CANTABILE.

MAX.

Dans ce bois de sapins, sous cette voûte sombre
Qui couvre la montagne et s'étend près de nous,
Nous n'aurons pour témoins que le silence et l'ombre;
Mais ne va pas manquer à notre rendez-vous.

DANIEL, levant les yeux au ciel.

Dieu, soutiens mon courage, et chasse comme une ombre
Du bien que j'ai perdu le souvenir si doux.

ALLEGRO.

MAX.

Lorsqu'au clocher voisin sonnera la demie...

DANIEL.

De s'apprêter encor faut-il le temps.

MAX.

Je te donne un quart d'heure.

DANIEL.

        On vous en remercie.

MAX.

Je serai là!...

DANIEL, se donnant du courage.

J'irai... j'irai.

MAX.

        Bien, je t'attends.

ENSEMBLE.

DANIEL.

Que l'amour et la gloire
Bannissent ma frayeur.
Oui, je ne veux plus croire
Que la voix de l'honneur.
Pour défendre sa belle
On a toujours du cœur;
Et si je meurs pour elle,
C'est encor du bonheur.

MAX.

Que l'amour et la gloire
Soutiennent ta valeur :
En tout temps la victoire
Sourit aux gens de cœur.
Quand l'amour nous appelle
Tous deux au champ d'honneur,
Expirer pour sa belle
Est encor du bonheur.

MAX.

Tu m'as compris...

DANIEL.

C'est entendu.

MAX.

Pour la gloire et pour ton amie...

DANIEL.

Pour la gloire et pour mon amie...

MAX.

Lorsque sonnera la demie!

DANIEL.

Lorsque sonnera la demie!

MAX.

Dans le bois de sapins...

DANIEL, avec fermeté.

C'est dit... c'est convenu.

ENSEMBLE.

DANIEL, tout à fait décidé.

Oui, l'amour et la gloire
Ont banni ma frayeur,
Et je ne veux plus croire
Que la voix de l'honneur.
Pour défendre sa belle

On a toujours du cœur ;
Et si je meurs pour elle,
C'est encor du bonheur.
MAX.
Que l'amour et la gloire
Soutiennent ta valeur :
En tout temps la victoire
Sourit aux gens de cœur,
Quand l'amour nous appelle
Tous deux au champ d'honneur,
Expirer pour sa belle
Est encor du bonheur.

(Max sort par la porte du fond.

SCÈNE XIV.

DANIEL, BETTLY, revenant.

BETTLY, à part.

Je me soutiens à peine ! Ce pauvre garçon !... (Le regardant tendrement.) Se battre avec une frayeur comme celle-là ! Faut-il qu'il soit brave ! (Haut.) Monsieur Daniel ?

DANIEL, sortant des réflexions où il était plongé.

Ah ! c'est vous, Mam'selle ?

BETTLY.

Eh bien ?

DANIEL, affectant un air riant.

Eh bien ! ça s'est bien passé ! il a enfin entendu la raison, et, comme vous le voyez, il s'en est allé ; vous en voilà délivrée ! Et maintenant, puisque vous n'avez plus besoin de moi, je vais aussi vous quitter.

BETTLY.

Et où allez-vous ?

DANIEL.

Je vais reprendre mon paquet, mes papiers et mon sabre, que j'ai laissés là, dans votre chambre...

BETTLY, l'arrêtant.

Daniel...

DANIEL.

Il faut que je parte. Je suis soldat ; je vous l'ai dit ! Mon sergent m'attend ; nous avons à faire ensemble un voyage qui sera bien long peut-être ! et si je ne revenais pas, Mam'selle, il ne faut pas que cela vous fasse de la peine. Il faut vous dire, pour vous consoler, que je suis plus heureux comme ça qu'auparavant... (La regardant.) Quoi! vous pleurez?

BETTLY.

Oui, je ne puis vous dire ce que je sens là, ce que j'éprouve de crainte, de regrets!

DANIEL.

Des regrets, est-il possible? Ah! si vous me regrettez, voilà plus de bonheur que je n'aurais osé l'espérer! et je puis partir maintenant!

BETTLY, à part, en joignant les mains.

Comment le retenir ici?

ROMANCE.

PREMIER COUPLET.

DANIEL.

Adieu, vous que j'ai tant chérie;
Je pars pour un climat lointain.
Qu'une fois au moins d'une amie
Ma main puisse presser la main.
Qu'en sortant de cette demeure
J'emporte ce doux souvenir.

BETTLY, à part.

Si je refuse il va partir...

(Lui tendant la main qu'il embrasse.)

Allons, il faut... lui faire oublier l'heure.

DEUXIÈME COUPLET.

DANIEL.

Adieu, Bettly, vous que j'adore,
Vous, mes premiers, mes seuls amours!
Peut-être un destin que j'ignore
Va nous séparer pour toujours.
Loin de vous, s'il faut que je meure,
Un baiser avant de mourir.

BETTLY.

Si je refuse il va partir.

(On entend sonner la demie au clocher du village. Bettly penche vers lui sa joue, que Daniel embrasse.)

Allons, il faut... lui faire oublier l'heure.

ENSEMBLE.

BETTLY.

Allons, il faut... lui faire oublier l'heure.

DANIEL, avec ivresse.
Mes jours entiers pour une pareille heure.

SCÈNE XV.
BETTLY, MAX, DANIEL.

MAX, qui est entré à la fin de la scène précédente, sourit en les voyant, puis il vient brusquement se placer entre eux.

Eh bien! l'ami, à quoi diable vous amusez-vous là? il y a longtemps que la demie a sonné.
DANIEL.
Vous croyez?
MAX, lui montrant le sabre qu'il tient à la main.
Le camarade est là pour vous le dire! nous vous attendons! vous comprenez!
DANIEL.
Oui, sergent, je vas chercher ce qu'il faut pour vous suivre; mais si vous aviez pu attendre encore un peu! (A part.) Se faire tuer dans un pareil moment! est-ce désagréable! (Il sort par la porte à droite.)

SCÈNE XVI.
MAX, BETTLY.

BETTLY, qui a remonté le théâtre et suivi Daniel des yeux, court près de Max.
Je connais votre dessein et ne le laisserai pas exécuter.
MAX.
Qu'est-ce que ça signifie?
BETTLY.
Vous voulez vous battre avec lui; vous voulez le tuer! Oh! non, cela n'est pas possible; vous ne le tuerez pas! un si honnête homme, dont les jours sont si chers et si précieux.
MAX.
Si précieux! et à qui?
BETTLY.
A ses amis, à sa famille.
MAX.
Lui!... il ne tient à rien au monde, il est garçon comme moi; et un garçon, à quoi ça sert-il? Ah! s'il était marié, je ne dis pas. Un homme marié est utile à sa femme et à tous les siens!

BETTLY, vivement.

Eh bien! Monsieur, si ce n'est que cela, je vous jure qu'il est marié.

MAX.

Lui?

BETTLY.

Oui, sans doute!

SCÈNE XVII.

MAX, BETTLY, DANIEL.

TRIO.

DANIEL, tenant sur l'épaule un grand sabre.
Soutiens mon bras, Dieu que j'implore,
Venge l'amour et l'amitié.
(Regardant son sabre.)
Ce fer qui va briller encore
Ne pouvait mieux être employé.

MAX.
Non, vraiment, différons encore;
Qu'entre nous tout soit oublié :
Toujours je respecte et j'honore
Les jours d'un homme marié.

DANIEL, étonné.
Qui, moi, sergent, moi... marié!

BETTLY, bas, à Daniel.
Dites que oui; je vous l'ordonne.

DANIEL, vivement.
C'est vrai, c'est vrai; je l'avais oublié.

MAX, les regardant d'un air soupçonneux.
Et pourquoi le cacher? ce mystère m'étonne.

BETTLY, vivement.
Plus d'une raison l'y forçait...
Des raisons de famille autant que de fortune.

MAX.
C'est différent. Alors, dites-moi donc quelle est
Sa femme?

BETTLY, embarrassée.
Quoi... sa femme!

MAX, brusquement.
Il faut qu'il en ait une.
Je tiens à la voir.

DANIEL.
Et pourquoi?
MAX.
Je veux la voir.
DANIEL, avec embarras.
Ma femme!...
BETTLY.
Eh bien! c'est moi.
DANIEL.
Qu'entends-je, ô ciel!
BETTLY.
Silence, et dites comme moi.
(Bas à Daniel.)
Ah! c'est pour vous sauver la vie
Que je vous nomme mon époux.
Dites comme moi, je vous prie,
Mais c'est pour rire, entendez-vous :
Oui, c'est pour rire, entendez-vous.
ENSEMBLE.
DANIEL, à part, tristement.
Quoi! c'est pour me sauver la vie
Qu'elle me donne un nom si doux!
Mais ce n'est qu'une raillerie,
Et je ne suis pas son époux;
Je ne serai pas son époux.
MAX, à part.
Eh quoi! vraiment sa pruderie
Se défend encor contre nous!
De résister je la défie ;
Il faudra qu'il soit son époux,
Qu'il soit tout à fait son époux.
MAX, les saluant tous deux.
Salut alors à Monsieur, à Madame.
DANIEL, à Bettly.
Répondez-lui.
MAX.
Quel est ce ton?
Lorsque l'on est époux et femme
On se tutoie et sans façon.
DANIEL, effrayé.
Quoi! la tutoyer!
BETTLY, à demi voix, l'y excitant.
Allons donc!

DANIEL.

Si... tu le veux.

BETTLY.

Et pourquoi non?

DANIEL.

C'est toi qui le veux... Toi! ce mot charme mon âme.

MAX.

Mais quand on est époux et femme,
On peut embrasser son mari.

DANIEL, s'éloignant avec effroi.

Ah! c'est trop fort... oh! que nenni!

MAX, avec colère, et portant la main à son sabre.

Qu'ai-je entendu? de quelque trame
Serais-je la dupe aujourd'hui?

BETTLY, vivement.

Non vraiment, et s'il faut vous le prouver ici...

(Elle s'approche de Daniel les yeux baissés, l'embrasse et reprend à demi voix.)

Ah! c'est pour vous sauver la vie
Qu'ici je vous traite en époux ;
Mais n'y croyez pas, je vous prie,
Car c'est pour rire, entendez-vous :
Oui, c'est pour rire, entendez-vous.

ENSEMBLE.

DANIEL, tristement.

Quoi! c'est pour me sauver la vie
Qu'elle accorde un baiser si doux!
Mais ce n'est qu'une raillerie,
Et je ne suis pas son époux.

MAX, à part.

Et quoi! vraiment sa pruderie
Se défend encor contre nous!
De résister je la défie;
Il faudra qu'il soit son époux.

BETTLY.

Et maintenant, je le suppose,
De cet hymen vous ne douterez pas.

MAX.

Oh! si, vraiment! et j'exige autre chose.

DANIEL ET BETTLY, effrayés.

O ciel!

MAX, montrant Daniel.

Il doit avoir des papiers, des contrats...

SCÈNE XVII.

Que sais-je? il me l'a dit.
DANIEL.
Rien n'est plus véritable.
(Montrant la chambre à droite.)
Je l'avais là...
MAX.
Je veux le voir.
(A Bettly.)
Qu'on me l'apporte, allez!
(Bettly entre dans la chambre à droite.)
DANIEL, la regardant sortir.
Ah! plus d'espoir!
MAX.
Je saurai bien s'il est valable!
DANIEL, à part.
Il ne l'est pas! ô sort infortuné!
C'est de moi seul qu'hélas! il est signé.
MAX, criant à haute voix, et de manière à ce que Bettly l'entende.)
Je connaîtrai, morbleu! si l'on m'abuse.
DANIEL, toujours à part.
En le voyant il va découvrir notre ruse!
(Rentre Bettly, qui, les yeux baissés, présente à Max un contrat qu'il prend de sa main.)
DANIEL, à part, regardant Max, qui examine le contrat.
Je n'ai plus qu'à mourir, pour moi tout est fini!
MAX, regardant au bas du contrat.
C'est bien : signé Daniel; plus bas : signé Bettly.
DANIEL, avec joie.
O ciel!
BETTLY, qui est près de lui, lui mettant la main sur la bouche.
Ah! ce n'est qu'une ruse;
Le contrat ne vaut rien... celui dont je dépends,
Mon frère, ne l'a pas encor signé...
MAX, qui pendant ce temps s'est approché de la table à droite, et a signé le contrat.
Tu mens!
(Le donnant à Daniel.)
Tenez, tenez, mes enfants.
DANIEL, lisant.
Que vois-je? Max, sergent!
BETTLY.
Grands dieux.

MAX, lui ouvrant les bras.

C'est moi.. ton frère!

DANIEL.
Lui!

MAX.
Qui vous trompait tous deux
Pour vous forcer d'être heureux.

ENSEMBLE.

DANIEL ET BETTLY.
Ah! n'est-ce pas une erreur qui m'abuse?
C'est un frère qui nous chérit.
Oui, notre amour pardonne cette ruse
A l'amitié qui nous unit.

MAX.
Non, ce n'est pas une erreur qui t'abuse;
C'est un frère qui te chérit.
Que votre amour pardonne cette ruse
A l'amitié qui vous unit.

SCÈNE XVIII.

LES PRÉCÉDENTS; PAYSANS ET PAYSANNES, revenant de la ville, SOLDATS, entrant par la gauche.

DANIEL, courant à eux.
Mes amis, venez vite;
Ici je vous invite,
Car je suis son époux.

TOUS.
O ciel! que veut-il dire?

DANIEL.
De moi vous vouliez rire,
Et je me ris de vous.

MAX, à ses soldats.
Et vous, mes camarades,
Venez! buvez rasades,
Et reprenons soudain
Notre joyeux refrain:
Vive le vin, l'amour et les combats!
Voilà, voilà le refrain des soldats!

CHOEUR.
Amants, guerriers, répétons tour à tour:
Vive le vin, les combats et l'amour!

FIN DE LE CHALET.

LE
CHEVAL DE BRONZE

OPÉRA-FÉERIE EN TROIS ACTES

MUSIQUE DE M. AUBER

Opéra-Comique. — 23 mars 1835.

PERSONNAGES

YANG, prince impérial de la Chine.
TSING-SING, mandarin.
TCHIN-KAO, fermier.
YANKO.
STELLA, princesse du Mogol.
TAO-JIN.
PEKI.

LO-MANGLI, demoiselle d'honneur de la princesse.
FEMMES de la suite de Stella.
SOLDATS ET SEIGNEURS de la suite du prince.
PAYSANS, PAYSANNES, etc.

La scène se passe dans la province de Chatong, en Chine.

ACTE PREMIER.

Un site agréable, dans la province de Chatong, en Chine. A droite, l'entrée de la ferme de Tchin-Kao. Au fond, un village chinois. A gauche, l'entrée d'une pagode.

SCÈNE PREMIÈRE.

INTRODUCTION.

CHŒUR.

Clochettes de la pagode,
Retentissez dans les airs,
Et, suivant l'antique mode,
D'hymen formez les concerts.
Clochettes de la pagode,
Retentissez dans les airs!

TCHIN-KAO.

Mon bonheur ne peut se comprendre.
Ma fille épouse un mandarin;
A tous ici, pour mieux l'apprendre,
Sonnez, clochettes... tin! tin! tin!

Je crois des écus de mon gendre
Entendre le son argentin,
Tin! tin! tin! tin! tin!

CHŒUR.

Clochettes de la pagode,
Retentissez dans les airs! etc., etc.

TCHIN-KAO, bas, à sa fille, qui est voilée.

Allons, ma fille, allons, Peki,
Parlez donc à votre mari!

PEKI, de même.

A quoi bon? que puis-je lui dire?

TCHIN-KAO.

Vous, la fille d'un laboureur,
Épouser un grand de l'empire?

TSING-SING.

Le favori de l'empereur,
Le seigneur Tsing-Sing! c'est tout dire.

(S'approchant de Peki.)

AIR.

Trésor de jeunesse et d'amour,
Beauté dont mon âme est ravie!
Je t'ai vue... et pour toi j'oublie
Mon rang, ma noblesse et la cour!
 De ma naissance,
 De ma puissance,
 Un seul coup d'œil
 Brise l'orgueil.
 Et plein d'extase,
 Mon cœur s'embrase,
 S'embrase aux feux
 De tes beaux yeux.
Trésor de jeunesse et d'amour!
 Etc., etc.

On te dira que je suis vieux!
N'en crois rien, l'amour n'a pas d'âge;
Et, pour te séduire, je veux
Que mes trésors soient ton partage;
Et que chacun dise soudain :
« C'est la femme d'un mandarin.
« Dans ses atours quelle élégance!
« Ses pieds ont foulé le satin.
« Perle et rubis ornent son sein.

« Mollement elle se balance,
« Bercée en son beau palanquin. »
Esclaves, servez votre reine,
Esclaves, courbez-vous soudain ;
C'est votre maîtresse et la mienne,
C'est la femme d'un mandarin...
Quel honneur ! quel heureux destin !
D'être femme d'un mandarin !

ENSEMBLE.
LE CHŒUR.

Quel honneur ! quel heureux destin,
D'être femme d'un mandarin !

PEKI.

Soumettons-nous à mon destin,
Je suis femme d'un mandarin !

TCHIN-KAO.

Quel bonheur ! quel heureux destin,
D'être femme d'un mandarin !
(A sa fille et aux paysans.)
Allez ! allez veiller aux apprêts du festin.

CHŒUR.

Clochettes de la pagode,
Retentissez dans les airs ! etc.
(Il sortent tous, excepté Tsing-Sing, et Tchin-Kao.)

SCÈNE II.
TSING-ZING, TCHIN-KAO.

TSING-SING.

Eh bien ! maître Tchin-Kao... qu'en dites-vous ?

TCHIN-KAO.

Que je ne puis en revenir encore !... vous, gouverneur de cette province, qui veniez tous les ans au nom de l'empereur, notre gracieux souverain, pour toucher notre argent ou nous donner des coups de bâton ; vous qui me faisiez une si grande peur, ainsi qu'à tout le monde, vous voilà mon gendre...

TSING-SING.

Oui, maître Tchin-Kao, je vous ai fait cet honneur : j'admets votre fille au nombre de mes femmes...

TCHIN-KAO.

Est-ce que vous en avez beaucoup ?

TSING-SING.

Quatre.

TCHIN-KAO.

Est-il possible !

TSING-SING.

Objet de luxe ! et pas autre chose. Un grand seigneur chinois y est obligé par son rang.

TCHIN-KAO.

Ici, au village, nous ne prenons qu'une femme, nous ne pouvons pas en avoir davantage...

TSING-SING.

C'est juste ! vous n'en avez pas les moyens !... c'est un luxe qui revient très-cher, attendu qu'à chaque fille qu'on épouse... il faut payer une dot à son père.

TCHIN-KAO.

Très-bonne coutume ! encouragement moral accordé aux nombreuses familles... Du reste, la dot que j'ai reçue de votre seigneurie était magnifique... Il n'y a qu'une chose qui m'embarrasse...

TSING-SING.

Laquelle ?

TCHIN-KAO.

Ce sont vos quatre femmes.

TSING-SING.

Elles ne vous embarrassent pas plus que moi ! La première est maussade, la seconde colère, la troisième jalouse ; mais celles-là ne diront rien, car elles ne sortent jamais de leur chambre ou de leur palanquin. Ce qu'il y a de plus difficile, c'est ma quatrième, ma chère Tao-Jin...

TCHIN-KAO.

Qui est laide ?

TSING-SING.

Non, elle est jeune et jolie, mais elle réunit à elle seule les qualités de toutes les autres... sans compter un petit mandarin très-assidu auprès d'elle ; je ne puis la répudier, attendu qu'elle est cousine de l'empereur au huitième degré.

TCHIN-KAO.

Cousine de l'empereur !

TSING-SING.

Il en a comme ça deux ou trois mille... c'est égal, cette parenté-là donne à ma doucereuse Tao-Jin le droit de paraître sans voile, de sortir seule et de me faire enrager toute la ournée.

TCHIN-KAO.

Elle vous aime donc bien!

TSING-SING.

Du tout : elle ne peut pas me souffrir; mais, fière et hautaine, elle me regarde comme son premier esclave... Tu l'as voulu, Tsing-Sing... tu as voulu, parce que tu étais riche, épouser une princesse qui n'avait rien. Aussi, avec elle, il fauj que j'obéisse, et c'est pour commander à quelqu'un que j'at épousé ta fille...

TCHIN-KAO.

Je vous remercie bien!

TSING-SING.

Mais tout à l'heure, au moment où j'entrais dans la pagode... un exprès m'a appris que ma noble compagne venait d'arriver à mon palais d'été.

TCHIN-KAO.

Aux portes de ce village...

TSING-SING.

C'est cela qui m'a fait hâter mon mariage avec Peki... car tu sens bien que si Tao-Jin était apparue au milieu de la cérémonie...

TCHIN-KAO.

Cela aurait été fort gênant pour ce matin.

TSING-SING.

Et ça le serait encore plus pour ce soir... Ainsi, tu feras préparer le repas et l'appartement nuptial chez toi... dans ta ferme.

TCHIN-KAO.

Quel honneur!

TSING-SING.

Et d'ici-là, si je puis éviter la quatrième... et ne pas la voir de la journée... (Apercevant Tao-Jin.)

SCÈNE III.

TCHIN-KAO, TSING-SING, TAO-JIN, paraissant au fond du théâtre, dans un palanquin.

TRIO.

TSING-SING.

Dieu tout-puissant! c'est elle que je voi!

TCHIN-KAO.
A son aspect... comme il tremble d'effroi !
Quel changement soudain !
Lui, jadis si hautain,
Qu'il est humble et bénin,
Notre grand mandarin !

TSING-SING.
O funeste destin !

TAO-JIN.
Je bénis le destin
Qui, pour moi plus humain,
Me ramène à la fin
Près du grand mandarin !

TSING-SING.
Ah ! ce bonheur insigne
A surpris votre époux !
Et votre esclave indigne
S'incline devant vous.
(Il met un genou en terre.)

TCHIN-KAO.
Que faites-vous, seigneur ?

TAO-JIN, avec dignité.
C'est bien !

TSING-SING, bas, à Tchin-Kao.
C'est de rigueur,
Ma femme est par malheur
Du sang de l'empereur.

ENSEMBLE.

TCHIN-KAO.
Quel changement soudain !
Lui, jadis si hautain,
Qu'il est humble et bénin,
Notre grand mandarin !

TAO-JIN.
Je bénis le destin
Qui, pour moi plus humain,
Me ramène à la fin
Près du grand mandarin.

TSING-SING.
O funeste destin !
Qui vers moi vous conduit ?

ACTE I, SCÈNE III.

TAO-JIN.
Une grande nouvelle
Que j'ai reçue...

TSING-SING.
Et quelle est-elle?

TAO-JIN.
Et pour que vous soyez, dans ce jour de bonheur,
Entouré des objets que chérit votre cœur,
J'ai voulu, réprimant mes tendresses jalouses,
Amener avec moi vos trois autres épouses.

TSING-SING.
C'est fait de moi!

TCHIN-KAO.
Quel contre-temps soudain!

TAO-JIN.
Et les voilà chacune en leur beau palanquin.

ENSEMBLE.

TCHIN-KAO.
D'un tel esclavage,
Ah! comme il enrage!
Et ce mariage
Qui l'attend ce soir!...
Quel parti va prendre
Mon illustre gendre?
Sinon de se pendre
Dans son désespoir.

TSING-SING.
D'un tel esclavage,
De fureur j'enrage!
Et ce mariage
Qui m'attend ce soir!
Comment se défendre?
Ah! quel parti prendre?
Sinon de me pendre
Dans mon désespoir.

TAO-JIN.
D'avance, je gage,
Rien ne lui présage
Cet heureux message
Qu'il va recevoir.
Si mon cœur trop tendre
Vous le fait attendre,

Ce n'est que pour rendre
Plus doux votre espoir.
TSING-SING.
Mais cette maudite nouvelle...
(Se reprenant.)
Non, non, cette heureuse nouvelle
Qui vous amène ainsi vers nous,
Dites-la donc!...
TAO-JIN.
Mon cœur fidèle
Vous l'apprendra plus tard.
TSING-SING, à Tchin-Kao.
Éloignez-vous.

ENSEMBLE.

TCHIN-KAO.
D'un tel esclavage,
Ah! comme il enrage! etc.
TAO-JIN.
D'avance, je gage,
Rien ne lui présage, etc.
TSING-SING.
D'un tel esclavage,
De fureur j'enrage, etc.
(Tchin-Kao sort.)

SCÈNE IV.

TSING-SING, TAO-JIN.

TAO-JIN.

Eh bien! seigneur, dites encore qu'il n'y a pas d'avantage à épouser une cousine de l'empereur au huitième degré!... Enseveli ici dans cette province de Chatong, dont vous êtes gouverneur, vous ne pouviez vous absenter, ni venir à Pékin, ni paraître à la cour, qui jamais n'a été plus brillante, à ce que m'écrivait dernièrement Nin-Kao... ce jeune mandarin de première classe... et mon cousin au troisième degré...

TSING-SING, à part.

Celui dont je parlais tout à l'heure.

TAO-JIN.

Alors, et dans ma tendresse pour vous, devinez ce que j'ai fait?

ACTE I, SCÈNE IV.

TSING-SING.

Je ne m'en doute même pas.

TAO-JIN.

Le prince impérial, qui voyageait depuis un an, revient enfin dans la capitale...

TSING-SING.

Je le sais... Il doit même traverser cette province pour se rendre à Pékin...

TAO-JIN.

Où l'on vient de monter sa maison.... Eh bien! Monsieur, l'empereur, à ma demande et à ma considération, a daigné vous nommer à la place la plus flatteuse... il vous a donné le titre de tchangi-long ou premier menin de Son Altesse.

TSING-SING.

Est-il possible!... un tel honneur!

TAO-JIN.

C'est à moi que vous le devez : une charge magnifique, qui vous donne le droit de rester toujours auprès du prince, de le suivre partout! pendant que moi, je resterai à la cour!

TSING-SING.

Comment! je ne pourrai pas le quitter?

TAO-JIN.

D'une seule minute... à moins qu'il ne l'exige... C'est l'étiquette chinoise... et si vous y manquiez, le prince aurait le droit de vous faire trancher la tête.

TSING-SING.

Ah! mon Dieu! Par bonheur... je connais le prince, un jeune homme charmant, qui tient beaucoup au plaisir et fort peu à l'étiquette. Je suis un des lettrés de l'empire qui dans son enfance lui donnaient des leçons : il ne venait jamais aux miennes... ce qui ne l'a pas empêché d'être prodigieusement instruit.

TAO-JIN.

Et c'est en récompense de vos soins que l'empereur vous attache à sa personne, et vous donne une place qui, dès aujourd'hui, vous ramène à la cour.

TSING-SING.

Comment! aujourd'hui?...

TAO-JIN.

Eh! oui, vos fonctions commencent de ce moment... Nous ne quitterons plus le prince, et comme il va arriver...

TSING-SING.

Lui... le prince! (A part, avec embarras.) Et ce soir... mon mariage... comment faire?...

TAO-JIN.

Tenez... tenez, voyez-vous de loin la bannière impériale... C'est lui... c'est Son Altesse... Quel bonheur! moi qui ne l'ai jamais vu...

TSING-SING.

Vous oseriez vous exposer ainsi à ses yeux?

TAO-JIN.

Pourquoi pas?... comme fils de l'empereur, nous sommes parents : c'est un cousin...

TSING-SING.

Elle en a partout... Et cette foule qui l'environne... braverez-vous aussi leurs regards profanes?.... Rentrez, Madame, rentrez...

TAO-JIN.

Vous avez raison, et j'attendrai que le prince soit seul avec vous. (Elle entre dans la pagode à gauche.)

SCÈNE V.

TSING-SING, LE PRINCE YANG, CHŒUR DE PEUPLE,
qui le précède et le suit.

CHŒUR.

Ah! quelle ivresse!
Cet heureux jour
Rend Son Altesse
A notre amour!

TSING-SING.

Ah! comment faire en ma détresse
Pour mettre d'accord en ce jour
Ma dignité nouvelle et mon nouvel amour!

CHŒUR.

Ah! quelle ivresse!
Cet heureux jour
Rend Son Altesse
A notre amour!
C'est lui! le voilà de retour.

LE PRINCE.

PREMIER COUPLET.

J'ai pour guides en voyage
La folie et l'amour,
Je ris lorsque vient l'orage
Et quand vient un beau jour.
Ne jamais voir
Le monde en noir,
Ne blâmer rien,
Trouver tout bien,
C'est le système
Que j'aime,
D'être heureux c'est le moyen.

DEUXIÈME COUPLET.

S'il est des beautés fidèles,
D'autres ne le sont pas ;
Qu'importe ! je fais comme elles,
Et je me dis tout bas :
Ne jamais voir, etc.

CHŒUR.

Ah ! quelle ivresse !
Cet heureux jour
Rend Son Altesse
A notre amour !
C'est lui ! le voilà de retour !

LE PRINCE.

Merci, merci, mes bons amis... Nous nous reverrons encore avant mon départ. (Ils sortent tous.)

SCÈNE VI.

LE PRINCE, TSING-SING.

LE PRINCE.

Vous, Tsing-Sing, demeurez !

TSING-SING.

C'est mon devoir, Monseigneur...

LE PRINCE.

Oui, j'ai appris par mon père la nouvelle dignité qui vous attachait à moi, et je m'en félicite.... Quand vous étiez au nombre de mes maîtres, je me souviens qu'autrefois vous ne me gêniez guère.

TSING-SING.

Je continuerai avec le même zèle.

LE PRINCE.

J'y compte... et nous partirons dès aujourd'hui...

TSING-SING.

Pour la cour?

LE PRINCE.

M'en préserve le ciel! Mon père m'y attend pour me marier... et moi, je ne le veux pas, parce qu'il y a quelqu'un au monde que j'aime, qui occupe toutes mes pensées... et cette personne-là, il ne peut me la donner!...

TSING SING.

Et pourquoi donc?... rien n'est au-dessus de son pouvoir... et si c'est une princesse... ou une reine...

LE PRINCE.

C'est bien autre chose.

TSING-SING.

Une impératrice?...

LE PRINCE.

Si ce n'était que cela...

TSING-SING.

O ciel! je comprends, une personne d'une condition inférieure... une de vos sujettes...

LE PRINCE.

Eh! non... tu vas me regarder comme un insensé... un extravagant... tu ne reconnaîtras plus ton ancien élève...

TSING-SING.

Au contraire... parlez...

LE PRINCE.

Eh bien! cette beauté si séduisante... si ravissante, qui a renversé toutes mes idées...

TSING-SING.

Qu'elle est-elle?

LE PRINCE.

Je n'en sais rien.

TSING-SING.

Dans quels lieux habite-t-elle?

LE PRINCE.

Je l'ignore!...

TSING-SING.

Et où donc alors l'avez-vous vue?

ACTE I, SCÈNE VI.

LE PRINCE.

En songe !

AIR.

Le sommeil fermait ma paupière,
La nuit environnait mes yeux ;
Soudain un rayon de lumière
M'éblouit et m'ouvre les cieux.
   Je vois sur un nuage
   Et de pourpre et d'azur
   Une céleste image
   Au regard doux et pur !
   Sur son épaule nue
   Tombaient ses blonds cheveux,
   Et de sa douce vue
   Moi, j'enivrais mes yeux...
   Quand d'un air gracieux
   Me tendant sa main blanche,
   Cette fille des cieux
   Près de mon lit se penche,
   Disant : Ami, c'est moi
   Qui recevrai ta foi ;
   A toi seul mes amours
     Pour toujours...
Et soudain disparut cette jeune immortelle.
Les nuages légers se refermaient sur elle,
Et sa voix murmurait encor... toujours... toujours !

(Regardant Tsing-Sing qui sourit.)

   Ah ! cela vous fait rire,
Et vous ne pouvez croire à ce rêve charmant!
Eh bien ! voici qui semble encor plus étonnant !
   Quand la nuit sombre
   Ramène l'ombre
   Et le sommeil,
   Rêve pareil
   Pour moi prolonge
   Ce doux mensonge,
   Et près de moi
   Je la revoi !
   Au rendez-vous fidèle,
   Oui, vraiment, c'est bien elle
   Qui vient toutes les nuits,
   Et dans l'impatience

De sa douce présence,
Tous les jours je me dis :
O nuit, mon bien suprême !
O sommeil enchanteur !
Rendez-moi ce que j'aime !
Rendez-moi le bonheur !
Des heures que le sort, hélas ! m'a destinées,
Que ne puis-je à l'instant retrancher les journées ?
Oui, je voudrais, c'est là mon seul désir,
Oui, je voudrais toujours dormir !
O nuit, mon bien suprême !
O sommeil enchanteur !
Rendez-moi ce que j'aime,
Rendez-moi le bonheur !

TSING-SING.

C'est fort extraordinaire... Vous ne l'avez vue qu'en songe ?

LE PRINCE.

Oui, mon ami.

TSING-SING.

Et depuis ce temps, elle vous est apparue toutes les nuits ?...

LE PRINCE.

Sans en manquer une seule... Tu te doutes bien que dans mes voyages j'ai consulté là-dessus tous les astrologues et les savants de la Chine et du Thibet. Les uns ont prétendu que c'était une habitante des étoiles ; d'autres, que c'était la fille du Grand-Mogol... une princesse charmante, qui depuis son enfance a disparu de la cour de son père, et qu'un enchanteur a transportée l'on ne sait dans quelle planète... mais tous m'assuraient que c'était celle que je devais épouser !...

TSING-SING.

Je suis de leur avis.

LE PRINCE.

Mais dans quel pays... dans quelle région la rencontrer ?

TSING-SING.

Je n'en sais rien.

LE PRINCE.

Ni moi non plus... mais nous la trouverons... tu m'y aideras, et puisque tu ne dois plus me quitter, nous partirons ensemble dès ce soir.

TSING-SING, à part.

Ah ! mon Dieu ! (Haut.) Cela ne vous serait pas égal demain ?

ACTE I, SCÈNE VII.

LE PRINCE.

Pourquoi cela ?

TSING-SING.

C'est que je suis marié depuis ce matin.

LE PRINCE.

Est-il possible !

TSING-SING.

A la fille de Tchin-Kao, un riche fermier.

LE PRINCE.

Que ne le disais-tu ?... Reste, alors, c'est trop juste ! (En souriant.) Est-elle jolie ?

TSING-SING.

Une petite Chinoise charmante !

LE PRINCE.

Pourquoi alors ne me l'as-tu pas présentée ?... Ah ! mon Dieu !... quelle idée : tu dis qu'elle est charmante... si c'était celle que j'aime et que je cherche...

TSING-SING.

Laissez donc !

LE PRINCE.

Pourquoi pas ? partout je crois la voir, et si seulement elle lui ressemblait...

TSING-SING, à part.

Il ne manquerait plus que cela... et s'il lui prend fantaisie de me l'enlever...

LE PRINCE.

Qui vient là ?

SCÈNE VII.

LE PRINCE, TSING-SING, TAO-JIN, sortant de la pagode.

TRIO.

TAO-JIN, voilée, s'adressant à Tsing-Sing.

Eh bien !... eh bien ! cher époux !

LE PRINCE.

Que dit-elle ?

C'est ta femme ?

TSING-SING, vivement.

Oui, vraiment !

LE PRINCE, la regardant avec curiosité.

Son épouse nouvelle !

TSING-SING, à part.
Ah! s'il pouvait me la ravir,
Qu'il me serait doux d'obéir!
ENSEMBLE.
LE PRINCE, regardant Tao-Jin.
Que sa démarche est belle!
Que de grâce et d'attrait!
Oui, tout me dit : C'est elle
Que j'adore en secret!
TSING-SING.
L'aventure est nouvelle!
Et du ciel quel bienfait,
Si ma femme était celle
Qu'il adore en secret!
TAO-JIN, à part, regardant le prince qui la regarde.
Sans le rempart fidèle
De ce voile discret,
D'une flamme nouvelle
Son cœur s'embraserait.
LE PRINCE, à Tao-Jin.
Daignez un instant à mes yeux
Soulever ce voile envieux!
TAO-JIN.
Quoi! vous voulez?
TSING-SING.
Eh! oui, ma bonne,
Sitôt que le prince l'ordonne,
C'est votre devoir et le mien
D'obéir...
(Tao-Jin lève son voile.)
LE PRINCE.
Ciel!...
TSING-SING, avec curiosité.
Eh bien?...
LE PRINCE.
Eh bien!
ENSEMBLE.
LE PRINCE.
O surprise nouvelle!
Ce ne sont point ses traits.
Non, non, ce n'est pas celle
Qu'en secret j'adorais!

ACTE I, SCÈNE VIII.

TSING-SING, tristement.
Espérance infidèle
Dont mon cœur se berçait,
Ma femme n'est pas celle
Que le prince adorait!

TAO-JIN, regardant le prince.
Oui, je lui semble belle :
Si mon cœur le voulait,
D'une flamme nouvelle
Le sien s'embraserait!

SCÈNE VIII.

Les précédents ; TCHIN-KAO, PEKI.

QUINTETTE.

TCHIN-KAO.
Pour vous, nobles seigneurs, le repas est servi!

LE PRINCE.
C'est Tchin-Kao, le fermier?...

TCHIN-KAO.
Oui, mon prince!

LE PRINCE.
Reçois mon compliment! dans toute la province,
(Lui montrant Tao-Jin.)
Je n'ai rien vu, je crois, d'aussi joli
Que ta fille !

TAO-JIN, s'éloignant avec indignation.
Sa fille !...

TCHIN KAO.
Eh ! mais... ce n'est pas elle !

TAO-JIN.
Sa fille !... quelle horreur !
Moi, cousine de l'empereur !

LE PRINCE, à Tao-Jin.
Eh quoi ! vous n'êtes pas cette beauté nouvelle
Que le seigneur Tsing-Sing ce matin épousa?

TAO-JIN.
Qu'il épousa !... qu'entends-je?
(A Tsing-Sing.)
Une nouvelle femme

TSING-SING, à demi voix.
Taisez-vous donc !... le prince est là !

TAO-JIN.

Non, je ne puis calmer le courroux qui m'enflamme,
Une cinquième!... à vous!... vous, Monsieur, qui déjà...

TSING-SING, de même.

Taisez-vous donc, le prince est là!

TAO-JIN, de même.

Et quelle est-elle?

TCHIN-KAO, montrant Peki qui arrive voilée.

La voilà...

TOUS.

La voilà!... la voilà!

TAO-JIN.

Le perfide me le paiera!

LE PRINCE, regardant tour à tour Peki et Tsing-Sing.

Et m'abuser ainsi!... pauvres princes, voilà
Comme en tout temps on nous trompa!

ENSEMBLE.

LE PRINCE.

Que sa démarche est belle!
Que de grâce et d'attrait!
Oui, tout me dit : C'est elle
Que j'adore en secret!

TSING-SING.

O souffrance mortelle!
Ah! de moi c'en est fait!
Mon autre femme est celle
Qu'il adore en secret!

TAO-JIN.

Une flamme nouvelle
En secret l'occupait;
Le traître, l'infidèle
Ainsi donc nous trompait!

PEKI.

Dans ma douleur mortelle,
Hélas! si je l'osais,
D'une chance aussi belle,
Ah! je profiterais!

TCHIN-KAO.

Quelle gloire nouvelle!
Quel triomphe complet,
Si ma fille était celle
Que le prince adorait!

ACTE I, SCÈNE VIII.

TAO-JIN, *passant près de Peki et soulevant son voile.*
Je connaîtrai du moins ma rivale!

TOUS.
Ah! grands dieux!

LE PRINCE, *regardant Peki.*
Non... non, ce n'est pas elle!

TSING-SING, *à part.*
Ah! je l'échappe belle.

LE PRINCE, *regardant toujours Peki.*
Mais d'où viennent les pleurs qui coulent de ses yeux?

TSING-SING, *s'approchant.*
Qu'a-t-elle donc?

PEKI.
Ah! je ne puis le dire!

TSING-SING.
A moi, votre époux?

PEKI.
Non.

LE PRINCE.
Mais à moi, mon enfant?

PEKI.
Vous, Monseigneur, c'est différent!
Je crois que j'oserai!

LE PRINCE.
C'est bien! qu'on se retire!

TSING-SING, *avec effroi.*
Qui, moi?... me retirer!

TAO-JIN.
C'est bien fait.

LE PRINCE.
C'est charmant!

TAO-JIN.
Cinq femmes!... ah! cela mérite châtiment!

ENSEMBLE.

TAO-JIN.
Ah! d'une telle offense
Je veux avoir vengeance,
Et pareille inconstance
Lui portera malheur!
Oui, pour lui point de grâce,
Je ris de sa disgrâce,
On doit de tant d'audace

Punir un séducteur.
TSING-SING.
J'hésite, je balance ;
Je dois obéissance,
Et pourtant la prudence
Me fait craindre un malheur !
O tourment ! ô disgrâce !
Que faut-il que je fasse
Pour conserver ma place
Et garder mon honneur ?
LE PRINCE.
Il hésite !... il balance !
Redoute ma puissance !
Tu dois obéissance
A ton maître et seigneur !
Allons, cède la place,
Nul danger ne menace
Tant d'attraits et de grâce,
Je suis son protecteur !
PÉKI.
Quelle reconnaissance !
Ah ! sa seule présence
Vient calmer la souffrance
Dont gémissait mon cœur !
Du sort qui nous menace,
Oui, la crainte s'efface ;
D'avance je rends grâce
A mon doux protecteur !
TCHIN-KAO.
Il hésite !... il balance !
Ah ! d'une telle offense
Sa femme aura vengeance,
Pour lui je crains malheur !
Je prévois la disgrâce
Qui déjà le menace,
Il y va de sa place
Ou bien de son honneur !

LE PRINCE, se retournant vers Tsing-Sing qui n'est pas encore parti.
Eh bien !... eh bien !
TSING-SING.
Pardon, je dois rester :
Ma charge me prescrit de ne point vous quitter !

ACTE I, SCÈNE VIII.

LE PRINCE.

Hormis quand je l'ordonne!

TSING-SING, avec crainte et à demi voix, en montrant Peki.

Au moins, je l'espère,
Ce n'est pas elle!...

LE PRINCE, souriant.

Eh! non, en vérité!
Ne crains rien, j'aime un rêve, une vaine chimère,
Et ta femme est, hélas!...

TSING-SING.

Une réalité!
(A part.)
Aussi je crains quelques nouvelles trames!

LE PRINCE.

Eh bien! m'entends-tu?...

TSING-SING.

Je m'en vas.

TAO-JIN.

Allons, venez... suivez mes pas!

TSING-SING.

Époux infortuné!... malheureux par mes femmes,
(Montrant Peki.)
Par l'une que je quitte, hélas!
(Montrant Tao-Jin qui l'entraîne.)
Et par l'autre qui ne me quitte pas!

ENSEMBLE.

TAO-JIN.

Ah! d'une telle offense
Je veux avoir vengeance,
Et pareille inconstance
Lui portera malheur!
Oui, pour lui point de grâce,
Je ris de sa disgrâce,
On doit de tant d'audace
Punir un séducteur.
Allons, quelle lenteur!
D'où vient cet air d'humeur?
Votre maître et seigneur
Veille sur votre honneur.

TSING-SING.

J'hésite, je balance :
Je dois obéissance,

Et pourtant la prudence
Me fait craindre un malheur !
O tourment ! ô disgrâce !
Que faut-il que je fasse
Pour conserver ma place
Et garder mon honneur ?
Allons, montrons du cœur
Et de la bonne humeur.
J'obéis sans frayeur
A mon maître et seigneur !

LE PRINCE.

Il hésite !... il balance !
Redoute ma puissance !
Tu dois obéissance
A ton maître et seigneur !
Allons, cède la place,
Nul danger ne menace
Tant d'attraits et de grâce,
Je suis son protecteur !
Allons, quelle lenteur !
D'où vient cet air d'humeur ?
Obéis sans frayeur
A ton maître et seigneur !

PEKI.

Quelle reconnaissance !
Ah ! sa seule présence
Vient calmer la souffrance
Dont gémissait mon cœur !
Du sort qui nous menace,
Oui, la crainte s'efface ;
D'avance je rends grâce
A mon doux protecteur !
Voyez quelle lenteur,
Quelle mauvaise humeur !
On dirait qu'il a peur
D'un pareil protecteur !

TCHIN-KAO.

Il hésite !... il balance !
Ah ! d'une telle offense
Sa femme aura vengeance,
Pour lui je crains malheur,
Je prévois la disgrâce
Qui déjà le menace,

Il y va de sa place
Ou bien de son honneur !
Voyez quelle lenteur,
Quelle mauvaise humeur ;
On dirait qu'il a peur
D'un pareil protecteur !

(Tchin-Kao rentre dans la ferme à droite du spectateur, et Tao-Jin sort en emmenant avec elle Tsing-Sing.)

SCÈNE IX.

LE PRINCE, PEKI.

LE PRINCE.

Enfin il nous laisse !... ce n'est pas sans peine ! Eh bien ! ma belle enfant, qu'aviez-vous à me dire ?... Parlez...

PEKI.

Je n'ose plus.

LE PRINCE.

D'où viennent vos chagrins ? Ne venez-vous pas de faire un brillant mariage ? n'avez-vous pas un époux qui a du pouvoir, de la richesse... et que sans doute vous aimez ?...

PEKI, baissant les yeux.

Au contraire, Monseigneur, c'est que je ne l'aime pas...

LE PRINCE, à part, en riant.

Ah ! mon Dieu ! (Haut.) Je conçois en effet qu'avec sa figure, ses soixante ans et ses quatre précédents mariages, il ne doit guère inspirer de passion... mais au moins, et c'est beaucoup, vous n'en aimez pas d'autres ?...

PEKI, baissant les yeux.

Je crois que si !

LE PRINCE, gaiement.

Vraiment !

PEKI.

Yanko ! un garçon de ferme de mon père, avec qui j'avais été élevée... mais il n'avait rien... que son amour... ce n'était pas assez pour mon père qui voulait une dot. Et tout à l'heure, au moment de mon mariage... le pauvre garçon... (Elle s'interrompt pour pleurer.)

LE PRINCE.

Eh bien ?

PEKI.

Eh bien! dans son désespoir, il a couru au cheval de bronze...

LE PRINCE.

Le cheval de bronze... Qu'est-ce que cela?

PEKI.

Vous ne le savez pas... et depuis six mois dans le pays il n'est question que de lui...

LE PRINCE.

Oui, mais moi qui arrive à l'instant même, et qui voyage depuis un an...

PEKI.

C'est juste!... vous n'étiez pas ici! Eh bien! Monseigneur, apprenez donc qu'il y a six mois à peu près, on a vu tout à coup apparaître, sur un rocher de la montagne qui est en face de notre ferme, un grand cheval de bronze... qui est venu là on ne sait comment... car personne n'aurait pu l'y apporter... et il arrivait sans doute du ciel ou de l'enfer...

LE PRINCE, riant.

Ce n'est pas possible!

PEKI.

Pas possible!

PREMIER COUPLET.

Là-bas, sur un rocher sauvage,
S'élève ce cheval d'airain!
Sur lui voilà qu'avec courage
S'élance un jeune mandarin.
Soudain au milieu des éclairs
Il part... s'élance dans les airs;
Il s'élève... s'élève encore!
Mais où donc va-t-il?... on l'ignore!
Gardez-vous, pauvre pèlerin,
De monter le cheval d'airain!

DEUXIÈME COUPLET.

Bientôt sur ce rocher aride
Le coursier était revenu!
Mais de l'écuyer intrépide,
Hélas! on n'a jamais rien su.
Jamais il n'a revu ces lieux!
Perdu dans l'espace des cieux,
Là-haut, là-haut, sur un nuage,

Pour toujours peut-être il voyage...
Gardez-vous, pauvre pèlerin,
De monter le cheval d'airain !

TROISIÈME COUPLET.

Yanko m'aimait dès son jeune âge ;
Jugez de son mortel chagrin,
Quand il apprit qu'en mariage
Me demandait un mandarin !
Il s'est élancé d'un air fier
Sur ce noir coursier qui fend l'air,
Et là-bas... là-bas... dans la nue,
Disparaissant à notre vue...
Tout mon bonheur a fui soudain
Ainsi que le cheval d'airain !

LE PRINCE.

Ah ! que c'est amusant ! et que ne suis-je avec lui !...

PEKI.

Y pensez-vous ?

LE PRINCE.

Moi qui aime les aventures et qui allais en chercher si loin... il y en avait une ici que personne ne pouvait soupçonner... ni expliquer...

PEKI.

Si vraiment... Il est venu ici de Pékin des savants, des lettrés, des grands mandarins de l'académie impériale, qui ont fait là-dessus un rapport et une dissertation... comme quoi ils ont prouvé... qu'il y avait là un cheval de bronze !

LE PRINCE.

La belle avance !... Et ce cheval de bronze, où est-il ?

PEKI.

Il n'y est plus... puisque Yanko est monté dessus, et que tout à l'heure tous deux ont disparu... En attendant me voilà mariée, me voilà la femme d'un mandarin que je n'aime pas... et je n'ai osé le dire ni à lui, ni à mon père, qui me fait peur, et qui m'aurait battue ; mais à vous, Monseigneur, qui avez l'air si bon, et qui êtes prince... si vous pouviez me démarier...

LE PRINCE.

Hélas !... mon enfant, cela ne dépend pas de moi ; il y a des lois à la Chine ; il faudrait que le mandarin Tsing-Sing consentît lui-même à te répudier... et il n'y a pas l'air disposé.

PEKI.

Lui qui a quatre femmes, et Yanko qui n'en a pas du tout.

LE PRINCE.

Je crois qu'il lui céderait plutôt les quatre autres.

PEKI, pleurant.

Ah! mon Dieu! mon Dieu!... il faudra le garder pour mari... Que je suis malheureuse!...

LE PRINCE.

Allons, console-toi!

PEKI, pleurant toujours.

Me consoler!... et qu'est-ce que je pourrais faire pour me consoler?

LE PRINCE.

A ton âge... il y a bien des moyens... Et puisque enfin celui que tu aimais a disparu... puisqu'il ne doit plus jamais revenir...

SCÈNE X.

Les précédents, TCHIN-KAO.

TCHIN-KAO.

En voici bien d'une autre! et nous ne nous attendions guère à celui-là.

LE PRINCE.

Qu'y a-t-il donc?

TCHIN-KAO.

Le cheval de bronze est revenu...

LE PRINCE ET PEKI.

O ciel!...

TCHIN-KAO.

A sa place ordinaire, là-bas sur le rocher!...

PEKI.

Et Yanko?...

TCHIN-KAO.

Avec lui!... (A sa fille qui fait quelques pas pour sortir.) Eh bien! où courez-vous?

PEKI.

Moi, mon père... c'était par curiosité... c'était pour savoir... pour l'interroger.

LE PRINCE.

Ce soin là me regarde... Je veux lui parler... qu'il vienne...

TCHIN-KAO, regardant dans la coulisse.

Tenez... tenez, Monseigneur, le voici.

LE PRINCE.

Quel air sombre et rêveur!

TCHIN-KAO.

Oui... un air comme étonné... comme hébété...

PEKI.

Dame! comme quelqu'un qui tombe des nues; le pauvre garçon!...

SCÈNE XI.

LES PRÉCÉDENTS, YANKO, qui s'avance lentement.

YANKO, levant les yeux et apercevant Peki.

Ah! Peki! je vous revois!

PEKI.

Oui, Monsieur, et c'est bien mal de donner de pareilles inquiétudes à ses parents... à ses amis... D'où venez-vous, s'il vous plaît? et où avez-vous été courir ainsi? répondez...

TCHIN-KAO.

Oui, mon garçon, raconte-nous tout ce que tu as vu en route.

YANKO.

Impossible, maître Tchin-Kao, cela m'est défendu...

TCHIN-KAO ET PEKI, étonnés.

Défendu!...

LE PRINCE.

Et moi je t'ordonne de parler... moi le fils de ton souverain...

PEKI, bas, à Yanko.

C'est le prince impérial.

YANKO, s'inclinant.

Ah! Monseigneur, pardon! mais je serais en présence de l'empereur lui-même, que je n'en dirais pas davantage...

LE PRINCE.

Et pourquoi cela?...

YANKO.

Parce que si je racontais un seul mot de ce qui m'est arrivé, de ce que j'ai vu... tout serait fini pour moi, je ne verrais plus Peki... Je mourrais à l'instant même...

PEKI, courant à lui et lui mettant la main sur la bouche.

Ah! tais-toi! tais-toi! ne dis rien!

LE PRINCE.

Mourir!...

YANKO, vivement.

Mourir, c'est-à-dire, pis encore...

TCHIN-KAO.

Et comment cela?

PEKI, à son père.

Voulez-vous bien ne pas l'interroger, lui surtout qui est bavard... bavard... et qui est capable de causer malgré lui et sans le vouloir... (Écoutant.) Ah!... mon Dieu!... quel est ce bruit?

SCÈNE XII.

LES PRÉCÉDENTS, TAÔ-JIN.

FINAL.

TAO-JIN.
Quel affront! quel outrage infâme
Est fait au sang impérial!
C'est le cortége nuptial
(Montrant Peki.)
Qui du seigneur Tsing-Sing vient emmener la femme!

YANKO.
Et je le souffrirais!

TAO-JIN.
Pour l'honneur de mon rang,
Je le tuerais plutôt!

YANKO ET PEKI, la regardant avec reconnaissance.
Ah! l'excellente dame!

LE PRINCE.
C'est à moi de vous rendre...
(A Tao-Jin.)
Un époux!
(A Peki.)
Un amant!

TAO-JIN.
Non, de me venger il me tarde,
Et c'est moi que cela regarde!

LE PRINCE.
Calmez votre ressentiment.

PEKI ET YANKO.
Que j'aime son ressentiment!

ACTE I, SCÈNE XIII.

TCHIN-KAO, à part.
Ah! quel caractère charmant!

ENSEMBLE.

TAO-JIN.
Qu'il craigne ma colère,
Et s'il brave mes lois,
Montrons du caractère
Pour défendre mes droits!

YANKO ET PEKI.
Bien! bien! laissons-la faire;
D'avance, je le vois,
Son courroux tutélaire
Va défendre nos droits.

LE PRINCE ET TCHIN-KAO.
Bien! bien! laissons-la faire;
Elle veut, je le vois,
Montrer du caractère,
Et défendre ses droits!

SCÈNE XIII.

LE PRINCE, PEKI, YANKO, TAO-JIN, qui se retire un instant derrière eux, TCHIN-KAO, TSING-SING, précédé et suivi d'un riche cortége et porté en palanquin par deux esclaves.

TSING-SING, descendant du palanquin et s'avançant vers Peki.
Venez, mon heureuse compagne,
Rien ne peut s'opposer au bonheur qui m'attend!

TAO-JIN, se montrant et se plaçant entre Peki et Tsing-Sing.
Excepté moi, seigneur!

TSING-SING, à part.
O fatal incident!
C'est mon autre!... je sens que la frayeur me gagne.

TAO-JIN, d'un ton d'autorité.
J'ordonne que vos nœuds soient brisés à l'instant!
Par vous-même!

TSING-SING, montrant Peki.
Qui? moi! que je la répudie!

TAO-JIN.
Je le veux! ou sinon, et toute votre vie,
De mon courroux craignez l'effet!

TSING-SING.
C'en est trop! et je brave à la fin sa furie!
Quoi qu'il arrive,

(Montrant Tao-Jin.)
Ici je la défie...
De me faire enrager plus qu'elle ne l'a fait!

ENSEMBLE.

TSING-SING.
Je brave sa colère,
Je le veux, je le dois;
J'aurai du caractère
Pour la première fois!

TAO-JIN, stupéfaite.
Il brave ma colère,
Il méprise mes lois;
Il a du caractère
Pour la première fois!

YANKO ET PEKI.
Ah! le destin contraire
Nous trahit, je le vois :
Il a du caractère
Pour la première fois!

LE PRINCE, TCHIN KAO ET LE CHŒUR.
Oui, sa femme a beau faire,
Il méprise ses lois,
Et brave sa colère
Pour la première fois!

TSING-SING, prenant la main de Peki.
Oui, partons!

LE PRINCE, s'avançant près de Tsing-Sing.
A mes vœux serez-vous plus propice?

TSING-SING, un peu troublé.
Au fils de l'empereur je sais ce que je doi!

(Se remettant et avec plus de force.)
Si mes jours sont à lui, mes femmes sont à moi!

TOUS.
Quelle audace!... il refuse!

LE PRINCE.
Il dit vrai; c'est la loi!
Je l'invoque à mon tour.

(A Tsing-Sing.)
Par ton nouvel emploi,

ACTE I, SCÈNE XIII.

Tu dois m'accompagner en tous lieux!

TSING-SING.

C'est justice!

LE PRINCE.

Et je t'ordonne ici de me suivre soudain
Dans un voyage où tu m'es nécessaire.

TSING-SING.

En quels lieux, Monseigneur?

LE PRINCE.

Sur le cheval d'airain!

TOUS.

O ciel!

TAO-JIN, avec joie.

L'idée est bonne!

PEKI, avec effroi, au prince.

Et que voulez-vous faire!

LE PRINCE.

Sur ce hardi coursier m'élancer dans les cieux!
(A Tsing-Sing.)
Tu m'y suivras en croupe!

(A Yanko.)
On y tient deux,
N'est-il pas vrai?

YANKO.

Sans doute!

LE PRINCE.

Allons, en route!

TSING-TING.

Et si je ne veux pas?

LE PRINCE.

Tu sais ce qu'il en coûte :
Il y va de tes jours! je l'ai dit... je le veux!

ENSEMBLE.

TSING-SING, regardant tour à tour Peki, le prince et Tao-Jin.

Mon Dieu! que dois-je faire?
Faut-il braver sa loi?
Je tremble de colère
Encore plus que d'effroi.

LE PRINCE, YANKO, PEKI, TAO-JIN, TCHIN-KAO ET LE CHOEUR, regardant
Tsin-Sing en riant.

Il ne sait plus que faire;
Il tremble, je le vois!

La peur et la colère
Le troublent à la fois !

TSING-SING, au prince.

Exemptez-moi d'un voyage fatal ;
Je vais en palanquin, mais jamais à cheval.

TAO-JIN, d'un air triomphant et montrant Peki.

Alors... cédez !

TSING-SING, avec colère.

Jamais !

LE PRINCE, aux gens de sa suite, et montrant Tsing-Sing.

Préparez son supplice !

TSING-SING.

Non.. non... des deux côtés s'il faut que je périsse,
J'aime mieux, puisqu'ici le choix m'est réservé,
Le trépas le plus noble et le plus élevé !

TOUS.

Il va partir !

TSING-SING.

J'en tremble au fond de l'âme.

TAO-JIN, avec joie.

Il va partir !

TSING-SING, regardant Tao-Jin.

Mais du moins à ma femme
Je n'aurai pas cédé... c'est tout ce que je veux.

LE PRINCE.

Allons ! partons, écuyer valeureux !

ENSEMBLE.

LE PRINCE ET TAO-JIN.

Dans le sein des nuages !
Au milieu des orages,
Partons, partons }
Partez, partez } tous deux.

La gloire { nous } appelle,
{ vous }
Et la mort même est belle
A qui s'élève aux cieux !

TSING-SING.

Dans le sein des nuages,
Au milieu des orages,
Je fermerai les yeux !
Mon courage chancelle,
Et dans ma peur mortelle,

ACTE I, SCÈNE XIII.

J'implore en vain les cieux!
PEKI ET YANKO, regardant le prince.
Dans le sein des nuages,
Au milieu des orages,
Protégez-le, grands dieux!
Et l'amitié fidèle
Qui vers nous le rappelle
Pour lui fera des vœux!
TCHIN-KAO ET LE CHOEUR.
Dans le sein des nuages,
Au milieu des orages,
Ah! je tremble pour eux!
La gloire les appelle
Et la mort même est belle
A qui s'élève aux cieux!
PEKI, au prince.
Restez!... restez! pour vous, je tremble, Monseigneur.
TSING-LING, à Tao-Jin.
Et pour moi vous n'avez pas peur,
Épouse impassible et cruelle?
TAO-JIN.
Non, vraiment, car pour vous mon amour est si fort,
Que j'aime mieux vous savoir mort
Que de vous savoir infidèle!
TSING-SING.
C'est aussi par trop me chérir!
LE PRINCE.
Allons!... allons! il faut partir!

ENSEMBLE.

LE PRINCE ET TAO-JIN.
Dans le sein des nuages,
Au milieu des orages,
Partons, partons } tous deux, etc.
Partez, partez
TSING-SING.
Dans le sein des nuages,
Au milieu des orages,
Je fermerai les yeux! etc.
PEKI ET YANKO.
Dans le sein des nuages,
Au milieu des orages,
Protégez-le, grands dieux! etc.

TCHIN-KAO ET LE CHŒUR.

Dans le sein des nuages,
Au milieu des orages,
Ah! je tremble pour eux! etc.

(Le prince entraîne par le fond Tsing-Sing qui résiste et finit par le suivre. Pendant que Tao-Jin, Tchin-Kao, Peki, Yanko et le chœur, différemment groupés, les suivent des yeux, la toile tombe.)

ACTE II.

Une chambre de la ferme de Tchin-Kao. Portes à droite et à gauche. Au fond, au milieu du théâtre, une grande croisée qui donne sur la campagne.

SCÈNE PREMIÈRE.

TCHIN-KAO, près d'une table à droite, prenant du thé.

AIR.

TCHIN-KAO.

Mon noble gendre a donc quitté la terre!
Ma fille est libre et rentre sous ma loi,
Et déjà maint amant se dispute sa foi!
Quel doux embarras pour un père!
Ma fille, vrai trésor de jeunesse et d'amour!
Que béni soit l'instant où tu reçus le jour!
Dans ce village obscur où s'écoulait ma vie,
La haine et les chagrins m'accablaient tour à tour;
Mais depuis que Peki se fait grande et jolie,
On m'aime, on me chérit et l'on me fait la cour.
Ma fille, vrai trésor, etc.

Mais de nos lois suivant le sage privilége,
Voilà deux prétendants qui, dans leur tendre ardeur,
A ma fille ont offert leur cœur.
A moi leur dot, et laquelle prendrai-je?
Je suis bon père, aussi je doi
Choisir ici comme pour moi.
Mais de quel gendre dans ce jour
Faut-il donc couronner l'amour?
L'un possède quelques vertus
Et beaucoup d'écus;
Mais l'autre, c'est embarrassant,
En possède autant.
Comment se décider entre eux,

Moi qui les estime tous deux !
Je suis bon père, etc., etc.

SCÈNE II.
TCHIN-KAO, PEKI.

TCHIN-KAO, à Peki, qui entre et regarde par la croisée du fond.

Eh bien ! tu ne vois rien ?

PEKI.

Non, mon père... voilà bien en face de notre ferme le rocher de granit où se place d'ordinaire le cheval de bronze... mais il n'y est plus.

TCHIN-KAO.

Et là-haut... là-haut, tu ne le vois pas revenir ?

PEKI.

Non, vraiment ! Pauvre prince !

TCHIN-KAO.

Et mon gendre !... (Buvant.) je crois bien que c'est fini... et qu'on n'en aura plus de nouvelles.

PEKI.

Est-ce terrible, à son âge ! si aimable et si gentil !

TCHIN-KAO.

Mon gendre !

PEKI.

Non, le prince !

TCHIN-KAO.

C'est sa faute !... Ils sont tous comme ça... l'ambition, le désir de s'élever... En attendant, ma fille, il paraît que te voilà veuve...

PEKI.

Oui, mon père...

TCHIN-KAO.

Ne te désole pas... que veux-tu, mon enfant, nous sommes tous mortels... les mandarins comme les autres.

PEKI.

Oui, mon père...

TCHIN-KAO.

Il faut se dire qu'il était bien vieux et bien laid...

PEKI.

Et quand il a fallu l'épouser... vous me disiez qu'il était si bien .. vous lui trouviez tant de bonnes qualités.

TCHIN-KAO.

Il en avait de son vivant... Cette dot qu'il m'avait donnée en t'épousant... toi, ma fille unique, car je n'ai qu'une fille... et c'est ce qui me désole... j'aurais voulu en avoir une douzaine, tant mes enfants me sont chers...

PEKI.

Mon bon père...

TCHIN-KAO.

Et tu seras satisfaite, je crois, du nouveau choix que j'ai fait...

PEKI, étonnée.

Comment, un nouveau choix!

TCHIN-KAO.

Le seigneur Kaout-Chang, un riche fabricant de porcelaine.

PEKI.

Qu'est-ce que vous dites-là?

TCHIN-KAO.

C'est ce soir qu'il doit venir avec quelques amis,... ainsi prépare-nous à souper.

PEKI.

Mais ça n'a pas de nom,.., ce n'est pas possible... sans me consulter... le jour même de mon veuvage...

TCHIN-KAO.

Dis donc de tes noces... Ne devais-tu pas te marier aujourd'hui?...

PEKI.

Sans doute...

TCHIN-KAO.

Eh bien! tu te maries toujours... Rien n'est changé que le mari!...

PEKI.

Mais celui-là a soixante-dix ans...

TCHIN-KAO.

Je n'aime pas les gendres trop jeunes...

PEKI.

Eh bien! moi... je ne pense pas comme vous... j'ai d'autres idées... et si je me marie, si j'épouse quelqu'un, ce sera Yanko...

TCHIN-KAO.

Yanko... un garçon de ferme! qui a tous les défauts...

####### PEKI.

Lesquels?...

####### TCHIN-KAO.

Qui a dix-huit ans... qui n'a rien.

####### PEKI.

Je l'aime ainsi... Je suis maîtresse de ma main... je suis veuve...

####### TCHIN-KAO.

Et moi, je vous ordonne...

####### PEKI.

Je n'ai plus d'ordres à recevoir... car, grâce au ciel, je suis libre.

####### TCHIN-KAO.

Ça n'est pas vrai... et je ferai ton bonheur malgré toi... voilà comme je suis... Je vais trouver mon nouveau gendre, pour toucher ta nouvelle dot, et je reviens avec lui... Songe à ce que je t'ai dit, et surtout au souper...

####### PEKI.

Mais, mon père...

TCHIN-KAO, fait un geste de colère, et lève la main pour la frapper. Elle s'incline devant lui.

A la bonne heure! voilà comme je t'aime!... (Il sort et ferme les rideaux de la croisée du fond.)

SCÈNE III.

####### PEKI.

Est-ce terrible, une tendresse paternelle comme celle-là! C'est qu'il le ferait ainsi qu'il le dit... Ce pauvre prince qui est si aimable n'est plus là pour nous protéger, et, sans s'inquiéter de mon consentement, mon père serait capable de me marier encore comme la première fois... Oh! non pas... et nous verrons!... parce qu'une veuve a une expérience que n'a pas une demoiselle; car... ces pauvres filles...

####### PREMIER COUPLET.

Quand on est fille,
Hélas! qu'il faut donc souffrir!
Dans sa famille
Il faut toujours obéir.
Sitôt chez nous qu'à bavarder

On voudrait se hasarder,
Mon père dit en courroux :
Taisez-vous.
Les parents, toujours exigeants,
Ne veulent en aucun temps
Laisser parler leurs enfants ;
Mais quand on a son mari,
Ce n'est plus ça, Dieu merci !
Attentif et complaisant,
Il écoute galamment :
Quand on est femme
On parle et je parlerai,
Sans que réclame
Yanko, que je charmerai.
Car Yanko n'a pas un défaut ;
Loin de commander tout haut,
Il ne dit jamais un mot ;
Oui, Yanko n'a pas un défaut,
Loin de commander tout haut,
Il m'obéirait plutôt.
Voilà l'époux qu'il me faut.

DEUXIÈME COUPLET.

Quand on est fille,
Il faut, au fond de son cœur,
De sa famille,
Hélas ! supporter l'humeur.
Je sais que mon père a bon cœur,
Mais dès qu'il entre en fureur,
Gare à qui tombe soudain
Sous sa main ;
Et contre moi, sa seule enfant,
Il s'emporte à chaque instant
Et me bat même souvent ;
Mais quand on a son mari,
Ce n'est plus ça, Dieu merci !
Yanko, je le dis tout bas,
Yanko ne me battrait pas.
Quand on est femme,
On est seule à commander,
Devant madame
Yanko va toujours céder.
Car Yanko n'a pas un défaut ;
Lorsqu'on lui dit un seul mot

Son cœur s'apaise aussitôt;
Oui, Yanko n'a pas un défaut,
Loin de me battre, en un mot,
Moi je le battrais plutôt;
C'est là l'époux qu'il me faut.
(Regardant à droite.)

C'est lui!.. C'est étonnant comme il a l'air triste depuis son voyage en l'air!

SCÈNE IV.

PEKI, YANKO.

YANKO.

Ah! c'est vous, Madame.

PEKI.

Madame!... pourquoi me donnes-tu ce nom-là?

YANKO.

Parce qu'il ne peut pas vous échapper... (Regardant en l'air.) D'abord un mari qui, à chaque instant, peut nous tomber sur la tête, et puis, comme si ce n'était pas encore assez, votre père vient d'annoncer à toute la maison qu'il attendait un nouveau gendre...

PEKI.

Qu'importe, si je refuse?

YANKO.

Vous n'oserez pas!... vous aurez peur... et vous ferez comme la première fois, vous oublierez Yanko.

PEKI.

Et si j'ai un moyen infaillible d'empêcher ce mariage?...

YANKO.

Lequel?

PEKI.

D'en épouser un autre... sur-le-champ... et sans en rien dire à mon père...

YANKO.

O ciel!

PEKI.

Est-ce là un bon moyen?

YANKO.

C'est selon... selon la personne que vous choisiriez!

PEKI.

Dame! c'est pour cela que je te demande conseil.

YANKO.

Eh bien! Mam'selle, qui prendrez-vous pour mari?

PEKI.

Toi! si tu veux.

YANKO, avec joie.

Ah! ce n'est pas possible!... vous n'oseriez jamais!

PEKI, tendrement.

J'oserai... je le jure..., (Vivement.) Et pourquoi pas! si tu m'aimes.

YANKO, vivement.

Oh! toujours!

PEKI.

Si tu m'es resté fidèle, si tu n'as rien à te reprocher...

YANKO, secouant la tête.

Oh! pour ce qui est de ça... il est possible qu'il y ait bien des choses à dire...

PEKI, d'un air de reproche.

Comment, Monsieur, ici, dans ce village?

YANKO.

Oh! non, jamais... et si j'y étais toujours resté...

PEKI.

Mais vous n'en êtes sorti qu'une fois... c'est donc quand vous êtes parti sur ce cheval de bronze? Voyez-vous comme c'est dangereux les voyages?... Et où avez-vous été? qu'est-ce qu'il vous est arrivé?... je veux tout savoir.

YANKO.

Écoutez, mademoiselle Peki, si vous l'exigez... je vous le dirai, parce qu'avant tout je dois vous obéir... mais si je parle, ce sera mon dernier jour, et nous serons séparés à jamais.

PEKI.

Ah! mon Dieu!

YANKO.

Après tout... c'est justice!... je l'ai mérité, je dois être puni... et pourvu que vous me regrettiez quelquefois... je vais vous dire...

PEKI.

Non, Monsieur, non... je ne veux rien apprendre... quoique j'en aie bien grande envie, et à cause de votre repentir et du chagrin où je vous vois... je vous pardonnerais peut-être si je savais seulement jusqu'à quel point vous avez été coupable.

YANKO.

Vous savez bien que je ne peux rien dire... et il faut pardonner de confiance...

PEKI.

C'est terrible, un secret comme celui-là... Allons, Monsieur, puisqu'il le faut, je pardonne, (Vivement.) à condition que cela ne vous arrivera plus.

YANKO, regardant en l'air.

Oh! non... il n'y a plus moyen.

PEKI.

C'est rassurant !

YANKO.

Non, ce n'est pas cela que je veux dire...

PEKI.

Eh bien! Monsieur, écoutez-moi : ce soir même, pendant le souper que mon père donne à son gendre, et auquel les femmes n'assistent pas... je sortirai sans bruit par la porte du jardin où tu m'attendras!

YANKO.

Et où irons-nous ? qui protégera notre fuite?

PEKI.

Ne t'inquiète donc pas, une grande dame qui veille sur nous... ma collègue! l'autre femme du seigneur Tsing-Sing.

YANKO.

Elle qui est si méchante!

PEKI.

Elle ne l'est qu'avec son mari; les grandes dames sont comme cela... Tais-toi, la voici!

SCÈNE V.

Les précédents, TAO-JIN.

TAO-JIN, entrant sur la pointe des pieds.

A merveille... je m'attendais à vous rencontrer ensemble.

YANKO, à Peki.

Vous lui avez donc tout raconté?

PEKI.

Eh! mon Dieu oui! quand on a le même mari, on se trouve liée tout de suite.

TAO-JIN, avec sentiment.

Et puis quand le malheur vous rassemble! quand toutes deux et le même jour on est veuve... (D'un air indifférent.) Car décidément je ne crois pas qu'il revienne de si loin... mais enfin, si cela arrivait, je ne veux pas qu'il vous retrouve ici.

PEKI.

Non, Madame.

TAO-JIN.

Pour que personne ne puisse vous reconnaître ni savoir ce que vous êtes devenue, vous vous procurerez d'ici à ce soir des habillements d'homme...

YANKO.

Je m'en charge!

TAO-JIN.

Puis, à la nuit close, vous trouverez à la porte du jardin mes gens et mon palanquin, qui vous transporteront au pied de la montagne d'Or, dans un palais qui m'appartient, où un bonze, à qui vous remettrez ces tablettes, vous mariera sur-le-champ.

PEKI.

Quel bonheur!... et vous, Madame?

TAO-JIN.

Je retourne dès demain à Pékin, près de quelques amis, pour y passer le temps de mon deuil... (Gaiement.) C'est bien triste... mais enfin il faut se faire une raison...

PEKI.

C'est ce que je me dis... et quant à la colère de mon père... une fois le mariage fait...

YANKO.

Je n'aurai plus peur de lui! (On entend Tchin-Kao appeler en dehors. Yanko!

YANKO, effrayé.

Ah! mon Dieu! il appelle! (Peki sort par la gauche et Yanko par la droite.)

SCÈNE VI.

TAO-JIN seule

RÉCITATIF.

Ah! pour un jeune cœur, triste et cruelle épreuve,
    Quels tourments que ceux d'une veuve!
Le désespoir dans l'âme et les pleurs dans les yeux,
Plus de bal, plus de fête, ah! son sort est affreux!...

(Souriant.)
Et pourtant libre enfin d'un joug que l'on abhorre
On peut déjà penser à celui qu'on adore,
On peut rêver d'avance un plus heureux lien,
    Et puis le deuil me va si bien.

    O tourments du veuvage,
    Je saurai vous subir,
    Et j'aurai le courage
    De ne pas en mourir!
    Allons, prenons patience,
    Et les amours
Vont bientôt par leur présence
    Charmer mes jours.

O vous que toute ma vie.
    J'ai révérés,
Plaisirs et coquetterie,
    Vous reviendrez.

Je vous revois, beaux jours que je pleurais ;
Par vous les fleurs succèdent aux cyprès.
Adieu vous dis, et chagrins et regrets,
Les jours de deuil sont passés pour jamais.

SCÈNE VII.

TAO-JIN, TSING-SING.

(Pendant la ritournelle de l'air précédent, les rideaux de la croisée du fond se déchirent. — On aperçoit en dehors le cheval de bronze sur le rocher de granit qui touche à la fenêtre. — Tsing-Sing, qui vient de descendre de cheval, s'avance en chancelant comme un homme encore tout étourdi.)

TAO-JIN, *se retournant et l'apercevant.*
O ciel ! en croirais-je mes yeux ?
C'est lui ! c'est mon mari de retour en ces lieux !

DUO.

TSING-SING, *à part, et s'avançant au bord du théâtre, pendant que Tao-Jin remonte vers le fond.*
Ah ! quel voyage téméraire,
Dans les airs prendre ainsi son vol !
Je respire !... je suis sur terre.
Enfin j'ai donc touché le sol !...
Près d'une beauté que j'adore,
En ces lieux où l'amour m'attend,
    (Se frottant les mains.)
Je vais...

(Se retournant et apercevant Tao-Jin, à part.)
Allons, c'est l'autre encore,
Je la revois pour mon tourment!

TAO-JIN.

Quoi! c'est vous, seigneur?

TSING-SING, haut.

Oui, Madame,
Moi qui pour vous descends des cieux!

TAO-JIN.

Et le prince?...

TSING-SING.

Calmez votre âme,
Il est resté...

TAO-JIN.

Pourquoi?...
(Voyant qu'il garde toujours le silence.)
Parlez donc!... je le veux.
Comment! vous gardez le silence?
Répondez-moi!

TSING-SING.

Je ne le peux!

TAO-JIN.

D'où vient donc cette défiance?

TSING-SING.

Je dois me taire et je le veux :
Parler serait trop dangereux!

TAO-JIN, le cajolant.

Vous avez donc dans ce voyage
Vu des objets bien merveilleux?

TSING-SING.

Sans doute!

TAO-JIN, de même.

Et vous pourriez, je gage,
M'en faire un récit curieux!

TSING-SING.

Certainement!

TAO-JIN, de même.

D'avance, moi j'admire.
C'est donc bien beau? bien somptueux?

TSING-SING, s'oubliant.

Je crois bien!... car d'abord...

ACTE II, SCÈNE VII.

(S'arrêtant.)
Mais je ne veux rien dire.
Non... non... je ne veux rien dire!

TAO-JIN, le suppliant.

Ah! mon mari,
Mon petit mari,
Si vous voulez que je vous aime,
Parlez, parlez à l'instant même,
Et de moi vous serez chéri!

ENSEMBLE.

TAO-JIN.

Vous parlerez,

TSING-SING.

Je ne dis mot.

TAO-JIN.

Et pourquoi donc?

TSING-SING.

C'est qu'il le faut.

TAO-JIN.

Vous me direz...

TSING-SING.

Parlez plus bas!

TAO-JIN.

Oui, je le veux.

TSING-SING.

Je ne veux pas.

TAO-JIN, avec colère.

Ah! je perds patience
Avec un tel époux!
Gardez donc le silence,
Je ne veux rien de vous!

TSING-SING, avec humeur.

Ah! je perds patience!
Ma femme, taisez-vous!
Oui, gardez le silence,
Ou craignez mon courroux.

TSING-SING, après un instant de silence.

Ah! quel doux ménage est le nôtre!
En descendant du ciel se trouver en enfer!
(Regardant autour de lui.)
Si du moins j'apercevais l'autre!

TAO-JIN, avec ironie.

Cette jeune beauté dont l'aspect vous est cher !
(Se rapprochant de lui et prenant un air de douceur.)
Eh bien ! donc, vous allez connaître
Si je suis bonne et si je vous aimais,
De l'épouser demain je vous laisse le maître !

TSING-SING, avec joie.

Vraiment !... ma chère femme !...

TAO-JIN.

Mais.

Voici la clause que j'y mets !

TSING-SING, avec chaleur.

Je m'y soumets d'avance, je l'atteste !

TAO-JIN, d'un air câlin.

C'est de m'apprendre les secrets
Que vous avez surpris là-haut !...

TSING-SING.

Un sort funeste
M'en empêche !

TAO-JIN.

Comment cela ?

TSING-SING.

D'y penser, j'en frémis déjà !
i j'osais révéler ce terrible mystère !
Si je le trahissais par un mot... un seul mot,
Prononcé par hasard et même involontaire,
Vous verriez votre époux se changer en magot !

TAO-JIN, joignant les mains.

En magot !...

TSING-SING.

En statue ou de bois ou de pierre !

TAO-JIN, de même.

En magot !...

TSING-SING.

Si j'osais révéler ce mystère !

TAO-JIN, d'un air caressant.

Ah ! mon mari !
Mon petit mari !
Si vous voulez que je vous aime,
Parlez ! parlez à l'instant même
Et de moi vous serez chéri !

ENSEMBLE.

TAO-JIN.

Vous parlerez.

TSING-SING.

Je ne dis mot !

TAO-JIN.

Mais cependant...

TSING-SING.

Non, il le faut.

TAO-JIN.

Si je le veux...

TSING-SING.

Parlez plus bas !

TAO-JIN.

Moi, je le veux !

TSING-SING

Je ne veux pas !

TAO-JIN, avec colère.

Ah ! je perds patience
Avec un tel époux !
Gardez donc le silence,
Je ne veux rien de vous !

TSING-SING, avec colère.

Ah ! je perds patience !
Ma femme, taisez-vous !
Oui, gardez le silence,
Ou craignez mon courroux.

(A la fin de cet ensemble, Tsing-Sing, impatient, va se jeter dans le fauteuil à gauche.)

TSING-SING.

Qu'il ne soit plus question de cela... et puisqu'il n'y a pas moyen de vous faire entendre raison, je ne vous répondrai plus !

TAO-JIN.

Eh bien ! plus qu'un mot... (S'approchant de lui.) Quoi vraiment, si, malgré vous et sans le vouloir, ce secret-là vous échappait, vous seriez changé à l'instant même en statue de bois ?...

TSING-SING.

Oui !

TAO-JIN.

En magot ?

TSING-SING.

Oui!

TAO-JIN.

Serait-il comme les autres, peint et colorié?

TSING-SING, avec colère et se rejetant dans le fauteuil.

C'en est trop!... et quoi que vous me demandiez, quoique vous puissiez me dire maintenant, je n'ouvrirai plus la bouche!

TAO-JIN, près du fauteuil.

C'est ce que nous verrons; et, pour commencer, je ne consens plus à votre nouveau mariage... (Geste d'impatience de Tsing-Sing, qui veut parler et qui s'arrête.) Je ne vous quitterai plus... (Même jeu.) Je ne vous laisserai pas un seul instant avec votre nouvelle femme... (Même jeu.) Et, bien plus, je la ferai disparaître de vos yeux!

TSING-SING, éclatant et se levant.

Vous oseriez!...

TAO-JIN.

Je savais bien que je vous ferais parler... Adieu, adieu! (A part.) Courons tout préparer pour le départ de Peki. (Elle sort.)

SCÈNE VIII.

TSING-SING, seul, se rejetant dans le fauteuil.

Elle ne sait qu'inventer pour me faire enrager! Dans ce moment surtout où je n'ai pas même la force de me mettre en colère... car je tombe de faim, de sommeil et de fatigue... Quand on a passé la journée à cheval... non pas que la route soit mauvaise... (Commençant à s'endormir.) mais elle est longue... et ce maudit cheval était si dur... surtout en allant, où nous étions deux... et puis, arrivé là-bas, c'était bien autre chose... (Il s'endort tout à fait.)

SCÈNE IX.

TSING-SING, endormi sur le fauteuil à gauche, TCHIN-KAO ET PÉKI, entrant par la gauche derrière lui.

TCHIN-KAO.

Oui, mon enfant, tous mes convives et mon nouveau gendre seront ici dans un instant...

PEKI, regardant vers le fond.

Ah! grand Dieu!

ACTE II, SCÈNE IX.

TCHIN-KAO, à Peki.

Qu'as-tu donc?

PEKI.

Le cheval de bronze qui est de retour... (Montrant Tsing-Sing.) Et lui aussi!

TCHIN-KAO.

Le mandarin!

PEKI.

Je crois qu'il dort...

TCHIN-KAO.

Qui diable le ramène? Il y a des gens qui ne peuvent rester nulle part!

PEKI, ÿ part.

Et Yanko, qui va venir ici au rendez-vous!

TCHIN-KAO.

Et mon second gendre qui va arriver... je n'en serai pas quitte pour une double bastonnade.

PEKI.

Ce que c'est aussi que de vous presser...

TCHIN-KAO.

Ne te fâche pas... je cours retirer ma parole, et prier Caout-Chang d'attendre... ce qui ne doit pas être bien long... (Se frappant la tête.) Ah! mon Dieu!... et tous mes autres convives que je n'aurai jamais le temps de décommander... Pourquoi les aurais-je invités?...

PEKI.

Oui, pourquoi?

TCHIN-KAO.

Pour le retour de celui-ci... ce sera toujours pour fêter un gendre... Je reviens avec eux et tous les musiciens du pays... (Montrant Tsing-Sing.) Une surprise que je lui réserve... une aubade, une sérénade... en son honneur... Je crois que cela fera bien, et qu'il y sera sensible...

TSING-SING, dormant.

Ma femme!...

TCHIN-KAO.

Il t'appelle!...

PEKI.

Eh non! c'est l'autre!

TSING-SING, de même.

Peki!...

TCHIN-KAO.

Tu vois bien!

PEKI.

Non... il dort toujours.

TCHIN-KAO, sortant sur la pointe du pied par la porte du f nd.

Adieu!.. Reste là!

SCÈNE X.

TSING-SING, toujours endormi; PEKI, puis YANKO, sortant de la porte à droite.

TRIO.

TSING-SING, rêvant tout haut.

Ma femme... ma femme... à souper...
... Il vaut mieux être en son ménage...
Que d'être encore à galoper
A cheval sur un nuage!

PEKI.

Il rêve en dormant!

(Se retournant et apercevant Yanko qui vient d'entrer, tenant un paquet à la main.

Ah! grands dieux!
Yanko qui revient en ces lieux!

YANKO, apercevant Tsing-Sing.

Que vois-je!

(Il laisse tomber sur une chaise le paquet qu'il tenait.)

C'est lui!

PEKI.

Du silence.

YANKO, stupéfait.

Comment, le voilà de retour?

PEKI.

Hélas! oui!

YANKO.

Sa seule présence
Détruit tous mes rêves d'amour!

ENSEMBLE.

TSING-SING, rêvant.

L'amour m'attend... douce espérance,
Enfin me voilà de retour!

ACTE II, SCÈNE X.

PEKI ET YANKO.
Pour nous, sa funeste présence
Détruit tous nos rêves d'amour.

TSING-SING, rêvant.
Allez, esclaves, qu'on prépare...
Notre appartement nuptial!

YANKO.
Qui moi, souffrir qu'on nous sépare;
Plutôt immoler ce rival!

PEKI, à voix basse.
Écoute-moi!
Je ne puis à présent m'éloigner avec toi,
Mais je partirai seule, et j'irai sans effroi
Aux pieds de l'empereur implorer sa justice,
Pour rompre cet hymen et dégager ma foi!

YANKO.
Tu l'oserais?

PEKI.
Le ciel propice
Protégera ma fuite, et veillera sur moi!

TSING-SING, rêvant.
A souper, ma femme... ma femme...

PEKI.
Ah! la frayeur glace mon âme!

ENSEMBLE.
Va-t'en! va-t'en! c'est mon mari,
J'ai peur qu'il ne s'éveille ici!

YANKO.
Ah! ne crains rien de ton mari,
Tu vois bien qu'il est endormi!

TSING-SING, rêvant.
Ah! quel bonheur pour un mari,
De reposer enfin chez lui!

YANKO.
Je pars... mais que j'entende encore
Un mot, un dernier mot d'amour!

PEKI.
Yanko, c'est moi qui vous implore,
Éloignez-vous de ce séjour!

YANKO.
Quoi! te quitter à l'instant même...

PEKI.

Eh bien! tu le sais, oui, je t'aime!
Je t'aime!
Mais...
Va-t'en! va-t'en! c'est mon mari,
Je crains qu'il ne te voie ici.

YANKO.

Ah! ne crains rien de ton mari,
Tu vois bien qu'il est endormi!

TSING-SING, rêvant.

Ah! quel bonheur pour un mari,
De se trouver enfin chez lui!

PEKI, à Yanko.

Partez... partez... je vous supplie...

YANKO, avec chaleur.

Vous perdre, c'est perdre la vie!

PEKI, lui imposant silence.

Pas si haut!... il me fait trembler!

YANKO, baissant la voix.

Eh bien! je me tais... mais, par grâce,
Un seul baiser!

PEKI.

Ah! quelle audace!
Le bruit pourrait le réveiller.
Non... non... je défends qu'on m'embrasse!

YANKO.

Il le faut... ou je reste ici!

PEKI.

Alors, dépêchez-vous, de grâce...

(Yango l'embrasse.)

ENSEMBLE.

PEKI.

Va-t'en! va-t'en! c'est mon mari,
Je crains qu'il ne te voie ici!

YANKO.

Ah! ne crains rien de ton mari,
Tu vois bien qu'il est endormi.

TSING-SING.

Ah! quel bonheur pour un mari
De se trouver enfin chez lui!

SCÈNE XI.

TSING-SING, endormi; PEKI, prenant le paquet apporté par Yanko.

PEKI.

Dépêchons-nous de partir!... prenons vite
Ces habits d'homme et ce déguisement
Qui doivent assurer ma fuite!
(Elle va pour sortir par la porte à gauche.)

TSING-SING, rêvant tout haut.

Les beaux jardins!

PEKI, revenant près de lui.

Que dit-il?

TSING-SING.

C'est charmant!
Voyez-vous pas ce palais magnifique?

PEKI.

Écoutons bien!...

TSING-SING, rêvant.

Ce bracelet magique...

PEKI.

Un bracelet magique?

TSING-SING, rêvant.

Il faut s'en emparer!
O voluptés!... qui viennent m'enivrer!

PEKI.

Si je pouvais savoir!

TSING-SING, rêvant.

Oh! oui, belle princesse,
Je me tairai, vous avez ma promesse,
Et j'ai trop peur... non, je ne dirai pas!
(Sa voix s'est affaiblie peu à peu et il continue.)

PEKI, à genoux près du fauteuil et prêtant toujours l'oreille.

Il parle encore... il parle bas!...
Écoutons bien...
(Elle écoute.)
Ciel!..
(Écoutant encore.)
O surprise extrême!...
Quoi! c'est là que Yanko... que le prince lui-même...
(Avec joie.)
Ce secret qu'il cachait à mes vœux empressés,
Il vient de le trahir malgré lui... je le sais!

Ah! quel bonheur! je le sais!... je le sais!
(Regardant par la porte du fond.)
C'est mon père!... partons!
(Elle sort par la porte à droite.)

SCÈNE XII.

TSING-SING, sur le fauteuil à gauche; **TCHIN-KAO**, paraissant à la porte du fond; **SES AMIS, ET PLUSIEURS MUSICIENS**, portant des instruments de musique chinois.

TCHIN-KAO, au fond.
En bon ordre avancez!
(Regardant Tsing-Sing.)
Il dort encor!... tant mieux!
(Aux musiciens et aux chanteurs qu'il a disposés derrière Tsing-Sing, autour du fauteuil.
Êtes-vous tous placés?
Qu'une aimable harmonie arrive à son oreille!
Et par un bruit flatteur doucement le réveille!
(Tenant à la main le bâton de mesure.)
C'est bien!... c'est bien!... commencez!

TCHIN-KAO, LE CHOEUR ET LES MUSICIENS, commençant piano.
Miroir d'esprit et de science,
O vous que nous admirons tous!
Éveillez-vous!
Astre de gloire et de puissance.
Dont le soleil serait jaloux,
Éveillez-vous!
Pour adorer Votre Excellence,
Nous venons tous à vos genoux;
Éveillez-vous!
Grand mandarin, éveillez-vous!

TCHIN-KAO.
C'est étonnant!... il dort encor!
Chantons amis, un peu plus fort!

LE CHOEUR, reprenant et allant toujours crescendo.
Miroir d'esprit et de science,
O vous que nous admirons tous,
Éveillez-vous!

TCHIN-KAO.
Plus fort! plus fort!
Encor
Un peu plus fort!

ACTE II, SCÈNE XIII.

LE CHOEUR, *augmentant toujours de bruit.*
Astre de gloire et de puissance,
Dont le soleil serait jaloux,
Éveillez-vous!

TCHIN-KAO.
Plus fort! plus fort!
Encor
Plus fort!

LE CHOEUR, *augmentant toujours.*
Pour adorer Votre Excellence,
Nous venous tous à vos genoux;
Éveillez-vous!

TCHIN-KAO.
Plus fort! plus fort!
Encor
Plus fort!

TOUS, *avec tout le déploiement de l'orchestre.*
Ah! c'est inconcevable!
C'est à faire trembler.
Quoi! ce bruit effroyable
Ne peut le réveiller.

SCÈNE XIII.

LES PRÉCÉDENTS, YANKO, *arrivant tout effrayé par la porte à droite.*

YANKO.
Ah! quel bruit! quel vacarme affreux!
J'acours tremblant... est-ce la foudre
Qui vient de tomber en ces lieux?

TCHIN-KAO.
C'est mon gendre qui dort et ne peut se résoudre
A s'éveiller!

YANKO.
Pas possible!

TCHIN-KAO.
Il est sûr
Qu'il a le sommeil un peu dur!
Car nous avons mis en usage
Toute la musique à tapage
Que la Chine peut employer.
Il nous faudrait pour l'éveiller
Des musiciens de l'Europe!

(S'approchant de Tsing-Sing et le prenant respectueusement par le bras.
Allons, mon gendre !

(Avec effroi.)
O ciel ! je sens là sous mes doigts
Ses membres que durcit une épaisse enveloppe !
Ce n'est plus de la chair !

(Le tâtant.)
C'est du marbre ou du bois !
(Lui frappant sur la tête avec le bâton de mesure qu'il tient à la main.)
Ce front savant n'est plus qu'une tête de bois !

TOUS.

O miracle ! ô prodige !
Je tremble de frayeur !
Et tout mon sang se fige
D'épouvante et d'horreur !

TCHIN-KAO.

Quoi ! ce grand mandarin n'est plus qu'une statue !
D'où peut venir un pareil changement ?

YANKO, riant.

J'y suis... et de moi seul la cause en est connue.
(Se jetant en riant dans le fauteuil à droite.)
Je n'ai plus de rival !... ah ! ah ! ah ! c'est charmant !

TCHIN-KAO, à Yanko.

Tu sais donc...

YANKO, riant toujours.

Ah ! ah ! ah !

TCHIN-KAO.

D'où vient cet accident ?

YANKO, riant.

Rien n'est plus simple... et ce voyage...
Il aura parlé, je le gage...
Il aura dit...
(Voyant tous les assistants qui se groupent autour de son fauteuil et écoutent.)
Sont-ils donc curieux !
(Tchin-Kao les éloigne et revient se baisser près du fauteuil de Yanko.)

YANKO, riant toujours.

Il aura dit...

TCHIN-KAO.

Quoi donc ?
(Écoutant Yanko qui lui parle bas à l'oreille.)
Vraiment !

(Écoutant toujours.)
C'est merveilleux!

Et puis.., achève...
(Regardant Yanko, qui tout à coup reste immobile et dans la position où il était en parlant.)
Eh bien!... le voilà qui s'endort!

(L'appelant.)
Yanko! Yanko!

TOUS, l'appelant aussi
Yanko! Yanko!

TCHIN-KAO.
Plus fort!
Plus fort!
Plus fort!
Encor
Plus fort!

TOUS,
Ah! c'est inconcevable!
C'est à faire trembler!
Quoi! ce bruit effroyable
Ne peut le réveiller!

TOUS.
Yanko! Yanko! Yanko!

SCÈNE XIV.

LES PRÉCÉDENTS, PEKI, sortant de la porte à droite, elle a des habits d'homme; TAO-JIN, sortant de la porte à gauche un instant après.

PEKI, avec effroi.
Yanko! Yanko! pourquoi l'appelez-vous ainsi?

TCHIN-KAO, apercevant Peki habillée en homme.
Peki sous ce costume!...

PEKI, dans le plus grand trouble.
Eh! qu'importe, mon père?

TAO-JIN.
Qu'est-il donc arrivé?

PEKI.
Quel bruit a retenti?

TCHIN-KAO, à Tao-Jin.
Ce qu'il est arrivé!... voilà votre mari!
Qu'on a changé... voyez!

(A Peki.)
Et ce n'est rien, ma chère;
Yanko de même !...
PEKI ET TAO-JIN, regardant l'une Yanko, et l'autre Tsing-Sing.
O ciel ! il a parlé !

TCHIN-KAO.

Oui, sans doute il m'a révélé
Que là-haut...
(S'arrêtant.)
Q'allais-je faire?
Ah ! taisons-nous! en voilà deux déjà !
C'est bien assez de magots comme ça !

ENSEMBLE.

TAO-JIN.

Oui, sur ce mystère
Il n'a pu se taire,
Le destin sévère
Vient nous séparer !
Destin que j'ignore,
Qui dès mon aurore
Me rend veuve encore
Dois-je en murmurer?

PEKI.

O Dieu tutélaire
Qui voit ma misère,
Que pourrais-je faire
(Montrant Yanko.)
Pour le délivrer ?
Pour lui que j'adore,
Amour, je t'implore,
Sois mon guide encore
Et viens m'inspirer !

TCHIN-KAO.

Oui, je veux me taire,
Et de moi, ma chère,
Effroi salutaire
Vient de s'emparer !
Péril qu'on ignore
Est plus grand encore ;
Mon Dieu! je t'implore,
Viens nous inspirer !

ACTE II, SCÈNE XIV.

CHŒUR.

O fatal mystère!
O destin contraire!
Que pourrions-nous faire
Pour les délivrer?
Péril qu'on ignore
Est plus grand encore;
O Dieu que j'implore,
Viens nous inspirer!

CHŒUR, *montrant Tsing-Sing et Yanko.*

Qu'en ferons-nous en attendant?

TAO-JIN.

Pour leur trouver un gîte et brillant et commode,
Transportons-les dans la grande pagode,
Dont ils seront le plus bel ornement!

PEKI, *regardant Yanko.*

Ah! pour le rendre à sa forme première,
Si j'employais
Les terribles secrets...
Que j'ai surpris ici...
De mon mari!

ENSEMBLE.

TAO-JIN.

Oui, sur ce mystère
Il n'a pu se taire!
Le destin sévère
Vient nous séparer!
Destin que j'ignore,
Qui dès mon aurore
Me rend veuve encore!
Dois-je en murmurer?

PEKI.

O Dieu tutélaire
Qui vois ma misère,
En toi seul j'espère
Pour le délivrer!
Pour lui que j'adore
Amour, je t'implore!
Sois mon guide encore
Et viens m'inspirer!

TCHIN-KAO.

Oui, je veux me taire,

Et de moi, ma chère,
Effroi salutaire
Vient de s'emparer !
Péril qu'on ignore
Est plus grand encore ;
O Dieu que j'implore,
Viens nous inspirer !

CHOEUR.

O fatal mystère !
O destin contraire !
Que pourrions-nous faire
Pour les délivrer ?
Péril qu'on ignore
Est plus grand encore ;
O Dieu que j'implore,
Viens nous inspirer !

PEKI, à part avec exaltation.

Oui, j'en crois mon courage, et l'ardeur qui m'enflamme !
S'ils ont tous succombé, c'est à moi, faible femme,
Qu'est réservé l'honneur de l'emporter !
Et cette épreuve... eh bien ! j'oserai la tenter !
(Elle s'élance vers la porte à droite qu'elle referme sur elle.)

TCHIN-KAO, regardant Peki.

Eh bien donc ! où va-t-elle ?
(On voit, par la fenêtre du fond, Peki s'élancer sur le cheval de bronze qui l'enlève, et elle disparaît.)

TCHIN-KAO ET CHOEUR.

O terreur nouvelle !
Funeste destin !...
(Regardant dans la coulisse à gauche et en l'air.)
La voyez-vous là-haut !... là-haut... là-haut !... c'est elle !
Qui disparaît sur le cheval d'airain !

TOUS, revenant au bord du théâtre.

Ah ! c'est inconcevable !
C'est à faire frémir !
D'une audace semblable
Je n'en puis revenir !

ACTE III.

Un palais et des jardins célestes au milieu des nuages.

SCÈNE PREMIÈRE.

(Au lever du rideau, Stella est assise sur de riches coussins. Lo-Mangli et plusieurs femmes, vêtues de robes de gaze, l'entourent et la servent; d'autres jouent du théorbe, de la lyre, etc.)

LE CHOEUR.

O séduisante ivresse!
O volupté des cieux!
Vous habitez sans cesse
En ce séjour heureux!

AIR.

STELLA.

En vain de mon jeune âge
Leurs soins charmaient le cours,
Hélas! dans l'esclavage
Il n'est point de beaux jours!
De ces ruisseaux les ondes jaillissantes,
Tous ces trésors dont l'œil est ébloui,
Ces bois, ces prés, ces nymphes séduisantes,
Ne m'inspiraient qu'un triste et sombre ennui!
En vain de mon jeune âge
Leurs soins charmaient le cours,
Hélas! dans l'esclavage
Il n'est point de beaux jours!

Mais soudain!...

CAVATINE.

De ma délivrance
La douce espérance
Sourit à mon cœur!
Pour moi plus d'alarme.
Ici tout me charme!
Et tout est bonheur!
Tout a changé dans la nature,
L'air est plus doux, l'onde plus pure!
Des oiseaux les chants amoureux
Sont pour moi plus harmonieux!
De ma délivrance
La douce espérance

Sourit à mon cœur!
Pour moi plus d'alarme,
Ici tout me charme
Et tout est bonheur!

(Sur un geste de la princesse toutes les femmes sortent excepté Lo-Mangli.)

LO-MANGLI.

Oui, quelques heures encore, et vous serez libre, et l'enchantement qui vous retient ici sera rompu, grâce à ce joli petit prince chinois qui nous est arrivé hier!

STELLA.

Aura-t-il assez de courage et de sagesse pour mettre à fin une telle entreprise?

LO-MANGLI.

Je le crois bien, avec la précaution que vous avez prise, de ne pas rester auprès de lui!

STELLA.

Il l'a bien fallu! il était si tendre, si empressé.

LO-MANGLI.

Et puis si étourdi.

STELLA.

Conviens aussi que notre aventure est bien étonnante.

LO-MANGLI.

Pas pour nous qui voyons les choses d'un peu haut! mais sur terre, je suis persuadé qu'il y a des gens qui n'y croiraient pas, qui diraient : c'est invraisemblable!

STELLA.

Celle que toutes les nuits il voyait, c'était moi!

LO-MANGLI.

Et celui qui vous apparaissait dans tous vos songes...

STELLA.

C'était lui! de sorte que quand nous nous sommes vus pour la première fois...

LO-MANGLI.

Vous vous êtes reconnus?

STELLA.

Qui donc pouvait de si loin nous réunir ainsi?

LO-MANGLI.

Quelque enchanteur qui, dès longtemps sans doute, vous destinait l'un à l'autre; celui-là même, peut-être, qui autrefois vous a enlevée de la cour du Grand-Mogol, votre père, pour vous transporter dans cette planète où il a mis à votre délivrance des conditions...

STELLA.

Si bizarres et si difficiles.

LO-MANGLI.

Vous trouvez... (On entend en dehors un appel de trompettes.) Encore un voyageur que nous amène le cheval de bronze.

STELLA.

Ah! quel ennui!

LO-MANGLI.

Vous ne disiez pas cela autrefois; cela vous amusait! mais, rassurez-vous, je me charge de le recevoir.

STELLA.

Et de le faire repartir sur-le-champ!

LO-MANGLI.

Dame!... je tâcherai.

STELLA.

Adieu! je vais voir pendant quelques minutes...

LO-MANGLI.

Ce pauvre prince qui vous aime tant!

STELLA.

Il le dit du moins.

LO-MANGLI.

Comme tous les voyageurs qui viennent ici! A beau mentir qui vient de...

STELLA, vivement.

Que dis-tu?

LO-MANGLI, de même.

Non! non! je me trompe celui-là ne ment pas. (Second appel de trompettes plus fort que le premier. — Stella sort par la gauche, et Peki entre par la droite.)

SCÈNE II.

LO-MANGLI, PEKI.

PEKI, se bouchant les oreilles.

C'est assez... c'est assez!... je l'ai bien entendu... des grandes statues de femmes avec des trompettes... qui me répètent l'une après l'autre : *Si tu racontes ce que tu auras vu ici... tu seras changé en magot...* Eh! je le savais déjà... je le sais de reste... ce n'est pas là ce qui m'effraie!

LO-MANGLI.

Je vois, beau voyageur, que vous êtes brave!

PEKI, timidement.

Pas beaucoup!... (S'enhardissant.) Mais enfin je suis venu sur le cheval de bronze pour tenter l'épreuve.

LO-MANGLI.

Et délivrer la princesse!

PEKI.

Oui; en m'emparant de ce bracelet magique qui seul, dit-on, peut rompre tous les enchantements... (A part.) Ce qui sera bien utile pour ce pauvre Yanko que j'ai laissé... (Imitant la position d'un magot.)

LO-MANGLI.

Et vous êtes bien décidé!...

PEKI.

Très-décidé. Mais pour devenir maître de ce bracelet, que faut-il faire?... voilà ce que je ne sais pas encore...

LO-MANGLI.

Et ce que je dois vous apprendre!... Il faut dans cette planète!...

PEKI.

C'est une planète!...

LO-MANGLI.

Celle de Vénus, où il n'y a que des femmes!... Il faut pendant une journée entière rester au milieu de nous calme et insensible.

PEKI.

Si ce n'est que cela!...

LO-MANGLI.

Oui da!... et quelles que soient les épreuves auxquelles vous serez exposé, ne pas manquer un instant aux lois de la plus stricte sagesse.

PEKI.

J'entends!

LO-MANGLI.

Car, à la première faveur que vous demanderez...

PEKI.

Vous refuserez!

LO-MANGLI, d'un air doucereux.

Mon Dieu non!... il ne tient qu'à vous... on ne vous empêche pas!..... Mais au plus petit baiser que vous aurez pris.....

crac!... vous redescendrez à l'instant sur la terre, sans pouvoir jamais remonter le cheval de bronze, ni revenir en ces lieux.

PEKI, étonnée.

Est-il possible!... (Vivement.) Ah! mon Dieu!... et j'y pense maintenant. (A Lo-Mangli.) Quels sont les derniers voyageurs qui sont venus?

LO-MANGLI.

D'abord le prince de la Chine, qui est encore dans ces jardins... un concurrent redoutable! car, encore une heure ou deux, et la journée sera écoulée... jamais aucun voyageur ne nous a fait une aussi longue visite!...

PEKI.

C'est très-bien à lui!... et puis?

LO-MANGLI.

Le grand mandarin Tsing-Sing... un vieux qui s'est arrêté ici assez longtemps... deux heures!

PEKI.

Voyez-vous cela! à son âge!... Mais avant eux!...

LO-MANGLI.

Ah! je me le rappelle... un jeune homme nommé Yanko!

PEKI, vivement.

C'est lui!... eh bien?

LO-MANGLI.

Il est à peine resté un instant!...

PEKI, avec colère.

Quelle indignité!

LO-MANGLI.

Il est reparti tout de suite... tout de suite!...

PEKI.

C'est affreux!... moi qui l'aimais tant!... moi qui viens ici pour le retirer de la position où il est... exposez-vous donc pour de pareils magots!... Je suis d'une colère!..., et si dans ce moment je pouvais me venger... (S'arrêtant.) Mais il n'y a ici que des femmes!.... (A Lo-Mangli.) Mademoiselle, dites-moi, je vous prie...

LO-MANGLI, s'approchant vivement.

Tout ce que vous voudrez...

PEKI.

Vous êtes certainement bien gentille... bien aimable...

LO-MANGLI, à part.

Pauvre jeune homme!... il va s'en aller!... (Haut et regardant du côté de la coulisse à gauche.) Tenez... tenez... voyez-vous de ce côté?... c'est Stella et le prince...

PEKI, à part.

Je ne veux pas qu'il m'aperçoive... (Entraînant Lo-Mangli par la main, du côté à droite.) Venez... venez...

LO-MANGLI, en s'en allant.

En voilà un qui ne restera pas longtemps ici... et c'est dommage... car il est gentil!... (Elle sort avec Peki par la droite.)

SCÈNE III.

LE PRINCE, STELLA, entrant par la gauche en se disputant.

DUO.

STELLA.
Eh quoi! Monsieur, toujours vous plaindre!
LE PRINCE.
Et n'ai-je pas raison, hélas!
STELLA.
Lorsqu'au terme on est prêt d'atteindre!
LE PRINCE.
Mais ce jour ne finira pas!
STELLA.
C'est peu de patience, ou bien peu de tendresse!
Songez qu'une heure encore!... une heure de sagesse...
Et je vous appartiens pour jamais!
LE PRINCE.
    J'entends bien!
Mais une heure est un siècle!... une heure de sagesse,
Quand le cœur bat d'amour et d'espoir et d'ivresse,
Car vous ne savez pas quel amour est le mien,
 (Se rapprochant très-près d'elle.)
Et si je vous disais depuis quand je soupire!...
STELLA.
Oui... oui... mais de plus loin tâchez de me le dire.

ENSEMBLE.
Plus loin, plus loin!... encor plus loin!
Oui, j'en prends le ciel à témoin,
 Votre amour lui-même
 Me glace d'effroi!

ACTE III, SCÈNE III.

Et si je vous aime,
Ah! c'est loin de moi!

LE PRINCE, *qui s'est placé à l'autre extrémité du théâtre.*
Eh bien! eh bien! est-ce assez loin?
Sagesse suprême,
J'admire ta loi!
Quoi! son amour même
L'éloigne de moi!

STELLA, *regardant le prince qui lui tourne le dos.*
Quoi! vous êtes fâché! vous boudez?

LE PRINCE.
Oui, vraiment!

STELLA.
D'où vient cette colère extrême?

LE PRINCE.
Me renvoyer!

STELLA.
Parce que je vous aime!
Songez qu'un désir imprudent,
Songez que la faveur même la plus légère...

LE PRINCE.
Quoi! rien qu'un seul baiser!...

STELLA.
Vous renverrait sur terre!

LE PRINCE.
O ciel!

STELLA, *s'approchant plus près encore de lui.*
Et qu'il faudrait renoncer à l'espoir
De s'aimer... et de se revoir!

LE PRINCE, *sans la regarder, et l'éloignant de la main.*
Plus loin! plus loin!... encor plus loin!

ENSEMBLE.
Oui, j'en prends le ciel à témoin!
Votre aspect lui-même
Me glace d'effroi,
Et si je vous aime,
Ah! c'est loin de moi!

STELLA, *à l'autre bout du théâtre, à gauche.*
Eh bien!... eh bien! suis-je assez loin?
Sagesse suprême,
J'admire ta loi,
Son amour lui-même

L'éloigne de moi!
(Le prince s'asseoit au bout du théâtre, à droite.)
LE PRINCE, assis.
Allons! sur ce sopha, s'il le faut, je demeure!
STELLA.
C'est plus prudent!
LE PRINCE.
Mais c'est bien ennuyeux!
Nous n'avons plus, je crois, rien qu'une demi-heure!
STELLA.
A peu près!
LE PRINCE.
Et comment l'employer à nous deux?
STELLA.
On peut causer!
LE PRINCE.
Sur quoi voulez-vous que l'on cause?
STELLA.
Ou danser!
LE PRINCE.
Non vraiment!
STELLA.
Monsieur, je le suppose,
Préfère la musique, et cela vaut bien mieux!
Séduisante et folle,
Elle nous console;
Son pouvoir divin
Calme le chagrin.
Le temps qui se traîne
S'écoule sans peine
Et s'enfuit soudain
Au son d'un refrain!
Et je le vois, ce pouvoir-là,
Ah! ah! ah! ah! ah! ah!
Sur votre cœur a réussi déjà,
Ah! ah! ah! ah! ah!
ENSEMBLE.
LE PRINCE.
O toi, mon idole,
Mon cœur se console,
Au pouvoir divin
De ce gai refrain

ACTE III, SCÈNE III.

Ta voix qui m'entraîne,
Dissipant ma peine,
Loin de moi soudain
Bannit le chagrin !

STELLA.

Séduisante et folle,
Elle nous console !
Son pouvoir divin
Calme le chagrin.
Le temps qui se traîne
S'écoule sans peine
Et s'enfuit soudain
Au son d'un refrain !

LE PRINCE, courant brusquement à Stella.

Stella ! Stella !

STELLA.

Qu'avez-vous donc ?

LE PRINCE.

L'heure a sonné !

STELLA.

Vraiment non !

LE PRINCE.

J'en suis sûr et je crois entendre...

STELLA.

Et moi, j'en suis certaine, il faut encore attendre !

LE PRINCE, avec dépit.

Attendre est bien facile alors qu'on n'aime rien !

STELLA, avec douceur.

Mais je vous aime, et vous le savez bien !

LE PRINCE, avec chaleur.

Ah ! si vous m'aimiez, inhumaine !
Vous seriez sensible à ma peine !
(Lui prenant la main.)
Si vous m'aimiez !

STELLA, retirant sa main avec effroi.

Laissez-moi, je le veux !

LE PRINCE, avec dépit.

C'en est trop ! je rougis de l'amour qui m'enchaîne,
Oui, je sais le moyen de fuir loin de ces lieux !
Et j'y cours !...
(Il fait quelques pas pour sortir.)

STELLA.

Partez donc ! partez !

LE PRINCE, revenant.
Oui, je le veux!

ENSEMBLE.

LE PRINCE.

Cédons au dépit qui m'entraîne,
Oui, fuyons loin d'une inhumaine
Dont les regards indifférents
Portent le trouble dans mes sens!

STELLA.

Qu'il cède au dépit qui l'entraîne,
Que rien ici ne le retienne!
Cachons à ses yeux les tourments
Et le trouble que je ressens.

(Stella va s'asseoir sur le banc à gauche.)

STELLA, assise, et regardant le prince qui ne s'en va pas.
Eh bien?...

LE PRINCE, revenant près d'elle.
Oui, vers toi me ramène
Un feu que rien ne peut calmer!

(Il se met à genoux près de Stella toujours assise.)

STELLA.
Laissez-moi, je respire à peine!

LE PRINCE.
Ah! si ton cœur savait aimer,
Si le mien pouvait l'animer!...

ENSEMBLE.

LE PRINCE.
Sa main a frémi dans la mienne,
L'amour et m'enivre et m'entraîne,
Je cède aux transports délirants
Qui s'emparent de tous mes sens!

STELLA, cherchant à se défendre.
Laissez-moi, je respire à peine...
Sa voix et me trouble et m'entraîne,
Ayez pitié de mes tourments
Et du trouble que je ressens!

(Stella éperdue, hors d'elle-même, laisse tomber sa tête sur l'épaule de Yang, qui l'embrasse. — Le tonnerre gronde, et Yang, qui était un genou en terre près de la princesse, est soudain englouti et disparaît. Stella pousse un cri d'effroi, et tombe à moitié évanouie dans les bras de Lo-Mangli, qui entre dans ce moment.)

SCÈNE IV.

SETLLA, puis LO-MANGLI.

LO-MANGLI.

Et lui aussi!... lorsqu'il ne s'en fallait plus que d'un petit quart d'heure... c'est avoir bien peu de patience!...

STELLA.

Ah! rien n'égale mon désespoir... car je l'aimais, vois-tu bien... j'en étais aimée... et, séparé de moi, que va-t-il devenir? que fera-t-il sur la terre?

LO-MANGLI.

Ce n'est pas difficile à deviner!... impétueux comme il l'est, il ne pourra jamais se modérer... ni se taire... il parlera de vous à tout le monde... et, à l'heure qu'il est, peut-être déjà est-il changé en magot!

STELLA.

O ciel!

LO-MANGLI.

Ce qui est bien désagréable pour un aussi joli garçon! lui surtout qui n'aimait pas à rester en place!

STELLA.

Ah! je n'y survivrai pas... j'en mourrai!...

LO-MANGLI.

Mourir!... vous savez bien qu'ici on est immortelle... et qu'on ne peut pas mourir d'amour... sur terre je ne dis pas...

STELLA.

Eh bien! alors je garderai éternellement son souvenir... je lui serai fidèle... je n'appartiendrai à personne...

LO-MANGLI.

Si vous pouvez... car il y a ici quelqu'un qui m'inquiète pour vous...

STELLA.

Que veux-tu dire?...

LO-MANGLI.

Ce petit voyageur... que vous m'aviez chargée de renvoyer...

STELLA.

Eh bien!...

LO-MANGLI.

J'ai cru d'abord qu'il ne demandait pas mieux que de s'en aller...

STELLA.

Et il est encore ici?

LO-MANGLI.

Écoutez donc, Madame... ce n'est pas ma faute... Dans ces cas-là... il faut qu'on s'y prête un peu.

COUPLETS.

PREMIER COUPLET.

Tranquillement il se promène
Sans songer à nous admirer!
En passant près de la fontaine
Il s'occupait à se mirer!
Pour obéir à vous, ma souveraine,
J'espérais bien le séduire sans peine,
Mais... mais j'ai beau faire, hélas!
J'ai beau faire... il ne veut pas!
Il ne veut pas!

DEUXIÈME COUPLET.

Et quel dommage quand j'y pense,
Il est si jeune et si gentil!
Jusqu'à son air d'indifférence,
Tout me plaît et me charme en lui!
Pour obéir à votre ordre suprême,
Combien j'aurais voulu qu'il dît... je t'aime!...
Mais... mais j'ai beau faire, hélas!
J'ai beau faire... il ne veut pas!
Il ne veut pas!
Non, non, non, il ne veut pas!

STELLA.

C'est bien singulier...

LO-MANGLI.

Certainement, ce n'est pas naturel... et si vous n'y prenez garde... il est capable de rester comme cela jusqu'à ce soir...

STELLA.

Tu crois?..

LO-MANGLI.

Alors il deviendrait maître de ce talisman... et de votre personne... il n'y aurait pas à dire... vous seriez obligée de le suivre...

STELLA.

Ah! voilà qui serait le pire de tout.

LO-MANGLI.

Pas tant!... car il est très-agréable... et certainement... si j'avais un mari à choisir... mais ici on ne peut pas...

STELLA.

Y pensez-vous?

LO-MANGLI.

Tenez... tenez... Madame... voyez plutôt... voilà qu'il vient de ce côté... il n'est pas mal, n'est-ce pas?

STELLA.

Cela m'est bien égal... qu'il vienne!... je m'en vais le traiter avec tout le dédain, tout le mépris...

LO-MANGLI.

Mais au contraire!.... ce n'est pas le moyen de vous en défaire...

STELLA.

Tu as raison... il faut être aimable, gracieuse... oh! que je le hais... laisse-moi!...

LO-MANGLI.

Oui, Madame!... (Elle sort en faisant à Peki une révérence dont celle-ci ne s'aperçoit seulement pas, et Lo-Mangli s'éloigne avec dépit.)

SCÈNE V.
STELLA, PEKI.

DUO.

STELLA.

Quel désir vous conduit vers nous, bel étranger?

PEKI, froidement.

Le seul désir de voyager!

STELLA.

Pas autre chose!

PEKI.

Eh mais!... peut-être aussi, Madame,
Le désir de vous voir!

STELLA, avec coquetterie et baissant les yeux.

Comment!... vous m'aimeriez?

PEKI.

Non, vraiment!

STELLA, étonnée.

Que dit-il?

PEKI.

Jamais aucune femme

Ne m'a vu tomber à ses pieds.
STELLA, à part.
Dieu! quel air suffisant! déjà je le déteste!
(Haut.)
Eh quoi! nulle beauté dans ce séjour céleste
De vous charmer n'a le pouvoir!
PEKI, froidement.
Aucune!
STELLA.
Aucune!
(A part.)
Ah! c'est ce qu'on va voir!
ENSEMBLE.
STELLA.
De cette âme fière
Ah! je triompherai,
Car je prétends lui plaire
Et j'y réussirai!
Oui... oui... je l'ai juré!

PEKI.
Oui... oui... beauté si fière,
Je vous résisterai!
Je ris de sa colère
Et je réussirai!
Oui... oui... je l'ai juré!

STELLA, s'approchant de Peki d'un air caressant.
On m'avait dit pourtant que j'avais quelques charmes!
PEKI, d'un air indifférent et sans la regarder.
Oui! vous n'êtes pas mal!
STELLA, avec coquetterie.
Qu'en savez-vous?
PEKI.
Pourquoi?
STELLA.
Vous n'avez pas encor jeté les yeux sur moi!
Craignez-vous de me voir?
PEKI.
Je le puis sans alarmes!
(La regardant et n'examinant que sa parure.)
J'aime de ces habits l'élégance et le goût!
Ce riche bracelet...

ACTE III, SCÈNE V.

(A part.)
Qui bientôt, je le pense,
Va tomber en ma puissance !
(Haut.)
Qu'il est beau ! qu'il me plaît !

STELLA, avec dépit.

Voilà tout !

Et moi ?

PEKI, la regardant.

Vous !... ah ! je dois le dire !
Voilà des traits charmants et faits pour tout séduire.
Et ces beaux yeux...

STELLA, la regardant avec tendresse
Ces yeux !... eh bien ?

PEKI.

Eh bien !...

Sur mon cœur ne font rien !

STELLA, avec dépit.

Rien !

PEKI, tranquillement.

Rien !

ENSEMBLE.

STELLA.

Je suis d'une colère,
Eh quoi ? je ne pourrai
Le séduire et lui plaire !
Oh ! j'y réussirai !
Oui... oui... je l'ai juré !

PEKI.

Oui, oui, beauté si fière,
Je vous résisterai.
Je ris de sa colère,
Et je réussirai !
Oui... oui... je l'ai juré !

PEKI.

Grâce au ciel ! la journée avance dans son cours !

STELLA.

C'est fait de moi !... mon Dieu, venez à mon secours !
(S'approchant de Péki.)
Eh bien ! puisqu'il faut tout vous dire,
Pour un autre que vous, mon cœur, hélas, soupire !

PEKI, gaiement.
Vous ne m'aimez donc pas!
STELLA.
Non, vraiment!
PEKI, froidement.
C'est très-bien!
STELLA, timidement.
Et voilà pourquoi je désire
Que vous partiez!
PEKI.
Partir d'ici!... par quel moyen?
STELLA, avec embarras.
Oh! le moyen est terrible à vous dire,
Et de moi qu'allez-vous penser?
Il faudrait pour cela... sur-le-champ... m'embrasser!
PEKI.
Qui? moi!.. cela m'est impossible!
STELLA.
Quoi! vous me refusez... vous êtes insensible!
D'autres pourtant à mes genoux
M'ont demandé ce que j'attends de vous.

ENSEMBLE.

STELLA.
O mortelle souffrance!
Je suis en sa puissance,
Me voilà sous sa loi!
Pour moi plus d'espérance,
Déjà l'heure s'avance,
Tout est fini pour moi!

PEKI.
Ah! mon bonheur commence,
Elle est en ma puissance,
Je la tiens sous ma loi!
Oui, courage!... espérance!
Bientôt l'heure s'avance,
La victoire est à moi!

STELLA, à Peki, d'un air suppliant.
Ainsi donc l'espoir m'abandonne!
Et sur votre rigueur je ne puis l'emporter!
PEKI, à part, et la regardant avec malice.
Si j'étais homme!!!

(Avec sentiment.)

Yanko, je te pardonne :
Comment lui résister?

STELLA.

Ce qu'ici je demande
Est-il faveur si grande,
Et si cruel pour vous?
Je suis femme!... et j'implore!
Et s'il faut plus encore,
Je suis à vos genoux!

(Elle se met à genoux. Peki fait un pas vers elle pour la relever et puis s'arrête.)

ENSEMBLE.

STELLA.

O mortelle souffrance!
Déjà l'heure s'avance,
Et je tremble d'effroi!
Pour moi plus d'espérance,
Je suis en sa puissance,
Tout est fini pour moi!

PEKI.

Ah! mon bonheur commence,
Elle est en ma puissance,
Je la tiens sous ma loi!
Oui, courage!... espérance!
Bientôt l'heure s'avance,
La victoire est à moi!

(La nuit obscurcit le théâtre, et des nuages commencent à les environner.)

STELLA.

Le jour s'enfuit!
Voici la nuit.
Adieu, toi! qui reçus ma foi!
Ce talisman me soumet à sa loi!
Je me meurs! c'est fait de moi!

PEKI.

Le jour s'enfuit!
Voici la nuit.
Il m'appartient! il est à moi!
Le talisman qui la met sous ma loi!...

(Elle arrache le bracelet que porte Stella.)

La victoire est à moi!

(Stella tombe évanouie. — Un coup de tam-tam se fait entendre. — Peki et

Stella disparaissent et descendent sur la terre. — Les nuages qui couvraient le théâtre se lèvent peu à peu et l'on aperçoit la grande pagode richement décorée. — Tsing-Sing, toujours en magot, est placé au milieu du théâtre sur un grand piédestal. — A sa droite Yang et à sa gauche Yanko aussi en magots, sur des piédestaux moins élevés.)

SCÈNE VI.

YANG, TSING-SING, YANGO, sur leurs piédestaux; TAO-JIN, TCHIN-KAO, et le peuple prosternés, pendant que des jeunes filles jettent des fleurs et que des bonzes ou prêtres chinois font brûler de l'encens.

CHOEUR.

Que l'encens et la prière
Vers eux s'élèvent de la terre,
Et révérons ces nouveaux dieux
Qui pour nous descendent des cieux!

TCHIN-KAO, montrant le prince.

Encore un dieu dont la puissance brille!
Être dieu devient bien commun!

(Montrant Tsing-Sing et Yanko.)

En voilà deux déjà dans ma famille,
A chaque instant je tremble d'en faire un!

CHOEUR.

Que l'encens et la prière
Vers eux s'élèvent de la terre,
Et révérons ces nouveaux dieux
Qui pour nous descendent des cieux!

(A la fin de ce chœur on entend une musique céleste.)

Mais quels accords harmonieux!

(On voit descendre, au milieu d'un nuage et de la voûte de la pagode Peki tenant à la main le bracelet magique, et debout près de Stella qui est toujours évanouie.)

SCÈNE VII.

LES PRÉCÉDENTS; PEKI ET STELLA.

TOUS.

Quel prodige nouveau vient éblouir nos yeux!

TCHIN-KAO.

C'est ma fille!... c'est elle-même
Qu'enfin le ciel rend à mes vœux.

PEKI.

Oui, je reviens délivrer ce que j'aime!

(Étendant le bracelet du côté de Yanko et de Yang, puis de Stella.)
Yanko, mon bien-aimé!... vous, prince généreux!...
Et toi sa maîtresse chérie!...
Mon pouvoir vous rend à la vie!
Renaissez tous pour être heureux!

YANG, STELLA, YANKO, revenant à eux par degrés.
Quel jour radieux m'environne!
Et que vois-je?...

STELLA, s'élançant vers le prince.
C'est lui!

LE PRINCE, courant à elle.
Stella!

PEKI.
Que j'ai conquise et qu'ici je vous donne!

TCHIN-KAO, bas, à Peki.
Et le seigneur Tsing-Sing qui reste là!

TAO-JIN, à part.
De quoi se mêle celui-là!

PEKI, étendant vers lui le bracelet.
Qu'il reste encor statue ainsi que le voilà,
Mais que sa tête seule et s'anime et réponde!
(S'adressant à Tsing-Sing.)
A me répudier veux-tu bien consentir?
(Tsing-Sing, remuant sa tête à la façon des magots de la Chine, fait signe
que non.)
Avec Yanko tu ne veux pas m'unir?
(Tsing-Sing fait encore signe que non.)
Eh bien! demeure ainsi jusqu'à la fin du monde!
Sois l'idole qui dans ces lieux
Des époux bénira les nœuds!
(Tsing-Ting fait en tournant la tête un geste de colère.)
Quoi! cette seule idée excite ta colère!
(Prenant Yanko par la main et s'approchant du piédestal de la statue.)
Vois alors si ton cœur préfère
Nous unir!...
(Tsing-Sing fait signe que oui.)

PEKI.
Il a dit *oui!*
Vous l'entendez!... il n'est plus mon mari!
(Étendant son bracelet vers Tsing-Sing.)
Qu'il revienne à la vie!...

TSING-SING, *se levant debout sur le piédestal et étendant ses mains pour bénir Yanko et Peki.*
Et vous tous au bonheur!

CHOEUR.

Clochettes de la pagode,
Retentissez dans les airs, etc.

FIN DE LE CHEVAL DE BRONZE.

L'AMBASSADRICE

OPÉRA-COMIQUE EN TROIS ACTES

En société avec M. de Saint-Georges

MUSIQUE DE M. AUBER

Opéra-Comique. — 21 septembre 1836.

PERSONNAGES.

LE DUC DE VALBERG.
LA COMTESSE AUGUSTA DE FIERSCHEMBERG.
FORTUNATUS, entrepreneur de spectacles.
BÉNÉDICT, premier ténor.
MADAME BARNEK, ancienne duègne, tante d'Henriette.
HENRIETTE, prima donna.
CHARLOTTE.

Le premier acte se passe à Munich, les deux autres à Berlin.

ACTE PREMIER.

Une chambre fort simplement meublée, porte au fond, deux portes latérales. Une croisée au second plan, à droite; à gauche, une table et ce qu'il faut pour repasser.

SCÈNE PREMIÈRE.

MADAME BARNEK, seule.

(Au lever du rideau, elle est assise à droite, regardant plusieurs lettres qu'elle tient à la main.

INTRODUCTION.

MADAME BARNEK.
Moi qui surveille de ma nièce
Et les talents et la jeunesse,
A ce beau papier satiné.
Facilement j'ai deviné
Billet d'amour et de tendresse...
En voilà-t-il! Lisons toujours
Et leurs soupirs et leurs amours!
(Prenant ses lunettes.)
J'ai peu de lecture et d'étude;
Mais j'ai du moins quelque habitude...

Et de mon temps le sentiment
Se lisait toujours couramment.
(Elle décachette un billet qu'elle épelle avec peine.)
« O cantatrice enchanteresse!
« Fauvette qui nous charme tous!... »

(S'interrompant.)

C'est bien cela!... c'est à ma nièce
Que s'adresse ce billet doux.

SCÈNE II.

MADAME BARNEK, occupée à lire; **HENRIETTE**, entrant par la porte à gauche, portant un réchaud et des fers à repasser.

HENRIETTE.

CHANSONNETTE.

PREMIER COUPLET.

Il était un vieux bonhomme
Aussi vieux que Barrabas,
Avec son habit vert-pomme
Et sa perruque à frimas,
Contant sa flamme amoureuse
A Nancy la repasseuse,
Qui, fredonnant soir et matin,
Lui répétait pour tout refrain :

(Elle repasse.)

Repassez demain.

MADAME BARNEK.

Que faites-vous donc, Henriette?

HENRIETTE.

Je viens repasser sans façon
Et mon rôle et ma collerette.

MADAME BARNEK.

Cet air n'est pas dans votre rôle?

HENRIETTE.

...Eh non!

C'est une vieille chansonnette!

MADAME BARNEK.

User sa voix à ces bêtises-là,
Lorsque l'on a l'honneur de chanter l'opéra!

HENRIETTE.

Raison de plus... ça me délassera!

ACTE I, SCÈNE II.

DEUXIÈME COUPLET.

Je veux te plaire, et j'y compte;
Ce front qui paraît caduc,
Ma chère, est celui d'un comte...
Eh! fût-il celui d'un duc!
J'admire, mon gentilhomme,
Vous et votre habit vert-pomme;
Mais, hélas! mon cœur inhumain
N'est pas sensible ce matin,
(Elle repasse.)
Repassez demain.

MADAME BARNEK, avec impatience.

Mais tais-toi donc! tais-toi, tu m'empêches de lire!
(Lisant.)
« Belle Henriette! je soupire,
« Je brûle d'un tendre martyre.
« Hélas! quand prendrez-vous enfin
« Pitié de mon cruel destin? »

HENRIETTE, qui s'est mise devant la table à repasser sa collerette.)

Tra, la, la, la, la, la.
Repassez demain, repassez demain.

MADAME BARNEK, ouvrant un autre billet.

« Sans bien et sans richesse,
« Je n'ai que ce cœur qui gémit... »
(S'interrompant.)
Mon Dieu! comme c'est mal écrit
(Lisant.)
« Mais je vous offre, ma déesse,
« D'un baron le titre et la main. »

HENRIETTE, de même.

Tra, la, la, repassez demain de bon matin.
(A madame Barnek.)
Que lisez-vous?

MADAME BARNEK.

Des billets doux.

Écoute bien!

HENRIETTE.

Je les connais d'avance:
Soupirs... amour... éternelle constance...
Voilà, voilà, comme ils sont tous!

ENSEMBLE.

HENRIETTE.

Aussi, loin de croire

Leur style flatteur,
Mon art fait ma gloire
Et mon seul bonheur!
Travail et folie,
Succès et gaîté,
Voilà de ma vie
La félicité!

MADAME BARNEK.

Hélas! loin de croire
Mon âge et mon cœur,
Une vaine gloire
Fait son seul bonheur!
Misère et folie,
Chansons et gaîté,
Voilà de sa vie
La félicité!

MADAME BARNEK, qui a parcouru un dernier billet.

Écoute, écoute cependant,
Voici quelqu'un de sage et de prudent!
« A vos pieds j'offre, mon enfant,
« Quarante mille écus de rente!
« A votre respectable tante
« Je prétends assurer un sort! »
C'est du vieux comte de Monfort!...

HENRIETTE, sans lui répondre, et reprenant sa chansonnette.

Il était un vieux bonhomme,
Aussi vieux que Barrabas,
Avec son habit vert-pomme
Et sa perruque à frimas...

MADAME BARNEK.

Quoi! cette lettre intéressante...

HENRIETTE.

Tra, la, la, la, la...

MADAME BARNEK.

Cette lettre si pressante...

HENRIETTE, la prenant, ainsi que les autres, et les jetant dans le fourneau.

Tenez! voilà ce que j'en fais:
Cela ne vaut pas un succès.

ENSEMBLE.

HENRIETTE.

Aussi, loin de croire
Leur style flatteur,

Mon art fait ma gloire
Et mon seul bonheur!
Travail et folie,
Succès et gaîté,
Voilà de ma vie
La félicité!

MADAME BARNEK.

Hélas! loin de croire
Mon âge et mon cœur,
Une vaine gloire
Fait son seul bonheur!
Misère et folie,
Chansons et gaîté,
Voilà de sa vie
La félicité!

MADAME BARNEK.

Avoir brûlé un pareil billet!... voilà les fruits de l'excellente éducation que je vous ai donnée.

HENRIETTE, souriant.

Que vous avez tout au plus continuée, ma tante... car sans la mort de ma bonne marraine, cette femme si noble, si distinguée, qui m'a élevée, je ne serais peut-être jamais entrée au théâtre... mais je me trouvai alors sans appui... sans fortune... vous m'avez recueillie!... (Lui tendant la main avec affection.) Et je ne l'oublierai jamais!...

MADAME BARNEK.

Ma nièce... vous m'attendrissez! mais qui vient là?

SCÈNE III.

Les précédents, CHARLOTTE.

HENRIETTE.

Ah! c'est Charlotte.

MADAME BARNEK.

La jolie chanteuse.

HENRIETTE.

Et ma meilleure amie.

MADAME BARNEK.

La plus mauvaise langue du foyer.

CHARLOTTE.

Bonjour, Henriette, bonjour, madame Barnek... Mon Dieu!

qu'elle est grande, cette maudite ville de Munich... je n'en puis plus!... avec ça que vous demeurez si haut, madame Barnek.

MADAME BARNEK.

Un étage de moins que vous, Mademoiselle, pas davantage.

CHARLOTTE.

Au fait, c'est possible, je ne compte pas avec mes amis! A propos, Henriette... j'avais à te parler.

HENRIETTE.

Sur quoi donc?

CHARLOTTE, de même.

A toi, à toi seule.

HENRIETTE.

Oh! ne te gêne pas avec ma tante, je lui dis tout.

CHARLOTTE.

Eh bien! ma chère, comme je suis ton amie, que toutes deux nous tenons à notre réputation, parce que la réputation avant tout! je venais te prévenir qu'il court des bruits sur ton compte.

HENRIETTE.

Et qu'est-ce qu'on peut dire?

CHARLOTTE.

Ah! d'abord on dit toujours, même quand il n'y a rien... à plus forte raison...

HENRIETTE.

Et qu'est-ce qu'il y a donc?

CHARLOTTE.

Ce qu'il y a!...

PREMIER COUPLET.

Il est, dit-on, un beau jeune homme
Qui, de très-près, lui fait la cour,
J'ignore comment on le nomme;
Mais pour elle il se meurt d'amour.
 Voilà ce qu'on dit,
 Ce que l'on dit, car...
Dans tous nos foyers on est si bavard;
 Chacun y médit
 Du matin au soir
Sur les amoureux que l'on peut avoir.
 Là, c'est un amant
 Que l'une vous donne;

ACTE I, SCÈNE III.

Là, c'est un amant
Que l'autre vous prend.
Leurs discours méchants n'épargnent personne,
Moi-même j'en suis victime souvent
Aussi, moi je hais
Les moindres caquets,
Et, je le promets,
Je n'en fais jamais.

DEUXIÈME COUPLET.

Absent sitôt qu'elle est absente,
Pour l'admirer il vient exprès.
Il l'applaudit quand elle chante,
Et lui jette après des bouquets...
Voilà ce qu'on dit,
Ce que l'on dit, car...
Dans tous nos foyers on est si bavard, etc., etc.

MADAME BARNEK.

Eh bien! quand ce serait vrai... c'est un homme qui aime la musique... un amateur désintéressé.

CHARLOTTE.

Désintéressé?... Hier encore, il a demandé l'adresse d'Henriette à la portière du théâtre.

MADAME BARNEK.

Cela prouve qu'il n'est jamais venu ici.

CHARLOTTE.

Mais qu'il veut y venir.

HENRIETTE.

Où est le mal?... c'est un ami... il m'applaudit toujours, et cela me fait plaisir.

CHARLOTTE.

Voilà comme on se compromet... car depuis hier il n'est question que de cela; d'où vient cet amateur?... quel est-il? moi, je n'en sais rien... je ne l'ai pas vu... sans cela, je l'aurais signalé... tant il y a, et je dois t'en prévenir, que ce pauvre Bénédict est furieux.

MADAME BARNEK.

Bénédict!

CHARLOTTE.

Notre jeune premier... notre ténor qui est amoureux d'elle.

MADAME BARNEK.

Amoureux!

HENRIETTE.

Tais-toi donc.

CHARLOTTE, à madame Barnek, sans écouter Henriette.

C'est de droit... le ténor est toujours amoureux de la première chanteuse... c'est de l'emploi... et celui-là le remplit en conscience... Il en perd le sommeil, il en perd l'esprit, il en perdrait la voix, s'il en avait jamais eu.

HENRIETTE.

Est-elle méchante!

CHARLOTTE.

Du tout... car je le plains... un gentil garçon, un bon camarade... que nous aimons toutes... et lui qui n'est pas bien avancé, toi qui n'as encore que deux mille florins d'appointements... c'était bien, c'était un mariage sortable... car maintenant dans les arts, on épouse toujours, tant il y a de mœurs... il n'y a même pas que là où l'on en trouve... Aussi, tout le monde approuvait Henriette... et voilà qu'elle va s'amouracher d'un inconnu...

HENRIETTE.

Moi!

CHARLOTTE.

Laisse-donc!

HENRIETTE.

Je te l'assure.

CHARLOTTE.

Mon Dieu! ma chère, c'est assez visible... je me connais en passion romanesque... moi-même, j'en ai inspiré une terrible.

HENRIETTE.

Vraiment?

CHARLOTTE.

Oui, un étranger de distinction, que j'ai rencontré quelquefois.

HENRIETTE.

Il t'a parlé?

CHARLOTTE.

Jamais... Et ma réputation! mais il me regardait avec des yeux... ah! ma chère, quels yeux! puis tout à coup, je ne l'ai plus revu... mon indifférence l'aura guéri de son amour... Il en est peut-être mort! Ainsi, tu vois, je suis franche, et tu ferais bien de l'être avec moi qui suis ta meilleure amie.

MADAME BARNEK.

Par exemple!

CHARLOTTE.

Oui, Madame, oui, je l'aime... quoiqu'elle ait du talent, parce qu'elle n'est ni méchante, ni intrigante comme les autres... et moi, tant qu'on ne m'enlève pas mes adorateurs ou mes rôles, je suis la bonté et la douceur en personne.

HENRIETTE, souriant.

C'est trop juste.

CHARLOTTE.

N'est-il pas vrai?... et, pour te le prouver... nous avons ce soir, entre amis, entre camarades, une petite fête, une réunion, qui ne peut avoir lieu sans toi... et je viens t'inviter.

HENRIETTE.

Ça ne se peut pas... nous donnons une pièce nouvelle.

CHARLOTTE.

N'est-ce que cela? j'ai fait dire à Bénédict d'être enrhumé... il me l'a promis.., il est si bon enfant! de sorte qu'il y a relâche... et rien ne nous empêchera de nous amuser.

HENRIETTE.

C'est très-mal.

CHARLOTTE.

Tiens! ce scrupule!

MADAME BARNEK, écoutant au fond.

Silence! Mesdemoiselles... j'entends une voiture... c'est celle de notre directeur, M. Fortunatus, pour le renouvellement de l'engagement d'Henriette.

CHARLOTTE, à Henriette.

Ah! tu renouvelles?... à de belles conditions au moins?

HENRIETTE.

Je n'en sais rien... je ne me mêle jamais de ça.

MADAME BARNEK, à Charlotte.

C'est moi que ça regarde, Mademoiselle; les engagements sont de la compétence des grands parents... quant aux conditions, ça sera magnifique, surtout après notre succès d'hier au soir.

CHARLOTTE, riant.

Ah! oui, les couronnes!... je les avais vu faire le matin.

MADAME BARNEK, piquée.

Ça prouve qu'on ne doutait pas du succès du soir.

CHARLOTTE.

Comment donc? la veille d'un engagement, est-ce qu'on doute jamais de ça? A propos, madame Barnek, dites-donc à votre petit cousin de ne pas redemander Henriette si fort... on n'entendait que lui hier au soir au parterre.

MADAME BARNEK.

Mademoiselle, mon cousin fait ce qu'il veut... je ne m'en mêle pas. (Allant écouter à la fenêtre.) Voici notre directeur, laissez-nous, Mesdemoiselles, laissez-nous.

HENRIETTE.

A la bonne heure... je vais m'occuper de mon costume.

CHARLOTTE.

Je t'y aiderai... tout en causant du bel inconnu, sans oublier ce pauvre Bénédict. (Elles entrent dans la chambre à droite, sur la ritournelle de l'air suivant.)

MADAME BARNEK.

Voilà M. le directeur... Eh bien! ce réchaud qu'elles ont oublié... de quoi ça a-t-il l'air ici!... comme c'est rangé!... ah! et notre engagement? qu'est-ce que j'en ai fait?... il doit être là-dedans, courons le chercher. (Elle sort en emportant le réchaud.)

SCÈNE IV.

FORTUNATUS, entrant.

FORTUNATUS.

AIR.

Che gusto! que mon destin est beau!
  Oun director comme moi
Est un sultan, est un petit roi
  Qui soumet tout à sa loi.
  Bravo! son contento!
    Richesse, honor,
    Voilà le sort
D'un adroit director.
Plus d'un seigneur, plus d'une altesse,
En cachette chez moi viendra
Afin de placer sa maitresse
Dans les nymphes de l'Opéra.
Tel ambassadeur m'est propice,
Tel autre me prône toujours,
Afin d'avoir dans la coulisse
Accès auprès de ses amours.

Là, c'est une mère, une tante,
Humble, qui vient se prosterner.
Et là, c'est un vrai dilettante
Qui vient m'inviter à dîner.
Pour débuter, beauté novice
Vient chez moi ; quels doux attributs!
C'est toujours à mon bénéfice
Que se font les premiers débuts.
Che gusto! que mon destin est beau!
    Oun director, etc., etc.
Il n'est point de chance fâcheuse!
Pour les habiles directors.
Signor, la première chanteuse,
A sa migraine et ses vapors ;
Vite j'achète un cachemire,
Ou d'un diamant je fais choix ;
Aussitôt la migraine expire,
Armide a retrouvé sa voix.
Chaque matin, chez moi j'ordonne
Les bravos, les vers et les bis,
Et même jusqu'à la couronne
Qui doit tomber du paradis.
J'entoure de mes soins fidèles
    Les amateurs influents,
    Toutes mes pièces sont belles,
Tous mes acteurs sont excellents.

Che gusto! que mon destin est beau! etc.

SCÈNE V.

MADAME BARNEK, FORTUNATUS.

MADAME BARNEK, entrant après l'air.

Pardon, Monsieur, de vous avoir fait attendre si longtemps, je ne pouvais pas trouver cet engagement. (A part.) Il était dans mon carton à bonnets.

FORTUNATUS, à madame Barnek.

Bonjour m'a zère madame Barnek... comment va votre charmante nièce ?...

MADAME BARNEK.

Très-bien, monsieur Fortunatus, nous sommes même très en voix ce matin.

FORTUNATUS.

Tant mieux!.. car nous zouons ce soir notre opéra nouveau, le Sultan Mizapouf!... si Dieu et les rhumes de cerveau le permettent!

MADAME BARNEK.

Vous donnez donc tous les jours des nouveautés?

FORTUNATUS.

Il le faut bien, nous ne sommes point ici à Munich comme à Paris, où le public italien il est touzours content et crie brava avant que la toile se lève; mais ici... les Allemands sont étonnants... ils n'aiment pas qu'on se moque d'eux! et si ze ne leur donnais pas ce soir le Sultan Mizapouf, qu'ils attendent depuis un mois... ils me zetteraient les contrebasses à la tête.

MADAME BARNEK.

Mais cela pourra bien vous arriver... car on dit que Bénédict ne peut pas parler.

FORTUNATUS.

Bah! le zèle, il n'est zamais enrhoumé. Ze viens de le voir, ce zer ami, il était chez loui... à dézeuner avec des côtelettes et une bouteille de bordeaux... Z'ai zeté la bouteille par la fenêtre et ze loui ai fait prendre devant moi deux verres de tisane.

MADAME BARNEK, riant, à part.

Pauvre garçon, lui qui se porte à merveille!

FORTUNATUS.

Il m'a même promis de venir ici répéter son duo avec votre zère nièce, mia diva, mia carissima prima donna.

MADAME BARNEK.

Certainement, ma nièce est tout ça, comme vous dites... elle est même déjà très-*célèbra!* mais voilà son engagement qui expire... heureusement pour nous... Deux mille florins!... et nous déclarons que nous en voulons huit mille... ou nous allons chanter ailleurs...

FORTUNATUS.

Cette bonne madame Barnek, elle a la tête vive... elle veut me quitter... moi, son ancien ami... car ze souis un ancien ami... vi l'avez oublié, ingrate que vous êtes!...

MADAME BARNEK.

Il ne s'agit pas de ça, mais de l'engagement de ma nièce; il nous faut huit mille florins.

FORTUNATUS, avec terreur.

Huit mille florins!... allons, allons, ma zère amie, pas d'exagération... il ne s'agit pas ici de folie... ce sont des affaires qu'il faut traiter de sang-froid et avec raison...

MADAME BARNEK.

Eh bien! Monsieur, huit mille florins, c'est raisonnable.

FORTUNATUS.

Mais sonzez donc qu'elle ne savait pas chanter quand ze l'ai engagée!... c'est moi qui loui ai fait acquérir son talent... à ce compte-là, c'est elle qui me devrait quelque chose... mais ze souis généreux!... ze ne réclame rien.

MADAME BARNEK.

Huit mille florins!... c'est notre dernier mot, ou nous ne chantons pas ce soir!

FORTUNATUS.

Allons, allons, ne nous fâchons pas... ze me résigne. (A part.) Elle est insupportable!... on devrait bien, dans les arts, supprimer les mères... et les tantes!

SCÈNE VI.

FORTUNATUS, à la table, écrivant; BÉNÉDICT, paraissant à la porte du fond, tenant dans ses bras une corbeille de fleurs; à droite, MADAME BARNEK.

BÉNÉDICT.

Me voilà!

MADAME BARNEK.

C'est Bénédict.

FORTUNATUS.

Il est de parole!

BÉNÉDICT.

Moi-même... avec un jardin tout entier; c'est là, j'espère, un joli cadeau.

MADAME BARNEK.

Qui vient de vous?...

BÉNÉDICT.

Non pas!... c'était à votre adresse chez la portière... je lui ai proposé de vous le monter... et cela vient sans doute de notre galant directeur...

FORTUNATUS.

Moi! du tout!... c'est de quelque adorateur de la belle Henriette...

MADAME BARNEK, avec indignation.

Un adorateur !...

BÉNÉDICT, posant la corbeille sur la table où écrit Fortunatus.

Et moi qui l'ai apportée !.. qui l'ai montée dans mes bras pendant quatre étages !

MADAME BARNEK, de même.

Un adorateur !... je voudrais bien voir cela.

FORTUNATUS.

Perdié !... il ne tient qu'à vous... car ze vois une lettre parmi les roses.

BÉNÉDICT, avec colère, et voulant la prendre.

Une lettre !...

MADAME BARNEK, le retenant.

Cela me regarde... à chacun ses attributions.

BÉNÉDICT, regardant le billet qu'elle ouvre.

Un billet doux !... et c'est moi qui en étais le facteur.

FORTUNATUS, continuant à écrire.

Il est touzours bon enfant.

MADAME BARNEK, lisant avec peine.

« J'ai vu, Madame, votre charmante nièce... »

BÉNÉDICT.

Quelle trahison !

MADAME BARNEK, lisant.

« Et, chargé par le directeur de Londres de lui offrir la
« valeur de quarante mille florins d'appointements... »

FORTUNATUS, qui écoute.

Eh bien !

MADAME BARNEK, continuant à lire.

« Je vous demande la permission de me présenter aujour-
« d'hui chez vous, sur les trois heures, pour terminer cette
« affaire... » Est-il possible !... Signé : « Sir Blake. »

FORTUNATUS, se levant et lui présentant un papier à signer.

Z'ai fait tout ce que vi voulez... et vi n'avez plus qu'à signer.

MADAME BARNEK, avec dédain.

Comment, mon cher, un engagement de huit mille florins !

FORTUNATUS.

Et de plus... j'y joindrai pour vous tous les jours deux amphithéâtres des troisièmes ; il faut bien s'immoler, perché c'était votre dernier mot.

MADAME BARNEK.

Ce ne l'est plus maintenant... Il m'en faut quarante... on me les offre... voyez plutôt.

FORTUNATUS, avec embarras.

On vi les offre... en Angleterre... où tout est hors de prix !... mais ici à Munich.

BÉNÉDICT, à Fortunatus.

Vous laisseriez partir Henriette !... mais c'est l'idole du public... c'est elle qui fait la fortune de votre théâtre...

FORTUNATUS.

Eh ! che diavolo, laissez-moi respirer.

BÉNÉDICT.

Non, morbleu !... vous signerez !

FORTUNATUS.

Eh ! vous y mettez oune chaleur que vous allez vi érailler la voix et me faire manquer ma représentation de ce soir !

BÉNÉDICT.

C'est ce qui arrivera, si vous ne signez pas !... je m'enroue par désespoir.

FORTUNATUS, avec fureur.

Ma ze zouis donc dans oune enfer ! c'est donc oune conzuration zénérale contre ma caisse ?...

MADAME BARNEK, à Fortunatus.

Monsieur, votre servante...

FORTUNATUS, à madame Barnek qui veut sortir.

Eh bien ! elle s'en va... Ze vous demande au moins le temps de réfléchir avant de signer ma rouine.

MADAME BARNEK.

Je vais chez M. Bloum, notre homme d'affaires, et dans deux heures je vous attends ici ! (Elle sort.)

FORTUNATUS.

O vecchia maladetta !... zi zamais tu t'engazes pour zouer les douègnes... ze serai sans pitié à mon tour... ze vais voir... examiner... et s'il faut en finir rondement... tâcher encore de marchander. (A Bénédict.) Vous, mon zer ami, ze vous laisse... répétez touzours votre duo... songez à moi... et... surtout à notre recette de ce soir... ce zera touzours cela de sauvé. (Il sort.)

SCÈNE VII.

BÉNÉDICT, puis HENRIETTE.

BÉNÉDICT.

Il a beau dire, nous ne la laisserons pas partir... Je mettrais plutôt le feu au théâtre... Je suis mauvaise tête, moi !... sans que ça paraisse ! ah ! c'est elle.

HENRIETTE.

Vous voilà, monsieur Bénédict, vous venez pour notre duo?

BÉNÉDICT.

Oui, Mademoiselle.

HENRIETTE.

Je vais appeler Charlotte qui est là... elle attache quelques pierreries à mon costume !

BÉNÉDICT.

C'est inutile... nous n'avons pas besoin d'une troisième personne, puisque c'est un duo.

HENRIETTE.

C'est égal... elle nous donnera des conseils. (Poussant un cri.) Ah ! la jolie corbeille ! savez-vous d'où elle vient?

BÉNÉDICT, timidement.

C'est moi qui l'ai apportée.

HENRIETTE.

Elle est charmante, Bénédict, et je vous en remercie.

BÉNÉDICT.

Il n'y a pas de quoi... au reste, c'est à qui cherchera à vous plaire... tout le monde vous admire, tout le monde est à vos pieds ! et vous en êtes ravie !

HENRIETTE.

C'est vrai !... je ne croyais pas que les succès, les hommages, cela dût faire autant de plaisir !... C'est une si douce vie que celle d'artiste... une vie d'émotions auprès de laquelle toute autre existence doit paraître si triste et si monotone...

BÉNÉDICT.

Oui, ça serait bien... s'il n'y avait que les couronnes et les bravos qu'on vous prodigue... mais ça ne s'arrête pas là..

HENRIETTE.

Que voulez-vous dire?

ACTE I, SCÈNE VII.

BÉNÉDICT.

Ce jeune homme dont on parlait hier au foyer... l'avez-vous remarqué?

HENRIETTE.

Oui.

BÉNÉDICT, tristement.

Je m'en doutais... c'est un milord... un grand seigneur.

HENRIETTE, gaiement.

Je l'ignore... je ne me suis jamais fait ces demandes-là.

BÉNÉDICT.

Et pourtant vous pensez à lui?

HENRIETTE.

Quelquefois.

BÉNÉDICT.

Sans le connaître...

HENRIETTE.

Écoutez, Bénédict... à vous qui êtes mon ami... je dirai franchement ce que j'éprouve... malgré moi, le soir, je le cherche des yeux... et quand je ne le vois pas, la salle me semble vide.

BÉNÉDICT.

C'est que vous l'aimez.

HENRIETTE.

Non... mais c'est que quand il est là, au balcon, il me semble que je chante mieux... et puis, un applaudissement de lui me fait plus de plaisir que tous ceux de la salle entière.

BÉNÉDICT.

Ah! c'est de l'amour.

HENRIETTE.

Eh bien! je crois que vous vous trompez... **je n'ai d'amour ni pour lui...**

BÉNÉDICT, avec joie.

Tant mieux!

HENRIETTE.

Ni pour personne.

BÉNÉDICT, tristement.

Tant pis.

HENRIETTE, gaiement.

Je n'aime que le théâtre, je n'aime que la musique, le bonheur et les applaudissements qu'elle procure... et pour cela, Monsieur, (Souriant.) il faut penser pour ce soir à notre duo, que vous oubliez.

BÉNÉDICT.

Vous croyez?...

HENRIETTE.

Certainement... vous n'êtes venu ici que pour cela.

BÉNÉDICT.

C'est juste... c'est que je ne suis plus en train de chanter.

DUO.

HENRIETTE.

Et pourquoi donc?... c'est la musique
Qui vous rendra votre enjouement.

BÉNÉDICT, montrant son papier.

Joliment!... un rôle tragique.

HENRIETTE.

Tant mieux! c'est bien plus amusant.
Je suis la malheureuse esclave
Que veut épouser le sultan,
Et vous, officier jeune et brave,
Et vous, vous êtes mon amant!

BÉNÉDICT, vivement.

Ah! c'est bien vrai!

HENRIETTE, souriant.

Dans le duo...
Allons, commençons le morceau.

(Prenant son cahier de musique.)

« Tous deux réduits à l'esclavage,
« Le sort a trahi nos amours.
« Du soudan la jalouse rage
« Veut nous séparer pour toujours. »

BÉNÉDICT, l'écoutant chanter avec admiration.

Ah! que c'est bien!...

HENRIETTE.

A vous, Monsieur!

BÉNÉDICT, prenant son cahier.

« Quels destins sont les nôtres!

HENRIETTE, de même.

« Je le jure ici par l'amour. »

BÉNÉDICT, l'écoutant.

Ah! bravo!

HENRIETTE, de même.

« Je ne serai jamais à d'autres! »

ACTE I, SCÈNE VII.

BÉNÉDICT, vivement, et s'approchant d'elle.
Vous ne serez jamais à d'autres !
HENRIETTE, souriant.
Mais, Monsieur !
(Montrant le papier.)
Que dites-vous là ?
Cela n'est pas dans l'opéra !
BÉNÉDICT, revenant à lui.
C'est juste !... où donc ai-je la tête ?
HENRIETTE.
Allons, allons, lisons la stettte.
(Tous deux prennent leur cahier et chantent sur un mouvement animé.)
ENSEMBLE.
HENRIETTE.
« Tyran farouche,
« Quand ton œil louche
« S'adresse à moi,
« La mort cruelle,
« Qu'en vain j'appelle,
« Est bien plus belle
« Encor que toi.
« Monstre terrible !!!
« Monstre d'horreur !!!
« Ta vue horrible
« Glace mon cœur !!!
BÉNÉDICT, chantant à la fois et parlant à part.
(Chantant.)
« O sort funeste !
« O fier sultan,
« Je te déteste
« Comme un tyran !
« Ta vue horrible
« Glace mon cœur,
« Monstre terrible !!!
« Monstre d'horreur !!! »
(Regardant Henriette.)
Grâce nouvelle
Orne ses traits ;
Oh ! qu'elle est belle !
Qu'elle a d'attraits !
HENRIETTE.
Mais, mon Dieu ! que dites-vous là ?

Tout ça n'est pas dans l'opéra!
BÉNÉDICT.
C'est que je regardais, hélas!
HENRIETTE.
Chantez, Monsieur, et ne regardez pas!
(Regardant le papier.)
« Eh bien! que la mort nous rassemble!
BÉNÉDICT, de même.
« Que la mort nous rassemble!
HENRIETTE.
« Fuyons ainsi le déshonneur,
« Et si ma main hésite et tremble,
« Que la tienne perce mon cœur! »
BÉNÉDICT, l'écoutant avec transport, et battant des mains.
Brava! brava! comme on applaudira!
HENRIETTE, souriant.
Si vous applaudissez, Monsieur, qui me tuera?
BÉNÉDICT.
Pardon... pardon, c'est vrai, je suis là pour cela!

ENSEMBLE.

HENRIETTE.
« Ô sort funeste!
« O fier sultan,
« Je te déteste
« Comme un tyran!
« Ta vue horrible
« Glace mon cœur,
« Monstre terrible!!!
« Monstre d'horreur!!! »
BÉNÉDICT, à part.
Ô bonheur même
Qui me ravit,
Hélas! je l'aime,
J'en perds l'esprit!
Grâce nouvelle
Orne ses traits,
Oh! qu'elle est belle!
Qu'elle a d'attraits!
BÉNÉDICT, levant le poing.
« Frappons! frappons!... »
HENRIETTE, voyant qu'il reste le bras levé.
Qui peut arrêter votre bras?

ACTE I, SCÈNE VII.

Tuez-moi donc! et surtout en mesure!
BÉNÉDICT.
« Frappons... »
(S'arrêtant.)
Eh bien! je ne peux pas,
C'est plus fort que moi, je le jure!
HENRIETTE.
Mais c'est pourtant dans l'opéra.
BÉNÉDICT, lui montrant le papier.
C'est vrai!... mais aussi je vois là
Qu'entre ses bras d'abord elle se jette.
HENRIETTE.
A quoi bon?...
BÉNÉDICT.
Dam! quand on répète,
Il faut bien répéter.
HENRIETTE.
On peut passer cela!
BÉNÉDICT, lui montrant le papier.
Ah! c'est pourtant dans l'opéra!
HENRIETTE, se jetant dans ses bras.
« Eh bien! donc, cher Oscar!
BÉNÉDICT.
« O ma chère Amanda!
ENSEMBLE.
BÉNÉDICT.
« Mon cœur bat et palpite;
« Le trouble qui m'agite
« Me ravit à la fois
« Et la force et la voix. »
Ah! ce que je sens là
Est-il dans l'opéra?
« Délire qui m'entraîne,
« Mon cœur y résiste à peine,
« Et, quand la mort est prochaine,
« Pourrais-tu refuser
« Un baiser, un seul baiser?
HENRIETTE.
« Son cœur bat et palpite;
« Le trouble qui l'agite
« Lui ravit à la fois
« Et la force et la voix. »

(Se dégageant de ses bras.)

Prenez garde... cela
N'est pas dans l'opéra.

(Voulant s'éloigner.)

Monsieur !...

BÉNÉDICT, la retenant.

C'est dans l'opéra!

ENSEMBLE.

BÉNÉDICT ET HENRIETTE.

« Mon } cœur bat et palpite,
« Son }
« Le trouble, etc., etc. »

(A la fin de cet ensemble, Bénédict embrasse Henriette et tombe à ses genoux.)

SCÈNE VIII.

LES PRÉCÉDENTS, LE DUC, entrant par la porte du fond avec MADAME BARNEK.

MADAME BARNEK, au duc.

Oui, Monsieur, c'est ici... (Apercevant Bénédict aux pieds d'Henriette.) Ah! mon Dieu!... qu'est-ce que je vois?

LE DUC, s'avançant.

Mademoiselle Henriette?

HENRIETTE, à part, en l'apercevant.

C'est lui!... (Haut.) Nous étions à répéter notre duo de l'opéra nouveau.

MADAME BARNEK.

Oui, Monsieur, le Sultan Misapouf, que nous donnons aujourd'hui.

BÉNÉDICT.

Nous en étions à la scène du désespoir.

LE DUC, riant.

La situation ne m'a cependant pas semblé des plus désespérées... (A Henriette.) et cet amant à vos genoux...

HENRIETTE, vivement.

C'est dans la scène.

LE DUC.

Et ce baiser?

BÉNÉDICT.

C'est dans la scène.

MADAME BARNEK.

Certainement, Monsieur, c'est dans la scène; nous ne nous permettons jamais de rien ajouter à nos rôles... nous ne sommes pas comme tant d'autres; la scène avant tout.

HENRIETTE.

Et celle-ci n'a même pas été trop bien.

BÉNÉDICT, vivement.

Nous pouvons la recommencer.

MADAME BARNEK.

Pas dans ce moment... j'ai rencontré, au troisième, Monsieur qui s'était trompé d'étage, et qui demandait mademoiselle Henriette.

LE DUC.

Ou plutôt madame Barnek.

MADAME BARNEK.

C'est la même chose, et puisque vous venez, dites-vous, pour affaire...

LE DUC.

Oh! une affaire bien importante... pour moi du moins... Vous avez reçu ce matin une lettre où l'on propose à votre charmante nièce un engagement de quarante mille florins pour Londres?

HENRIETTE, vivement et avec étonnement.

Quarante mille florins!

MADAME BARNEK.

Oui, ma nièce, c'est à moi que vous devez ce bonheur-là.

BÉNÉDICT, s'efforçant de sourire.

Certainement... c'est heureux... (A part.) Maudit homme! de quoi se mêle-t-il?

LE DUC.

J'ai vu chaque soir mademoiselle Henriette au théâtre... je lui ai même parlé... quelquefois...

MADAME BARNEK.

Ah! tu connais Monsieur?

HENRIETTE.

Oui, ma tante.

BÉNÉDICT.

Vous lui avez parlé?

HENRIETTE.

Le matin, en allant à la répétition.

BÉNÉDICT, avec colère.

Il n'y a rien d'ennuyeux comme les répétitions.

LE DUC, souriant.

Vous ne disiez pas cela tout à l'heure. (Haut.) Mademoiselle était seule...

MADAME BARNEK.

Comment, seule?

HENRIETTE, vivement, à madame Barnek.

C'est pendant la semaine qu'a duré votre indisposition.

LE DUC.

Et un jour, j'ai été assez heureux pour la défendre, la protéger contre des indiscrets qui voulaient la suivre... j'ai osé lui offrir mon bras...

HENRIETTE, vivement.

Avec un empressement... une bonté...

BÉNÉDICT, à part.

Le grand mérite!

MADAME BARNEK.

Ah! c'est ainsi que vous vous êtes connus?

LE DUC.

Oui, Madame... et cette heureuse rencontre m'a enhardi à vous écrire ce matin... au nom du directeur de Londres... dont je suis le correspondant.

MADAME BARNEK.

Quoi! cette lettre... signée sir Blake?

BÉNÉDICT.

Sir Blake?

LE DUC.

C'est moi-même.

BÉNÉDICT.

Cet inspecteur anglais... cet agent des théâtres?...

LE DUC, froidement.

Oui, Monsieur...

BÉNÉDICT.

Elle est bonne, celle-là!... moi qui ai vu avant-hier monsieur Blake.

LE DUC, à part.

O ciel!

BÉNÉDICT.

A telle enseigne qu'il est venu me proposer, pour l'année

prochaine, un engagement de trois cents livres sterling... avec des feux...

MADAME BARNEK ET HENRIETTE.

Eh bien! qu'est-ce que ça prouve?

BÉNÉDICT.

Ça prouve que ce n'est pas Monsieur.

MADAME BARNEK ET HENRIETTE.

Est-il possible?

BÉNÉDICT, avec chaleur.

Qu'il est venu ici sous un faux nom... sous un prétexte... pour parler d'affaires de théâtre et pour vous séduire... non, nous... je veux dire séduire mademoiselle Henriette... et la preuve... demandez-lui ce qu'il a à répondre.

MADAME BARNEK.

Oui, Monsieur, que répondrez-vous?

LE DUC, froidement.

Rien du tout, Madame; et Monsieur m'a rendu un grand service, en dévoilant lui-même une ruse que j'allais vous avouer.

MADAME BARNEK.

Quoi! vous n'êtes pas sir Blake?

LE DUC.

Non, Madame.

HENRIETTE, à part.

Il nous trompait!

MADAME BARNEK.

Vous n'êtes point chargé de m'offrir quarante mille florins?

LE DUC.

Non, Madame.

MADAME BARNEK, à part.

Et moi qui ai refusé les huit mille de M. Fortunatus... s'il allait revenir en ce moment... (Haut.) Et de quel droit, Monsieur?...

BÉNÉDICT.

Oui, Monsieur, de quel droit?

LE DUC.

Quant à vous, Monsieur, cela ne vous regarde pas, c'est à Mademoiselle que je veux avouer toute la vérité... Oui, Henriette, vous le savez... m'enivrant tous les soirs du plaisir de vous admirer...

BÉNÉDICT.

Quoi! cet habitué du balcon?...

HENRIETTE, avec émotion.

C'était lui!

LE DUC.

Vous ne pouvez comprendre quel charme vous fascine et vous séduit à jouir du triomphe de ce qu'on aime, à entendre ceux qui vous entourent partager votre admiration, que leurs transports rendent encore plus vive... Loin d'en être jaloux, on en est fier... et dès ce moment j'ai juré que vous seriez à moi, que vous partageriez mon sort.

BÉNÉDICT, avec colère.

Monsieur!

LE DUC, avec chaleur.

Pour y parvenir, il n'est point de sacrifices dont je ne sois capable... et quand je devrais vous offrir tout ce que je possède...

MADAME BARNEK.

Monsieur, nous ne recevons rien que de la main d'un époux.

HENRIETTE, d'un ton de reproche.

Ah! ma tante... Monsieur ne peut avoir d'autres intentions.

LE DUC, troublé.

Qui, moi?... non, certainement... et croyez que les motifs les plus nobles, les plus purs...

MADAME BARNEK.

Alors, Monsieur, qui êtes-vous?

LE DUC, avec embarras.

Un ami des arts... un artiste... enthousiaste, comme vous de la musique... un jeune compositeur peu connu encore.

BÉNÉDICT.

Il n'a rien fait.

HENRIETTE.

Qu'importe? avec du courage et du talent... on parvient toujours.

BÉNÉDICT.

Quand je vous disais que vous l'aimiez!

HENRIETTE.

Pourquoi pas? je puis l'avouer en ce moment, puisqu'il n'a rien... puisqu'il est artiste comme nous...

SCÈNE IX.

Les précédents; CHARLOTTE, sortant de la chambre à gauche.

QUINTETTE.

CHARLOTTE, apercevant le duc.

Grand Dieu! que vois-je?
(A madame Barnek et à Henriette.)
Et pour vous quel honneur!
(Faisant au duc une révérence gracieuse.)
Vous, dans ces lieux!... vous, Monseigneur!

MADAME BARNEK, HENRIETTE ET BÉNÉDICT.

Monseigneur!... que dit-elle?...

LE DUC, à part.

O fâcheuse rencontre!

HENRIETTE, à Charlotte.

Tu te trompes!

CHARLOTTE.

Non pas; l'aimable conquérant,
Pour les belles toujours sa tendresse se montre;
Il m'avait fait la cour...

HENRIETTE.

O ciel!

CHARLOTTE, riant.

Pour un instant...
Moi, je ne donne pas dans la diplomatie.

BÉNÉDICT.

Qui? lui?... c'est un compositeur...

HENRIETTE.

Un artiste!

CHARLOTTE, riant.

Tu crois?...
(Riant.)
Mais c'est l'ambassadeur
De Prusse.

TOUS.

O ciel!...

CHARLOTTE, de même.

Eh! oui, ma chère amie.

LE DUC, voulant s'approcher d'Henriette.

Écoutez-moi!

HENRIETTE, s'éloignant de lui avec mépris.

Pour vous 'en rougis, Monseigneur!

ENSEMBLE.

HENRIETTE, à part.

Ah! c'en est fait, sa perfidie
Change mon cœur, et sans retour
Il vient de perdre pour la vie
Et mon estime et mon amour!

LE DUC, à part.

La pauvre enfant! de perfidie
Elle m'accuse dans ce jour!
Je sens ici que pour la vie
Son cœur obtient tout mon amour!

CHARLOTTE.

Oui, c'est charmant! la perfidie
De Monseigneur va, dans ce jour,
Contre une chanteuse jolie
Voir échouer tout son amour!

BÉNÉDICT.

Que je bénis sa perfidie!
Sans elle, hélas! et sans retour,
Celle que j'aime pour la vie
Pouvait lui donner son amour!

MADAME BARNEK.

Ces grands seigneurs, leur perfidie
Tient toujours prêt quelque bon tour!
Mais je serai, nièce chérie,
Ton égide contre l'amour.

LE DUC, à Henriette.

Pardonnez-moi cette innocente ruse,
Pour pénétrer dans ce séjour.
Ma faute n'est que de l'amour,
Et vos charmes sont mon excuse.

HENRIETTE.

PREMIER COUPLET.

Le ciel nous a placés dans des rangs,
Hélas! différents.
Vous avez pour vous gloire et grandeur...
Moi je n'ai que mon cœur,
Et pour défendre ce cœur
D'un dangereux séducteur...
Adieu vous dis, Monseigneur,
Monseigneur l'ambassadeur.

ACTE I, SCÈNE IX.

DEUXIÈME COUPLET.

Jugez donc ce que je deviendrais,
Si je vous aimais!
Peut-être, hélas! j'en étais bien près,
Pour vous quels regrets!
Mais grâce à leurs soins prudents...
Puisqu'il en est encor temps,
Adieu vous dis, Monseigneur,
Monseigneur l'ambassadeur.

LE DUC, à Henriette.

Je ne vous verrai plus! pour moi quelle douleur!

HENRIETTE, avec effort.

De votre loge, Monseigneur,
Vous pourrez chaque soir éprouver ce bonheur!

ENSEMBLE.

HENRIETTE.

Ah! c'en est fait, sa perfidie
Change mon cœur, et sans retour
Il vient de perdre pour la vie
Et mon estime et mon amour.

LE DUC.

La pauvre enfant! de perfidie
Elle m'accuse dans ce jour!
Je sens ici que pour la vie
Son cœur obtient tout mon amour.

CHARLOTTE.

Oui, c'est charmant! la perfidie
De Monseigneur va, dans ce jour,
Contre une chanteuse jolie
Voir échouer tout son amour!

BÉNÉDICT.

Que je bénis sa perfidie!
Sans elle, hélas! et sans retour,
Celle que j'aime pour la vie
Pouvait lui donner son amour!

MADAME BARNEK.

Ces grands seigneurs, leur perfidie
Tient toujours prêt quelque bon tour;
Mais je serai, nièce chérie,
Ton égide contre l'amour.

(Le duc sort, reconduit par Charlotte qui lui fait force révérences en se moquant de lui.)

SCÈNE X.

Les précédents, excepté LE DUC.

BÉNÉDICT.

Vous le renvoyez... vous le congédiez... ah! que c'est bien à vous!

HENRIETTE, avec douleur.

Un duc, un ambassadeur... qui se serait attendu à cela?

CHARLOTTE.

Ils n'en font jamais d'autres, ma chère; fais comme moi... ne t'y fie pas.

MADAME BARNEK, avec un soupir.

Ah! c'est dommage pourtant.

HENRIETTE, sévèrement.

Quoi donc?

MADAME BARNEK.

Que les principes soient là!... mais il le faut!... moi, j'ai toujours été la victime des principes...

BÉNÉDICT.

Pourvu que vous n'ayez pas de regrets?

HENRIETTE, essuyant une larme.

Moi!... aucuns! (Prenant la main de Bénédict et de Charlotte.) L'amitié est là qui me consolera.

BÉNÉDICT.

Oui, oui, l'amitié, vous avez raison...

MADAME BARNEK.

Et M. Fortunatus... et cet engagement... moi qui ai refusé des conditions superbes!

BÉNÉDICT.

Il les offrira toujours.

MADAME BARNEK.

Eh! non, vraiment... s'il apprend qu'il n'y a plus concurrence.

HENRIETTE, avec impatience.

Eh bien! qu'importe?

MADAME BARNEK.

Ce qu'il importe?... tout nous manque à la fois!

BÉNÉDICT.

Je cours chez notre directeur... et s'il ne vous engage pas... je ne joue pas ce soir, ni de toute la semaine!

ACTE I, SCÈNE X.

CHARLOTTE.

Et moi, je suis malade pour trois mois !

HENRIETTE, attendrie.

Mes amis... mes chers amis!...

MADAME BARNEK.

Qui vient là ? est-ce lui ? non, un valet.

CHARLOTTE.

La livrée de l'ambassadeur.

UN VALET, entrant.

Avant de remonter en voiture, Monseigneur a écrit en bas ce billet pour madame de Barnek.

TOUS.

De Barnek.

MADAME BARNEK.

Je déclare d'avance que mes principes me défendent de rien entendre.

CHARLOTTE.

Comment donc! mais on peut toujours lire.... quand on peut...

MADAME BARNEK.

Si vous le pensez... (Elle ouvre le billet qu'elle lit, et pousse une exclamation de surprise.) O mon Dieu! ô mon Dieu! ce n'est pas possible! (Le valet sort.)

TOUS.

Qu'est ce donc ?

MADAME BARNEK, à Charlotte et à Bénédict d'un ton de protection.

Laissez-nous, mes amis, laissez-nous.

CHARLOTTE.

Expliquez-nous au moins...

MADAME BARNEK, avec dignité.

Je vous prie, mademoiselle Charlotte, de me laisser.

CHARLOTTE.

Eh bien! on vous laissera, et je n'y comprends rien!

BÉNÉDICT, à Charlotte.

Eh! oui... allons chez Fortunatus, pour cet engagement.

MADAME BARNEK, vivement.

Gardez-vous-en bien!... n'allez pas nous compromettre à ce point.

CHARLOTTE.

Quoi! ces vingt mille florins ?

MADAME BARNEK, d'un air de dédain.

Quand il en donnerait quarante, croyez-vous que je voudrais pour une pareille somme...

CHARLOTTE.

Qu'est-ce qui lui prend donc?

HENRIETTE.

Mais, ma tante... ce qu'on vous écrit là...

MADAME BARNEK, avec fierté.

C'est un secret qui me regarde personnellement.

BÉNÉDICT, riant.

Vous?

MADAME BARNEK.

Moi-même.

BÉNÉDICT, de même.

Ça me rassure.

CHARLOTTE, de même.

Une note diplomatique...

MADAME BARNEK.

Comme vous dites!.. et je désire être seule pour y répondre.

CHARLOTTE, à part.

Elle ne sait pas écrire. (Haut.) On s'en va... on s'en va... on ne demande pas à savoir... (Bas, à Henriette.) Tu nous diras ce que c'est.

BÉNÉDICT, bas, à Henriette.

Prenez bien garde, au moins...

HENRIETTE.

Soyez tranquilles, mes amis, rien ne me fera changer. (Bénédict et Charlotte sortent.)

SCÈNE XI.

HENRIETTE, MADAME BARNEK.

HENRIETTE.

Ah çà! ma tante, qu'est-ce que ça signifie? ce mystère avec nos amis, et puis cet air rayonnant que je vous vois.

MADAME BARNEK, avec transport.

Je n'y tiens plus... j'étouffe de joie et de bonheur... ma chère nièce, ma chère enfant... embrasse-moi. Je te disais bien qu'avec de l'ordre... de la conduite et une bonne tante... Mon châle, mon chapeau...

HENRIETTE.

Qu'avez-vous donc?

MADAME BARNEK.

Je reviens, ma chère amie... je reviens dans l'instant... j'ai toujours eu l'idée que ça ne pouvait pas nous manquer, et que je finirais par être quelque chose.

HENRIETTE, avec impatience.

Mais quoi donc?

MADAME BARNEK.

Tiens, tiens... lis... lis cette lettre... quel bruit ça ferait... si on ne nous demandait pas le secret!.... Embrasse-moi encore... car j'en mourrai de joie, et eux tous de dépit. (Elle sort très-vivement.)

SCÈNE XII.

HENRIETTE, seule.

Qu'est-ce que cela signifie?... (Lisant.) « Madame, depuis « qu'Henriette m'a banni de sa présence et m'a défendu de la « revoir, je sens que je ne puis vivre sans elle; un seul moyen « me reste de ne la quitter jamais... elle eût accepté la main « du pauvre artiste... refusera-t-elle celle du grand seigneur? » O mon Dieu! « Je connais d'avance les reproches du monde « et de ma famille, et je les brave. Mon souverain pourrait « seul s'opposer à ce mariage... j'espère bien le fléchir; mais « s'il me refusait son consentement.., je n'hésiterais point « entre la faveur du prince et le bonheur de ma vie... » (Parlant.) Quel sacrifice! « D'ici là cependant que ce projet soit se-« cret. J'exige de plus qu'Henriette ne signe aucun nouvel en-« gagement... qu'elle quitte sur-le-champ le théâtre... et pour « le reste... venez me trouver... je vous attends.

« Le duc de Valberg. »

RÉCITATIF.

Dieu! que viens-je de lire... en croirai-je mes yeux?
A moi!.. moi, pauvre artiste, un sort si glorieux.

CANTABILE.

Jusqu'à lui son amour m'élève!
Au premier rang je vais briller...
C'est un prestige... c'est un rêve,
Je crains encor de m'éveiller.

(Regardant la lettre.)

Mais non... voici les mots tracés par sa tendresse!!!

Être sa femme ! être duchesse !...
Duchesse !... une prima donna !
Quel triomphe pour l'Opéra !
Jusqu'à lui son amour m'élève,
Au premier rang je vais briller.
Ah ! si mon bonheur est un rêve,
Amour ! ne viens pas m'éveiller !

CAVATINE.

(Gaiement.)

J'aurai des titres, des livrées
A la cour j'aurai mes entrées,
J'aurai ma loge à l'Opéra,
Où de loin on me lorgnera ;
Des diamants, un équipage ;
Et la foule, sur mon passage,
En m'apercevant s'écriera :
« Voilà notre prima donna !!! »
Puis l'on dira : « Dieu ! quel dommage
N'entendre plus cette voix-là ! »
Ils ont raison, c'est grand dommage,
De renoncer à tant d'éclat !
C'est qu'il était beau mon état !
  Là j'étais reine
  Et souveraine,
  Et sous ma chaîne
  Qu'on adorait,
  Doux esclavage,
  Nouvel hommage,
  A chaque ouvrage,
  M'environnait.
J'entends encor les transports du théâtre,
 J'entends un public idolâtre
  S'écrier : Brava !
C'est un moment bien doux que celui-là...
Mais ce bonheur l'amour me le rendra.
  Et près de lui,
  Près de mon mari...
J'aurai des titres, des livrées, etc.

MADAME BARNEK, *entrant vivement par la porte à gauche.*

Allons, ma nièce, allons, il est en bas !... il nous attend dans une voiture à quatre chevaux...

HENRIETTE.

Quatre chevaux!

MADAME BARNEK.

Dam!... pour nous enlever!... vous et moi... un équipage magnifique!

HENRIETTE.

Un équipage!... (Madame Barnek l'entraîne par la porte à gauche. Le rideau baisse.)

ACTE II.

Un salon de l'hôtel du duc, à Berlin. Porte au fond. Deux portes latérales. A droite, une table; à gauche, un piano. Une vaste fenêtre avec balcon de côté. Un sofa; une table à thé, etc.

SCÈNE PREMIÈRE.

HENRIETTE, seule, richement habillée, à la fenêtre.

(On entend rouler, puis s'arrêter une voiture.)

C'est lui... c'est lui... le voilà... il revient enfin. (Quittant la fenêtre.) Ah! mon Dieu! j'ai cru que j'allais mourir de saisissement, de joie, en le voyant descendre de voiture. (Gaiement.) Tâchons de nous calmer... il faut le punir de ses trois mois d'absence... s'il me voyait ainsi, il serait trop content.

SCÈNE II.

HENRIETTE, LE DUC.

UN VALET, annonçant.

Monseigneur.

LE DUC, entrant, et courant à Henriette.

Henriette... ma chère Henriette!

HENRIETTE, d'un air froid.

Ah! vous voici, monsieur le duc?...

LE DUC, surpris.

Quel accueil!... Henriette! ne m'aimez-vous plus?

HENRIETTE, s'oubliant.

Si, Monsieur... on vous aime... on vous aime toujours. Ah! je n'ai pas le courage de vous cacher mon bonheur.

LE DUC.

Ma bonne Henriette... combien ces trois mois d'absence m'ont semblé longs! combien j'ai maudit cette ennuyeuse ambassade qui me retient si longtemps loin de vous!

HENRIETTE.

Bien vrai ? (Lui tendant la main.) Vous le dites si tendrement qu'il faut vous croire... Et puis, Monsieur... (Montrant son cœur.) il y a quelqu'un qui plaide si bien pour vous.

LE DUC.

Pauvre Henriette! à peine vous eus-je conduite ici, à Berlin, dans mon hôtel, il y a trois mois, en quittant Munich, qu'il fallut m'éloigner, me séparer de vous, le lendemain de notre arrivée,... un ordre du roi m'envoyait à Vienne, en mission extraordinaire... et dans ma position, je suis tout à Sa Majesté.

HENRIETTE, souriant.

J'aimerais mieux un mari qui fût tout à sa femme.

LE DUC, riant.

Que voulez-vous? quand on est ambassadrice!

HENRIETTE, avec malice.

Prenez garde, Monsieur... je ne le suis pas encore!

LE DUC.

Cela revient au même... je vous ai présentée comme ma femme à toute ma famille; le contrat qui vous assure la moitié de ma fortune est irrévocablement signé..., et si notre mariage n'est pas encore célébré, mon voyage seul en est la cause

HENRIETTE.

Et si le roi refuse... car vous m'avez dit que notre mariage ne peut avoir lieu sans son consentement... comme si les rois devaient se mêler de ces choses-là.

LE DUC.

J'obtiendrai ce consentement, j'en suis sûr.... je l'ai réclamé comme le prix des services que je viens de lui rendre à Vienne... Et demain, aujourd'hui peut-être, il me l'accordera... mais d'ici-là, je craindrais, sur la résolution du roi, les reproches et les récriminations de toute ma famille, de ces grands seigneurs d'Allemagne qui ne comprennent pas comme moi que le talent est aussi une noblesse... voilà pourquoi je leur ai caché qui vous êtes; voilà pourquoi, aux yeux de tous, je vous ai fait passer pour une personne de noble extraction... c'est indispensable... il le faut... il y va de mon bonheur et du vôtre.

ACTE II, SCÈNE II.

HENRIETTE.

Du mien... ah! mon ami, je l'aurai bien gagné!

LE DUC, surpris.

Que voulez-vous dire?

HENRIETTE.

Si vous saviez comme je me suis ennuyée en votre absence!

LE DUC, vivement.

Oh! que c'est aimable à vous!

HENRIETTE.

Pas tant... et si j'avais pu faire autrement... mais le moyen... vous me laissez, dans cet hôtel, sous la surveillance et la garde de votre illustre sœur, la comtesse Augusta de Fierschemberg, qui n'est pas si amusante que mon ancienne camarade Charlotte.

LE DUC.

Y pensez-vous!... Ma sœur est une femme distinguée, qui ne voit que des personnes de rang ou de naissance.

HENRIETTE.

Eh bien! justement.... c'était à périr de naissance et d'ennui! passer la journée entière à recevoir ou à rendre des visites, rester droite et immobile sur un fauteuil doré, moi qui aimais tant à sauter et à courir... ne plus oser parler de mes anciens succès, de mon beau théâtre, que j'oublie quand vous êtes là, mais auquel, malgré moi, je pensais en votre absence... et puis surtout, m'avoir défendu.... non.... priée en grâce.... c'est la même chose... de m'abstenir ici de toute musique, ma consolation... mon plus vif plaisir.

LE DUC.

Vous m'avez mal compris... quand vous êtes seule chez vous, que personne ne peut vous entendre...

HENRIETTE, riant.

Bien obligée.

LE DUC.

Mais vous sentez que devant ma sœur, devant ces dames... dans un salon nombreux... c'est trop bien... l'étonnement, l'admiration que vous causeriez, feraient bientôt reconnaître l'artiste... le grand talent.

HENRIETTE, avec malice.

Et le talent est défendu à une duchesse!

LE DUC, riant.

On n'y est pas habitué, du moins... (Avec tendresse.) Aussi, ma bonne Henriette... ma jolie duchesse... je vous demande encore, pendant quelques jours seulement, et jusqu'au consentement du roi, d'éloigner des soupçons...

HENRIETTE.

Que chaque instant peut faire naître. Ma pauvre tante est si heureuse d'avoir un cachemire et des plumes, de s'entendre appeler madame la baronne de Barnek, que si je n'avais pas été là pour la surveiller... et venir à son aide... vingt fois déjà votre sœur aurait découvert la vérité.

LE DUC, à Henriette.

Silence donc ! étourdie... voici la comtesse.

SCÈNE III.

Les précédents, LA COMTESSE.

LA COMTESSE.

Enfin, monsieur le duc, vous voilà de retour dans votre hôtel?

LE DUC.

Oui, ma chère sœur, après trois mois d'absence.

LA COMTESSE.

Trois mois! et qu'avez-vous fait pendant ce temps?

HENRIETTE.

Oui, Monsieur, vous qui m'interrogez, vous ne m'avez pas rendu compte de votre séjour à Vienne.

LE DUC.

Une vie si triste, si monotone... le matin aux affaires...

LA COMTESSE.

Et tous les soirs au spectacle.

HENRIETTE, vivement.

Au spectacle!

LE DUC.

Moi?

LA COMTESSE.

Vous me l'avez écrit... c'est du reste votre habitude. (A Henriette.) Il y a toujours quelque talent lyrique pour lequel il se passionne...

LE DUC

Ma sœur...

ACTE II, SCÈNE III.

LA COMTESSE.

Une idée, un caprice qui ne dure qu'une semaine, ou souvent même qu'un jour...

HENRIETTE.

Comment, Monsieur, il serait vrai?

LA COMTESSE.

Oui, ma chère amie, mon frère est un peu jeune, un peu léger; mais, grâce à vous...

HENRIETTE, bas, au duc.

Vous ne m'aviez pas dit cela, Monsieur...

LE DUC, de même.

N'en croyez rien.

LA COMTESSE.

Sortez-vous ce matin, monsieur le duc?

HENRIETTE, vivement.

Je l'espère bien... vous m'emmènerez, n'est-ce pas?

LA COMTESSE, sévèrement.

Comment, Mademoiselle?

HENRIETTE, se reprenant.

Avec ma tante.

LA COMTESSE.

A la bonne heure.

HENRIETTE.

Où vous voudrez... hors de la ville... à la campagne... (A demi voix.) Pourvu que nous soyons ensemble.

LE DUC, de même.

Je le désire autant que vous! mais un rapport au roi, que je dois lui donner ce soir.

LA COMTESSE, à Henriette.

J'ai des projets pour vous et moi, ma chère Henriette... je viens de recevoir une invitation... des billets...

HENRIETTE, vivement, et avec joie.

Pour un concert?

LA COMTESSE.

Non... pour le chapitre noble qui se tient aujourd'hui, et auquel votre naissance vous donne le droit d'assister.

HENRIETTE, avec terreur.

Le chapitre noble!

LE DUC, lui prenant la main.

Qu'avez-vous?

HENRIETTE, bas, au duc.

Ah! je tremble de peur... faites que je n'y aille pas, je vous en prie.

LE DUC, à sa sœur.

Henriette est un peu souffrante, et je désire qu'elle reste.

LA COMTESSE.

A la bonne heure... je ne la quitterai pas.

HENRIETTE, bas, au duc.

La belle avance! je crois que j'aimerais mieux le chapitre noble.

LE DUC.

Il faut chercher ici quelques moyens de la distraire...

LA COMTESSE.

Si elle savait la musique, nous pourrions en faire toutes les deux.

HENRIETTE, riant.

Moi, Madame!... (Un geste du duc l'arrête.) A peine si je sais déchiffrer.

LA COMTESSE.

Je m'en doute bien... ce n'est pas dans le fond de la Bavière, dans le château de votre tante, que l'on aurait pu soigner votre éducation musicale... mais si vous voulez que ce matin je vous donne une leçon...

LE DUC, avec humeur.

Une belle idée!

HENRIETTE.

Moi! Madame, je n'oserais...

LA COMTESSE.

Pourquoi pas ?... je serai indulgente... (Elle sonne, deux domestique entrent.) J'ai là des airs nouveaux que l'on m'a envoyés, des airs du Sultan Mizapouf.

HENRIETTE, vivement.

Du Sultan...

LA COMTESSE.

Vous ne connaissez pas cela... un opéra qui vient d'être donné en Allemagne avec quelque succès. (Aux domestiques.) Avancez ce piano. (Se mettant au piano.) C'est l'air que chante la Parisienne au premier acte.

LE DUC.

Mais, ma sœur... c'est trop de complaisance...

ACTE II, SCÈNE III.

LA COMTESSE.

Occupez-vous de votre rapport au roi, mon frère... et laissez-nous.

LE DUC, bas, à Henriette.

Refusez, je vous en supplie!

HENRIETTE.

Est-ce possible? (Riant.) Elle veut me donner une leçon!

LE DUC, bas, à Henriette.

Au moins prenez garde, et chantez mal... si ça se peut.

TRIO.

LA COMTESSE, au piano.

Écoutez bien.

(Chantant.)

Tra, la, la, la, la, la.

HENRIETTE, l'imitant avec gaucherie et timidité.

Tra, la, la, la, la, la.

(Regardant le duc.)

Êtes-vous content?

LE DUC, l'approuvant.

C'est cela!

LA COMTESSE.

Non, vraiment! ce n'est pas cela.

HENRIETTE, de même.

Tra, la, la.

LA COMTESSE, la reprenant.

C'est un *sol!*

HENRIETTE, lui montrant le papier.

C'est un *la.*

LA COMTESSE.

C'est vrai!

(Chantant.)

Tra, la, la, la, la, la.

HENRIETTE, répétant, mais un peu mieux.

Tra, la, la, la, la, la.

LE DUC, bas.

Prenez garde!... ah! je tremble d'effroi!

LA COMTESSE, cherchant à déchiffrer avec peine.

Tra, la, la, la, la, la, la...

HENRIETTE, avec un air d'admiration.

Quelle facilité!

LE DUC, bas, à Henriette.

Vous nous raillez, traîtresse!

HENRIETTE, de même.
Comme vous le disiez, c'est chanter en duchesse!
LA COMTESSE.
Répétez avec moi.
(Déchiffrant avec peine.)
Le divin Mahomet,
Pour mieux charmer nos âmes,
Dans les cieux vous promet
Un paradis secret ;
Mais il vous trompe, hélas!
Surtout n'y croyez pas,
Aux cieux ne cherchez pas
Ce paradis des femmes ;
Car le vrai paradis,
Messieurs, est à Paris.

HENRIETTE, reprenant l'air qu'elle chante couramment.
Le divin Mahomet,
Pour mieux charmer nos âmes,
Dans les cieux vous promet
Un paradis secret ;
Mais il vous trompe, hélas!
Surtout n'y croyez pas,
Aux cieux ne cherchez pas
Ce paradis des femmes ;
Car le vrai paradis,
Messieurs, est à Paris.

LA COMTESSE.
Pas mal pour la première fois.

LE DUC, à part, et regardant Henriette.
Ah! je crains qu'elle ne se lance!
(A la comtesse.)
Vous feriez mieux d'y renoncer, je crois.

LA COMTESSE.
Non, non, j'ai de la patience,
J'en ferai quelque chose, et nous la formerons
Avec le temps...

HENRIETTE.
Et grâce à vos leçons...

ENSEMBLE.

LA COMTESSE.
Écoutez... écoutez cela !
Tra, la, la, la, la, la, la,

ACTE II, SCÈNE III.

Tra, la, la, la, la, la, la,
Faites bien ce que je fais là!

HENRIETTE.

Brava! brava! c'est bien cela!
Quelle méthode enchanteresse!
C'est chanter comme une duchesse,
Ah! quel talent vous avez là!

LE DUC.

C'est bien, c'est bien, finissons là;
Je cède à la peur qui m'oppresse,
Je crains sa voix enchanteresse
Qui tous les deux nous trahira!

LA COMTESSE.
Continuez.

HENRIETTE.

Voguez, sultan joyeux,
Vers les bords de la Seine,
Là, s'offrent à vos yeux
Les délices des cieux;
Et jour et nuit c'est là
Qu'amour vous sourira.
Là, des jeux et des ris
La troupe vous enchaîne,
Car le vrai paradis
Est à Paris.

ENSEMBLE.

LA COMTESSE.

Ah! c'est bien mieux, bien mieux déjà,
Moi, sa maîtresse... je suis fière
De voir que mon écolière
Fait des progrès comme ceux-là!

HENRIETTE.

Oui, cela va bien mieux déjà,
Et j'en rends grâce à ma maîtresse;
Merci, madame la comtesse,
Merci de cette leçon-là!

LE DUC.

C'est bien, c'est bien, finissons là;
Je cède à la peur qui m'oppresse,
Je crains sa voix enchanteresse
Qui tous les deux nous trahira.

LA COMTESSE, l'écoutant.
J'en suis encor toute saisie,
Et ne comprends rien à cela !
LE DUC, bas, à Henriette.
Prenez garde, je vous en prie ;
En écoutant... je tremble, hélas!
HENRIETTE.
Eh bien ! Monsieur, n'écoutez pas !
LA COMTESSE.
Un talent
Aussi grand,
C'est vraiment
Surprenant :
Ah ! combien je suis fière !
En un instant, je croi,
Voilà mon écolière
Aussi forte que moi !
HENRIETTE, s'oubliant.
Buvons au sultan Mizapouf,
Au descendant du grand Koulouf.
Il règne dans Maroc
Par droit de naissance.
Au combat, aussi ferme qu'un roc,
Et des amours bravant le choc,
Il est l'aigle et le coq
Des rois de Maroc.
Versez-lui les vins de France,
Versez le champagne et le médoc,
Buvons tous au sultan Mizapouf,
Au descendant du grand Koulouf.

LE DUC.
Ce talent
La surprend
Et me rend
Tout tremblant!
Ah ! la voilà partie,
Comment la retenir?
Arrêtez, je vous prie!
Elle me fait frémir !

ENSEMBLE.

LE DUC, LA COMTESSE, HENRIETTE.
Buvons au sultan Mizapouf, etc.

SCÈNE IV.

Les précédents, **MADAME BARNEK**, en grand costume, chapeau à plumes.

MADAME BARNEK, au fond du théâtre, apercevant sa nièce.

Brava! brava! bravi! bravo!

LE DUC.

Allons! la tante!... pourvu qu'elle ne nous trahisse pas!

LA COMTESSE.

Venez donc, madame la baronne, venez recevoir mes compliments... saviez-vous que votre nièce eût de pareilles dispositions?...

HENRIETTE, bas, au duc, en riant.

Je croyais avoir mieux que ça.

MADAME BARNEK, se rengorgeant.

Mais, Dieu merci, Madame, c'est assez connu...

LE DUC, à demi voix.

Y pensez-vous?

MADAME BARNEK.

C'est assez connu dans notre famille... c'est moi qui l'ai élevée...

LA COMTESSE.

Et pourquoi ne m'en disiez-vous rien?

MADAME BARNEK, avec embarras.

Pourquoi?

LE DUC.

Madame la baronne est si modeste!...

MADAME BARNEK.

Oh! oui... c'est mon défaut... modeste et surtout timide... c'est ce qui m'a nui... j'avais toujours des peurs quand je chantais...

LA COMTESSE.

Ah! vous chantiez aussi?

MADAME BARNEK, avec volubilité.

Les Philis, avec quelque succès!

HENRIETTE, à part.

Voyez-vous l'amour-propre d'artiste!

LA COMTESSE, étonnée.

Vous avez joué?

LE DUC, vivement.

En société, dans son château... madame la baronne est de mon avis... c'est ce qu'on peut faire de mieux à la campagne.

MADAME BARNEK.

Certainement, monsieur mon neveu, car ici... à la ville... ce n'est pas moi qui voudrais... au contraire... si vous saviez à présent combien je méprise tout cela!...

LE DUC.

C'est bien!

MADAME BARNEK.

Parce que notre rang... notre dignité...

LA COMTESSE.

Et le décorum.

MADAME BARNEK.

Oui, le décor...

LE DUC, l'interrompant.

C'est bien, vous dis-je... heureusement, voilà le déjeuner, elle ne parlera plus. (Donnant la main à Henriette.) Bonne Henriette, vous m'avez fait une peur...

HENRIETTE.

Comment! Monsieur?

LE DUC.

Je veux dire un plaisir. (Ils s'asseyent autour de la table à thé; deux domestiques apportent un plateau.)

MADAME BARNEK.

Voici le journal de la cour qui vient d'arriver.

LA COMTESSE.

Notre lecture de tous les matins.

HENRIETTE, à part.

En voilà pour une heure... comme c'est amusant.

LA COMTESSE.

Voyons les présentations et les réceptions d'hier... (Lisant.) « Ont eu l'honneur d'être reçus par Sa Majesté, le comte et la « comtesse de Stolberg, le baron de Lieven... » (Parlant.) C'est de droit... Voilà de la haute et véritable noblesse... (Lisant.) « La duchesse de Stillmarcher. » (Parlant.) Tenez, continuez, Henriette. (Elle lui donne le journal.)

HENRIETTE, lisant au bas de la page.

Ah! mon Dieu! qu'ai-je vu?

TOUS.

Qu'est-ce donc?

HENRIETTE.

« Théâtre royal... Notre nouvel impressario... le signor For-
« tunatus, a ouvert la saison par un opéra nouveau. » Fortunatus est ici, à Berlin?...

LE DUC.

Oui, ma chère... depuis quatre ou cinq jours...

HENRIETTE, continuant à lire.

En effet! « Il arrive de Vienne, où sa troupe a obtenu le
« plus grand succès... surtout la prima donna, la signora Char-
« lotte, qui a fait fureur, qui y était adorée. » (Au duc.) Et vous
ne m'en disiez rien, Monsieur, vous qui êtes resté trois mois à
Vienne.

LE DUC, avec embarras.

J'ai oublié de vous en parler...

LA COMTESSE, à Henriette.

Au haut de la page.

HENRIETTE, lisant au haut de la page.

« Le prince Bukendorf... (Regardant au bas de la page.) La si-
« gnora Charlotte, première chanteuse, et Bénédict, premier
« ténor.. »

LA COMTESSE.

Une chanteuse, un ténor?

HENRIETTE, avec joie.

Ce pauvre Bénédict... vous vous le rappelez, ma tante?

MADAME BARNEK.

Certainement...

HENRIETTE.

Il a été applaudi... on en dit beaucoup de bien... J'étais
sûre qu'il aurait un jour du talent, de la réputation... qu'il
ferait son chemin.

LA COMTESSE.

Et comment connaissez-vous tous ces gens-là, ma chère
belle-sœur?

LE DUC.

C'est tout simple... Quand nous étions à Munich, madame
la baronne et sa nièce allaient tous les soirs au théâtre.

HENRIETTE, avec malice.

C'est vrai... monsieur le duc nous y a vues souvent.

LE DUC.

Une troupe excellente... des voix admirables...

HENRIETTE, souriant.

La prima donna surtout... n'est-ce pas, monsieur le duc? (A la comtesse.) Nous recevions même quelques artistes.

LA COMTESSE.

Qu'entends-je? des comédiens?

MADAME BARNEK.

Bien malgré moi, je vous jure... c'est ma nièce qui le voulait.

HENRIETTE.

Eh! pourquoi pas? des artistes de mérite... valent bien des comtesses qui n'en ont pas...

LE DUC, lui faisant signe.

Henriette...

LA COMTESSE.

Ah! ma chère, quel langage!

MADAME BARNEK.

Ah! ma nièce, quel propos!

LA COMTESSE.

C'est du libéralisme tout pur!

MADAME BARNEK, répétant.

Certainement, c'est du... comme dit Madame... tout pur...

LE DUC, avec impatience.

C'en est trop sur ce sujet... qu'il n'en soit plus question, de grâce!

UN VALET, annonçant.

Un seigneur italien demande à parler à monsieur le duc...

LE DUC.

Qu'il entre... qu'il entre!... (A part.) Cela du moins fera diversion.

LE VALET, qui a fait signe à la cantonade, revient près du duc.

Et voici de la part du roi un message pour Monseigneur.

LE DUC, prêt à décacheter la lettre.

Qu'est-ce donc? (Apercevant Fortunatus.) Dieu! Fortunatus!... (Bas à Henriette.) Je ne veux pas qu'il vous voie avant que je l'aie prévenu.

HENRIETTE, bas, au duc.

Comme vous voudrez... je m'éloigne... mais pas pour longtemps. (Elle sort.)

SCÈNE V.

LE DUC, FORTUNATUS, LA COMTESSE, MADAME BARNEK.

FORTUNATUS, se courbant jusqu'à terre et saluant le duc.
Ze zouis le servitor humilissime de Monseigneur.

LE DUC, à demi voix.
Pas un mot de tout ce que vous savez devant ma sœur ou devant d'autres personnes.

FORTUNATUS, saluant les dames et reconnaissant madame Barnek.
Ah! mon Dieu!

MADAME BARNEK.
Bonjour, mon cher Fortunatus, nous parlions de vous tout à l'heure.

FORTUNATUS.
Elle a un air de protection aussi étonnant que son costume.

LE DUC.
Silence!

MADAME BARNEK.
Parlez, mon cher, que voulez-vous? nous aimons à protéger les arts.

FORTUNATUS, au duc.
Ze venais vous supplier, Monseigneur, de prendre à mon théâtre une loge per la saison... nous en avons de six et de huit personnes... ma ze l'engazerai à prendre celle de huit per lui et per sa famille, (Regardant madame Barnek.) qui tient de la place.

LE DUC.
Comme vous voudrez.

FORTUNATUS.
Nous avons ce soir oune superbe représentation... la seconde du Sultan Mizapouf, opéra.

LA COMTESSE.
Dont nous chantions un air tout à l'heure.

LE DUC.
C'est bien, cela suffit.

FORTUNATUS, se courbant.
Ze remercie infiniment Monseigneur, et ze m'en vas... d'autant que z'ai en bas, dans ma voiture, notre prima donna, la signora Charlotte, qui m'attend, et qui n'est point patiente... (A demi voix.) vi la connaissez!

LE DUC, vivement.
Hâtez-vous, alors.

FORTUNATUS.

Monseigneur gardera-t-il aussi la petite loge grillée qui donne sur le théâtre, et que les autres années il avait, dit-on, l'habitude de louer?... C'est souvent très-commode pour l'incognito.

LE DUC, avec impatience.

Je la prends aussi... mais l'on vous attend.

FORTUNATUS.

Ze vous les enverrai toutes les deux pour ce soir... et il est bien entendu que c'est per tous les jours...

LE DUC.

C'est dit.

FORTUNATUS.

Excepté per les représentations extraordinaires... et celles à bénéfice... et nous en aurons une prochainement... celle de notre premier ténor, le signor Bénédict... qui fait dézà ses visites pour cela.

LE DUC, sans écouter Fortunatus, a décacheté la dépêche qu'il tenait à la main et y jette les yeux

Qu'ai-je vu?

LA COMTESSE.

Qu'est-ce donc?

LE DUC, apercevant Charlotte qui entre, et serrant le papier.

Ah! mon Dieu!

SCÈNE VI.

LE DUC, CHARLOTTE, FORTUNATUS, LA COMTESSE ET MADAME BARNEK, assises à droite et causant.

CHARLOTTE.

A merveille! c'est aimable... et très-gentil!... voilà deux heures, monsieur Fortunatus, que vous me faites attendre dans votre voiture... Moi, un premier sujet!

FORTUNATUS.

Signora, mille pardons.

CHARLOTTE.

C'est moi qui dois en demander à monsieur le duc, de venir ainsi chercher mon directeur jusque dans cet hôtel.

FORTUNATUS.

C'est, z'ose le dire, ma zère enfant, oune inconséquence...

ACTE II, SCÈNE VI.

CHARLOTTE.

Que j'ai faite exprès, et dont je suis enchantée. (Avec malice.) J'avais un instant d'audience à demander à Monseigneur...

LE DUC, troublé, à demi voix.

Ici!... Charlotte, y pensez-vous?... et Henriette?

CHARLOTTE.

N'est-ce que cela? je m'adresserai à elle-même pour faire apostiller ma pétition... il me faut mon audience, Monseigneur.

LE DUC.

De grâce... prenez garde!...

CHARLOTTE, à part, au duc.

Vous me l'accorderez...

LE DUC, de même, très-embarrassé.

Oui, Charlotte, oui, mais plus tard.

LA COMTESSE, se levant.

Eh! quelle est donc cette femme?

MADAME BARNEK.

Ne faites pas attention, madame la comtesse, c'est une comédienne.

CHARLOTTE, se retournant avec fierté.

Une comédienne! (Apercevant madame Barnek en grande parure avec une toque à plumes, elle part d'un éclat de rire.)

QUINTETTE.

CHARLOTTE, riant aux éclats.
Ah! ah! ah! ah! ah! ah!

TOUS.

Qu'a-t-elle donc?

CHARLOTTE, riant plus fort et se soutenant à peine.
Ah! ah! ah! ah! ah! ah!

Je n'en puis plus! un fauteuil... ou j'expire!

FORTUNATUS, lui apportant un fauteuil.

Elle se trouve mal!

CHARLOTTE, se jetant sur le fauteuil et se roulant à force de rire.
Ah! ah! ah! ah!

Je n'ai rien vu de pareil à cela!

TOUS.

Et qui donc ainsi vous fait rire?

CHARLOTTE, montrant madame Barnek.

Madame... avec sa toque à plumes!... ah! ah! ah!

LA COMTESSE.
Outrager à ce point madame la baronne!...

CHARLOTTE, riant plus fort.
Baronne!.. ah! ah!

LE DUC ET FORTUNATUS, bas, à Charlotte.
Au nom du ciel! vous tairez-vous?

CHARLOTTE, se tenant les côtés.
Que Madame me le pardonne!...
Je ne puis pas!

MADAME BARNEK.
Redoutez mon courroux!
Insolente!

CHARLOTTE, se levant.
Ah! vraiment! Madame était moins fière
Lorsque autrefois elle jouait
Les Philis!!!

TOUS.
Les Philis!!!

LE DUC ET FORTUNATUS, bas, à Charlotte.
Voulez-vous bien vous taire!..

CHARLOTTE.
Les Philis et les Dugazons... corset!!!

ENSEMBLE.

LE DUC, FORTUNATUS ET MADAME BARNEK.
Elle ne peut se taire,
Sa langue de vipère
Ici nous désespère
Et va tout découvrir!
Non, non, rien ne l'arrête,
C'est pis qu'une tempête!
N'écoutant que sa tête,
Elle va nous trahir!

CHARLOTTE.
Je ne veux pas me taire.
Lorsqu'avec moi, ma chère,
On veut faire la fière,
On doit s'en repentir!
Non, non, rien ne m'arrête,
Redoutez la tempête!
Je n'en fais qu'à ma tête
Et veux tout découvrir!

LA COMTESSE.
Qu'entends-je? et quel mystère !
O soudaine lumière!
Qui malgré moi m'éclaire
Et me fait tressaillir !
De surprise muette
Je reste stupéfaite !
(A Charlotte.)
Que rien ne vous arrête,
Je veux tout découvrir!
CHARLOTTE.
Eh bien! vous saurez tout, madame la comtesse.
(Montrant madame Barnek.)
La noble dame que voilà,
Au théâtre a gagné ses quartiers de noblesse!
TOUS.
O ciel!
CHARLOTTE.
Et comme moi sa séduisante nièce,
Avant d'être duchesse, était prima donna!
LA COMTESSE.
Vit-on jamais d'affront pareil à celui-là !
(Avec force.)
Un tel hymen est un outrage...
Nous ne pouvons l'accepter sans rougir!
Le roi doit s'opposer à votre mariage!
Nous l'en supplirons tous...
LE DUC, montrant le papier qu'il tient à la main.
Il vient d'y consentir !
(A madame Barnek.)
Tenez, portez à votre nièce
Cet écrit qui contient sa royale promesse.
(Souriant.)
Pour cet hymen, je crois qu'il ne manque plus rien!
LA COMTESSE.
Que mon consentement...
CHARLOTTE, à demi voix.
Et peut-être le mien.
ENSEMBLE.
LA COMTESSE.
Jamais, jamais ce mariage
N'aura l'aveu de votre sœur!

Jamais, jamais d'un tel outrage
Je n'oublîrai le déshonneur!
LE DUC.
Pour vous, ce n'est point un outrage.
Calmez, calmez votre fureur;
J'espère qu'à ce mariage
Bientôt consentira ma sœur.
FORTUNATUS ET MADAME BARNEK, montrant la comtesse.
Voyez!... voyez! quelle est sa rage!
Rien ne saurait fléchir son cœur!
(Montrant Charlotte.)
Et c'est pourtant son bavardage
Qui vient d'exciter sa fureur!
CHARLOTTE.
Voyez! voyez quelle est leur rage!
Pour moi, j'en ris au fond du cœur!
De tout ce bruit, de ce tapage,
C'est pourtant moi qui suis l'auteur.
LE DUC, à la comtesse.
Cette colère opiniâtre
Se calmera...
MADAME BARNEK, s'approchant de la comtesse.
Sans doute.
LA COMTESSE, avec mépris.
Éloignez-vous!
Une baronne de théâtre!
CHARLOTTE, s'approchant de madame Barnek.
Voyez pourtant ce que c'est que de nous!
MADAME BARNEK, avec mépris.
Laissez-moi! laissez-moi! redoutez mon courroux.
ENSEMBLE.
LA COMTESSE.
Jamais, jamais ce mariage
N'aura l'aveu de votre sœur;
Jamais, jamais d'un tel outrage
Je n'oublîrai le déshonneur!
LE DUC.
Pour vous ce n'est point un outrage.
Calmez, calmez votre fureur;
J'espère qu'à ce mariage
Bientôt consentira ma sœur.
FORTUNATUS ET MADAME BARNEK, montrant la comtesse.
Voyez... voyez quelle est sa rage!

Rien ne saurait fléchir son cœur.
(Montrant Charlotte.)
Et c'est pourtant son bavardage
Qui vient d'exciter sa fureur.
CHARLOTTE.
Voyez, voyez quelle est leur rage!
Pour moi, j'en ris au fond du cœur!
De tout ce bruit, de ce tapage,
C'est pourtant moi qui suis l'auteur!

(La comtesse sort par la droite avec le duc qui cherche à l'apaiser; Fortunatus et Charlotte vont pour sortir par le fond au moment où paraît Bénédict.)

FORTUNATUS.
Tu viens, mon pauvre garçon, pour ton bénéfice?
BÉNÉDICT.
Oui, pour offrir une loge à monseigneur l'ambassadeur...
CHARLOTTE.
Monseigneur est mal disposé... Vous n'aurez pas bon accueil, mon cher Bénédict, mais adressez-vous à sa tante, à madame la baronne.
BÉNÉDICT, s'approchant.
Quoi! madame Barnek!
MADAME BARNEK, le reconnaissant.
Encore un comédien! mais on ne voit donc que cela aujourd'hui!... Votre servante, mon cher, je n'ai pas le loisir de vous écouter, et je vous salue. (Elle sort par la porte à gauche.)
CHARLOTTE, montrant madame Barnek.
La tante est étourdissante de majesté! (Elle sort en riant, avec Fortunatus, par la porte du fond.)

SCÈNE VII.
BÉNÉDICT, seul.

Elle n'a pas le loisir de reconnaître ses anciens amis... et sans doute, tous ceux qui demeurent ici seraient comme elle... Ça m'a fait effet... quand je suis entré dans ce bel hôtel, quand j'ai demandé au suisse : Monsieur l'ambassadeur y est-il? — Oui. Et j'ai hésité, j'ai tremblé dans tous mes membres en ajoutant : — Et madame l'ambassadrice?... — Elle y est; mais elle n'est pas visible. — Et ça m'a donné un peu de cœur... et je me suis dit : Je ne crains rien, je ne la verrai pas!... Car si le malheur avait voulu que je l'eusse rencontrée... je ne sais pas ce que je serais devenu... (Apercevant Henriette.) Ah! mon Dieu! c'est fait de moi!

SCÈNE VIII.
HENRIETTE, BÉNÉDICT.

HENRIETTE, entrant avec joie.

Cette permission du roi, que vient de me remettre ma tante, c'est donc vrai!... il n'y a donc plus d'obstacle!...

BÉNÉDICT, à part.

Si je pouvais m'en aller sans être vu! (Il heurte un fauteuil.)

HENRIETTE, se retournant et l'apercevant.

Bénédict!!

DUO.

BÉNÉDICT, timidement.
Oui... c'est moi qui viens ici
Madame l'ambassadrice,
Offrir pour mon bénéfice
Une loge que voici.

HENRIETTE.
Ah! si je puis aujourd'hui
Vous servir de protectrice,
Je rends grâce au sort propice
Qui m'offre un ancien ami.

BÉNÉDICT.
De cet ami, malgré votre opulence,
Le nom n'est donc pas effacé?

HENRIETTE.
Ah! dans ces lieux, votre seule présence
Me rend tout mon bonheur passé!

ENSEMBLE.
De l'aurore de notre vie
Comment perdre les souvenirs?
Je le sens, jamais on n'oublie
Premiers chagrins, premiers plaisirs!

HENRIETTE.
Je vois encor l'humble mansarde
Où nous répétions tous les deux!

BÉNÉDICT.
Où parfois, sans y prendre garde,

HENRIETTE.
Nous chantions faux à qui mieux mieux!

ACTE II, SCÈNE VIII.

Et cette sérénade
Que me donnait un camarade?

BÉNÉDICT.

Quoi! vous n'avez rien oublié?

HENRIETTE.

Non, non, je n'ai rien oublié,
Ni les succès, ni l'amitié.

ENSEMBLE.

De l'aurore de notre vie
Comment perdre les souvenirs?
Je le sens, jamais on n'oublie
Premiers chagrins, premiers plaisirs!

HENRIETTE, gaiement.

Et puis, comme aux moindres caprices...

BÉNÉDICT.

On était vite à vos genoux!

HENRIETTE.

Et puis le soir dans les coulisses...

BÉNÉDICT.

Joyeux propos et billets doux.

HENRIETTE.

Sans or et sans richesse aucune...

BÉNÉDICT.

Toujours gais et de bonne humeur!

HENRIETTE.

Tout en attendant la fortune...

BÉNÉDICT.

On avait déjà le bonheur!

ENSEMBLE.

Ah! le bon temps!
Quels doux instants!
Ah! qu'on est bien
Quand on n'a rien!
Ah! l'heureux temps que celui-là!
Toujours mon cœur s'en souviendra!

BÉNÉDICT.

D'abord comme la salle entière...

HENRIETTE.

En silence nous écoutait!

BÉNÉDICT.

Et quand s'élançait du parterre...

HENRIETTE.
Un bravo qui nous enivrait!
BÉNÉDICT.
Et lorsque pleuvait sur la scène
HENRIETTE.
Les bouquets aux mille couleurs.
BÉNÉDICT.
Ah! ces jours-là vous étiez reine...
HENRIETTE.
Avec ma couronne de fleurs!
ENSEMBLE.
Ah! le bon temps!
Quels doux instants! etc.
BÉNÉDICT.
Et vous rappelez-vous encore?..
A peine le rideau tombait,
L'écho de la salle sonore,
De votre nom retentissait...
C'est vous... c'est vous qu'on demandait!
HENRIETTE.
C'est vrai!... c'est vrai!
BÉNÉDICT.
Devant le public idolâtre,
C'est moi... moi qui sur le théâtre
(Lui prenant la main.)
Vous ramenais ainsi... je tenais votre main
Que dans mon transport soudain
Malgré moi je serrais... ainsi!
HENRIETTE, retirant sa main.
Bénédict!
BÉNÉDICT.
Ah! pardon, j'oubliais qu'aujourd'hui...
(Reprise de la première phrase du duo.)
Aujourd'hui, je viens ici,
Madame l'ambassadrice,
Offrir pour mon bénéfice,
La loge que voici...
ENSEMBLE.
BÉNÉDICT, la lui donnant.
La voici, la voici...
HENRIETTE, avec émotion et prenant le coupon de loge.
Merci, Bénédict, merci!

Ainsi donc, Bénédict... vous avez un bénéfice?...
BÉNÉDICT.
Oui, Madame... qu'on me devait depuis longtemps... depuis Vienne.
HENRIETTE.
Où vous avez eu de grands succès?
BÉNÉDICT.
A ce qu'ils disent... et alors M. Fortunatus a doublé mes appointements.
HENRIETTE.
Ah! tant mieux! vous êtes donc heureux?
BÉNÉDICT.
Non, Madame... mais je suis riche.
HENRIETTE.
Et nos anciens amis, et Charlotte?
BÉNÉDICT.
Ah! celle-là elle est au pinacle!... elle a eu, à Vienne, un succès de rage! Tous les soirs, des vers... des bouquets et des bravos... tous les journaux retentissaient de ses éloges... il n'était question que d'elle... comme de vous autrefois!
HENRIETTE.
Oh! moi... l'on n'en parle plus!
BÉNÉDICT.
C'est ce que je me disais : C'est étonnant... on ne parle donc pas des duchesses! tandis que Charlotte la cantatrice... et puis... ce n'est rien encore... Là-bas, à Vienne, elle avait tourné toutes les têtes... c'était à qui lui ferait la cour... M. le duc, votre mari, a dû vous le dire.
HENRIETTE.
Non, vraiment, il ne m'a rien dit.
BÉNÉDICT.
Ah!... c'est différent!... tous les grands seigneurs étaient à ses pieds... Ces nobles d'Allemagne, si fiers et si hautains, se disputaient à qui serait reçu chez elle... à qui l'entourerait de soins et d'hommages... Enfin, tout comme vous... dans votre temps... avant votre bonheur.
HENRIETTE, à part.
Oui, vraiment.
BÉNÉDICT.
Mais vous avez un si bel emploi maintenant... je veux dire

un si bel état! Et puis, tant d'éclat... tant d'estime... tant de considération surtout.

HENRIETTE.

Silence!... c'est la sœur de mon mari.

SCÈNE IX.

BÉNÉDICT, HENRIETTE, LA COMTESSE.

LA COMTESSE, s'avançant gravement près d'Henriette.

Mademoiselle... vous savez que le roi, par une faiblesse que le respect m'empêche de qualifier, a consenti à approuver une union...

HENRIETTE.

J'ai lu la lettre de Sa Majesté.

LA COMTESSE.

Ou plutôt une mésalliance dont, pour l'honneur de la famille, nous sommes tous indignés?

HENRIETTE.

Madame... (Montrant Bénédict.) Il y a ici un étranger...

LA COMTESSE.

Ce que je dis... je le dirais devant tout le monde... J'avais déclaré à mon frère qu'aucun pouvoir ne me forcerait à vous reconnaître, et je parlais au nom de tous nos parents... qui viennent de protester.

HENRIETTE, à part.

Qu'entends-je? ah! quelle humiliation! (Regardant Bénédict.) et devant lui encore!

LA COMTESSE.

Mais, vaincue par les prières et les supplications de M. le duc, qui, après tout, est le chef de la famille, je lui ai promis de venir vous trouver, et voici les concessions que je puis me permettre... Je ne m'oppose plus à ce mariage, puisqu'il n'y a pas moyen de faire autrement... je consens même à vous voir ici, chez mon frère... ou chez moi, le matin... le matin seulement.

BÉNÉDICT.

Eh bien! par exemple!...

HENRIETTE, lui faisant signe de se taire.

Bénédict...

LA COMTESSE.

C'est vous dire assez que le soir, en public, et à l'Opéra, il n'est pas convenable que l'on nous voie ensemble... Voici deux loges que le signor Fortunatus vient d'envoyer... vous êtes ici chez vous... choisissez.

HENRIETTE, défaisant une des enveloppes.

Le choix sera facile... la belle loge à la grande dame... l'autre à l'humble artiste.

BÉNÉDICT.

L'humble artiste!.. elle qui, à Munich, était respectée et honorée... elle!... que les grandes dames étaient trop heureuses d'avoir dans leurs salons.

HENRIETTE, voulant l'arrêter.

Silence!

BÉNÉDICT.

Elle à qui le roi lui-même est venu faire des compliments, après une pièce nouvelle!

LA COMTESSE, le toisant de la tête aux pieds.

Quel est cet homme?

BÉNÉDICT, avec fierté.

Bénédict, premier ténor...

LA COMTESSE.

Un chanteur ici... sortez!...

HENRIETTE.

Bénédict, restez. (A la comtesse.) Madame, par égard pour M. le duc de Valberg, que j'aime, et dont je suis tendrement aimée, j'ai dû consentir à cacher la vérité à tout le monde, et à vous-même, jusqu'à l'adhésion du prince à notre mariage; mais maintenant que je n'ai plus de ménagements à garder, je puis avouer avec orgueil ce que j'étais quand votre frère m'a offert sa main.

BÉNÉDICT.

Très-bien!

HENRIETTE, avec hauteur.

Quant aux discours que je viens d'entendre, je ne les supporterai pas davantage... je suis duchesse de Valberg, Madame, femme de l'ambassadeur, votre frère, et je prouverai que je suis digne de mon titre et de mon rang en ne souffrant plus qu'on les oublie devant moi.

LA COMTESSE.

C'est d'une audace!

HENRIETTE, lui faisant une révérence.

Je ne vous retiens plus, Madame. (La comtesse sort en faisant un signe de colère.)

SCÈNE X.
BÉNÉDICT, HENRIETTE.

BÉNÉDICT, regardant sortir la comtesse.

Bravo! c'est bien... aussi bien que si vous le lui aviez dit en musique. (Voyant qu'Henriette s'est assise et pleure.) Eh mais! qu'avez-vous donc, vous pleurez?

HENRIETTE, avec une vive émotion.

Ah! mon Dieu! que cette scène m'a fait mal.

BÉNÉDICT.

Moi qui la croyais si heureuse!

HENRIETTE.

Est-ce donc là le sort qui m'attend? Est-ce pour de pareils outrages que j'ai échangé mon indépendance, que j'ai renoncé à cet art, à ce talent qui faisaient ma gloire et mon bonheur?

BÉNÉDICT.

Vous qui aviez chez nous les honneurs, la fortune et l'amitié, car nous vous aimions tous... je ne parle pas de moi, c'est tout simple... mais les autres... il n'y a pas de jour où l'on ne pense à vous, où l'on ne dise : Cette pauvre Henriette! qu'elle était bonne! qu'elle était aimable! qu'elle avait de talents, avant d'être duchesse.

HENRIETTE.

Ah! duchesse... je n'y tiens pas... mais du moins, son amour me reste, et me tiendra lieu de tout... car tant qu'il m'aimera, Bénédict, je ne regretterai rien.

BÉNÉDICT, secouant la tête.

Certainement, tant qu'il vous aimera... mais ces grands seigneurs, ça aime tous les succès, toutes les renommées.

HENRIETTE.

Que voulez-vous dire?

BÉNÉDICT.

Oh! rien. On ne peut pas empêcher les propos, quelque absurdes qu'ils soient... et on a prétendu à Vienne, comme si c'était possible, qu'un instant séduit par les triomphes de Charlotte...

HENRIETTE.

Qui? M. le duc?

BÉNÉDICT.

Je n'ai pas dit cela... je ne l'ai pas dit.

HENRIETTE.

Et vous avez raison, il ne me tromperait pas, lui,... c'est im-

possible... (A part.) Et pourtant, cette légèreté dont me parlait sa sœur... son embarras, ce matin, quand on a prononcé le nom de Charlotte... ah! j'irai ce soir au spectacle... le duc y sera aussi. (Décachetant l'enlevoppe de la lettre.) Si de cette loge... j'examinerai. (Regardant le papier qui est sous l'enveloppe.) Ah! mon Dieu! ce n'est point un coupon de loge, c'est une lettre, une lettre de Charlotte! c'est son écriture. « Non, monsieur le duc,
« vous ne trouverez point ici la loge grillée que Fortunatus
« vous envoyait, et que j'ai prise. Je vous ai demandé ce ma-
« tin une audience que vous n'avez pas voulu m'accorder...
« il n'en était pas de même à Vienne.

BÉNÉDICT.

C'est assez clair.

HENRIETTE.

« J'ai une pétition à vous présenter, et vous aurez la bonté
« de me recevoir et de m'écouter dans votre loge grillée, qui
« est aujourd'hui la mienne, sinon, c'est à Henriette que je
« m'adresserai... et l'explication que j'aurai avec elle sera
« moins amusante que celle de ce matin avec sa respectable
« tante. » (Avec douleur.) Ah! plus de doute maintenant... moi
qui avais en lui tant d'amour, tant de confiance! c'est affreux!

SCÈNE XI.
Les précédents, FORTUNATUS.

TRIO.

FORTUNATUS.

Ze souis ruiné... ze souis perdu!
Mon savoir faire est confondu!

BÉNÉDICT ET HENRIETTE.

Eh mais! quelle fureur vous guide?

FORTUNATUS.

Ah! ze souis, vi pouvez le voir,
Dans un état de désespoir
Presque voisin du suicide!

BÉNÉDICT ET HENRIETTE.

Qu'avez-vous donc?

FORTUNATUS.

Je viens pour prévenir
Monsieur l'ambassadeur et sa charmante épouse...
Le spectacle annoncé, ce soir ne peut tenir;
Ze le change.

BÉNÉDICT ET HENRIETTE.

Pourquoi?

FORTUNATUS.

La fortune zalouse
Vient d'envoyer un rhume à ma prima donna!
Elle me l'a fait dire!

BÉNÉDICT, bas, à Henriette.

Ah! je comprends cela!
Et c'est une ruse entre nous,

HENRIETTE, de même.

Pour se trouver au rendez-vous.

ENSEMBLE.

FORTUNATUS.

Fortune dont la main m'accable,
Adoucis pour moi la rigueur,
Et jette un regard secourable
Sur un malheureux directeur!

HENRIETTE.

Forfait dont la preuve m'accable
Et qui détruit tout mon bonheur,
Je saurai punir le coupable
De l'outrage fait à mon cœur!

BÉNÉDICT.

La trahison est véritable,
Tous deux outrageaient votre cœur;
Vous devez punir le coupable,
Vous devez venger votre honneur.

FORTUNATUS, au désespoir.

Le Sullan Mizapouf, chef-d'œuvre des plus beaux,
Qui faisait par la foule envahir nos bureaux!
Ne sera pas donné!

BÉNÉDICT.

Calmez-vous, je vous prie!

FORTUNATUS.

M'enlever ma recette!... ah! c'est m'ôter la vie!

HENRIETTE, s'asseyant près de la table et remettant la lettre dans la première
enveloppe qu'elle recachette.

Rendons-lui, je le doi,
Ce billet... qui n'est pas pour moi.

FORTUNATUS.

Ze vais changer l'affiche... et de rage ulcéré,
Leur donner du Mozart aux doublures livré!

ACTE II, SCÈNE XI.

HENRIETTE, à un domestique, à qui elle remet la lettre.
Ce billet pour monseigneur
L'ambassadeur.
FORTUNATUS.
Ah! quel malheur! ah! quelle perte!
Je vois d'ici les bancs de ma salle déserte :
Je compte avec effroi les rares spectateurs,
Bien moins nombreux! hélas! que mes acteurs!
ENSEMBLE.
FORTUNATUS.
Fortune dont la main m'accable,
Adoucis pour moi ta rigueur,
Et jette un regard secourable,
Sur un malheureux directeur.
HENRIETTE.
Forfait dont la preuve m'accable
Et qui détruit tout mon bonheur.
Je saurai punir le coupable
De l'outrage fait à mon cœur!
BÉNÉDICT.
La trahison est véritable,
Tous deux outrageaient votre cœur;
Vous devez punir le coupable,
Vous devez venger votre honneur.
HENRIETTE, à part, et réfléchissant.
C'est mon talent qui faisait ma puissance,
En le perdant j'ai perdu tous mes droits.
Et chaque jour il faudrait, je le vois,
Gémir de sa froideur ou de son inconstance.
Non, non, le dessein en est pris,
Je saurai me soustraire à de pareils mépris...
FORTUNATUS, saluant.
Adieu donc ?
HENRIETTE, le retenant.
Arrêtez!
FORTUNATUS.
Que veut Son Excellence!
HENRIETTE, lentement et réfléchissant.
Donnez ce soir votre opéra...
FORTUNATUS.
Par quel moyen ?
HENRIETTE.
Le ciel l'inspirera.

ENSEMBLE.

FORTUNATUS.

Une douce espérance
Fait palpiter mon cœur,
D'une recette immense
J'entrevois le bonheur!
Ah! oui, j'aime à le croire,
O jours tant désirés
De fortune et de gloire,
Pour moi vous reviendrez!

HENRIETTE.

Une noble vengeance
Vient enflammer mon cœur!
Punissons qui m'offense
En retrouvant l'honneur!
A lui seul je dois croire ;
Beaux jours tant désirés,
Jours d'ivresse et de gloire,
Pour moi vous reviendrez!

BÉNÉDICT.

Une noble vengeance
Vient enflammer son cœur!
Punissez leur offense,
Et vengez votre honneur!
A lui seul il faut croire ;
Moments si désirés,
Jours d'ivresse et de gloire,
Enfin vous reviendrez!

FORTUNATUS, à Henriette.

Quel est votre dessein?

HENRIETTE.

Du secret!

(A Bénédict.)
Du silence.

FORTUNATUS.

J'en frémis de bonheur!

BÉNÉDICT.

Je tremble d'espérance!

HENRIETTE.

O vous, mes seuls amis, je me fie à vous deux !...
Venez, venez, sans bruit quittons ces lieux!

ENSEMBLE.
HENRIETTE.
Une noble vengeance
Vient enflammer mon cœur!
Punissons qui m'offense
En retrouvant l'honneur!
A lui seul je veux croire.
Beaux jours que j'ai perdus,
Jours d'ivresse et de gloire,
Vous voilà revenus!

BÉNÉDICT ET FORTUNATUS.
Une noble vengeance
Vient enflammer son cœur!
Je tremble d'espérance!
Je tremble de bonheur!
Marchons à la victoire!
Beaux jours qu'elle a perdus,
Jours d'ivresse et de gloire,
Vous voilà revenus!

(Ils sortent tous les trois par la porte du fond.)

ACTE III.

L'intérieur d'une loge grillée. Petite décoration d'un plan. Au fond, l'ouverture de la loge fermée par des stores. Quand les stores sont levés, on aperçoit, au fond, le haut des décorations du théâtre, que l'on est censé voir de la loge où se passe cet acte. Petites portes latérales : celles de droite donne sur le théâtre, celles de gauche dans la salle.

SCÈNE PREMIÈRE.

CHARLOTTE, seule, enveloppée d'une mante rabattue sur les yeux, et entrant par la petite porte du théâtre.

Personne ne m'a vue! me voici dans la loge grillée de M. le duc! et m'y voici incognito... non pas que je ne sois rassurée par ma conscience et par le motif qui m'amène ; mais on est si méchant au théâtre, et puis ils sont tous si jaloux de moi! parce que j'ai du talent, de la figure.... quels propos on ferait au foyer si l'on me savait ici! « Avez-vous vu Char- « lotte? — Non. — Elle est dans la petite loge de l'ambas- « seur. — Bah! en tête-à-tête? — Précisément. — Ah! c'est « une inconvenance qui n'est pas permise... » Avec ça qu'elles ne s'en permettent pas, mes camarades; mais, moi, je suis si bonne, je vois tout et je ne dis rien, pas même que la seconde chanteuse a deux amants, et que la troisième n'en trouve plus. (Allant près de la loge grillée du fond.) Ah! mon Dieu! voilà qu'on arrive dans la salle, on allume les rampes.... tout le monde doit être sur le théâtre; heureusement je m'y suis prise de bonne heure; et, sans rencontrer personne, j'ai pu entrer par cette porte dérobée qui donne sur la scène. (Examinant la loge.) Quel luxe! quelle élégance! c'est drôle, tout de même... une loge grillée... vue à l'intérieur!

PREMIER COUPLET.

Que ces murs coquets,
S'ils n'étaient discrets,
Que ces murs coquets
Diraient de secrets!...
La grille légère
Dérobe avec art
Plus d'un doux mystère,
Plus d'un doux regard!
La pièce commence
On risque un aveu;
Mais l'ouvrage avance,
On s'avance un peu!...
Puis, sans qu'on approuve
Un hardi dessein,
Une main se trouve
Dans une autre main!
Ah! ah! ah!
Que ces murs coquets,
S'ils n'étaient discrets,
Que ces murs coquets
Diraient de secrets!

DEUXIÈME COUPLET.

« Ah! de ma tendresse
« Écoutez les vœux!...
« — J'écoute la pièce,
« Cela vaut bien mieux! »
Mais la mélodie
A tant de douceur!
L'oreille ravie
Est si près du cœur!
La beauté sauvage
S'émeut, et bientôt
L'on maudit l'ouvrage
Qui finit trop tôt!

Ah! ah! ah!
Que ces murs coquets,
S'ils n'étaient discrets,
Que ces murs coquets
Diraient de secrets.

SCÈNE II.

CHARLOTTE, LE DUC.

CHARLOTTE.

Ah! vous voilà enfin, monsieur le duc!

LE DUC.

Oui, Mademoiselle; je suis entré par la porte de la salle. (A part.) Où Henriette n'est pas encore arrivée!

CHARLOTTE, riant.

Quand je vous disais, Monseigneur, que j'aurais mon audience!

LE DUC.

Il l'a bien fallu!... après ce qui s'est passé ce matin!... avec une tête comme cela, on est capable de tout!

CHARLOTTE, riant.

Même de la perdre pour être agréable à Monseigneur... c'est du moins ce que voulait Son Excellence... il y a un mois, à Vienne!

LE DUC, contrarié.

Ne parlons plus de cela, Charlotte; je fus un instant bien fou, bien étourdi.

CHARLOTTE.

Certainement!... m'avoir laissé croire que votre amour pour Henriette n'existait plus...

LE DUC.

J'eus tort, j'en conviens... je fus entraîné!... charmé, malgré moi, par des talents, des grâces, des succès, qui me rappelaient ceux que j'adorais dans Henriette.

CHARLOTTE.

Et Monseigneur voulut me séduire par amour pour une autre?

LE DUC.

Pas précisément.

CHARLOTTE.

Tenez, monsieur le duc, je me suis dit souvent que ce que vous aimez en nous, vous autres grands seigneurs, c'est moins la femme que l'actrice... vous adorez chaque soir Ninette, Desdemone; mais, par malheur, votre passion finit souvent avec la pièce, et la plus grande artiste du monde ne sera pas plus aimée qu'une femme ordinaire le jour où, comme Henriette, elle descendra du trône... Eh mais! Dieu me pardonne, je crois qu'il ne m'écoute pas!

LE DUC, avec distraction.

Si vraiment, j'admirais votre raison.

CHARLOTTE.

Écoutez donc, on ne peut pas toujours être folle, quand ce ne serait que pour changer.

LE DUC.

Sans doute, Charlotte; mais l'objet de votre demande... car vous en aviez une à me faire...

CHARLOTTE.

Oui, j'ai besoin de votre crédit... vous m'aviez promis, à Vienne, un dévouement éternel...

LE DUC, embarrassé.

C'est-à-dire, Charlotte...

CHARLOTTE.

Comment, Monsieur! est-ce que vous l'auriez oublié?

LE DUC.

Non, vraiment... mais c'est que...

CHARLOTTE, avec malice.

C'est qu'on est sujet à manquer de mémoire, parmi nous autres comédiens...

LE DUC, avec fierté.

Vous parlez de vous...

CHARLOTTE.

De vous aussi, messieurs les diplomates... Le théâtre est plus grand... voilà tout... nous jouons le soir, et vous toute la journée... voilà la différence. . Si bien que vous m'avez dit : Charlotte... disposez de moi... de mon crédit...

LE DUC.

Et je le dis encore...

CHARLOTTE.

A la bonne heure... je vous reconnais... Et, comme vous êtes tout-puissant auprès du roi... il s'agit seulement, et à ma recommandation, de faire un colonel.

LE DUC.

Y pensez-vous?

CHARLOTTE.

Quelqu'un qui a des droits... un jeune homme charmant...

LE DUC.

Que vous protégez?

CHARLOTTE, riant.

Vous le voyez bien.

LE DUC.

Que vous aimez, peut-être?...

CHARLOTTE.

Et quand il serait vrai... si je veux me marier aussi!... Fallait-il donc rester insensible, et garder toujours son cœur ici... à Berlin, pour qui? pour le roi de?... Ah! ma foi non... Ainsi, Monsieur, quant à mon protégé... je vais vous conter cela, nous avons le temps!

LE DUC, avec embarras.

Non, Charlotte, non!... en restant ici... plus longtemps... je craindrais...

CHARLOTTE.

Pour vous... Monseigneur?

LE DUC.

Pour vous... Charlotte... le spectacle va commencer, et vous chantez ce soir.

CHARLOTTE.

Ne craignez rien, je me suis arrangée... un enrouement tout exprès à votre intention, et ce qui m'étonne, c'est qu'on n'ait pas encore changé le spectacle... on donne toujours le Sultan Mizapouf... (Vivement.) Je vois ce que c'est... pour ne pas perdre la recette, on a laissé l'affiche; on fera une annonce, et ce sera la troisième chanteuse, la petite Angéla, qui dira mon rôle.

LE DUC.

Mais cela va causer un tapage!...

CHARLOTTE.

Je l'espère bien!... et nous l'entendrons d'ici, en loge grillée, c'est délicieux! et puis Angéla est une bonne enfant, que j'aime bien... mais elle sera mauvaise! ah! ce sera amusant! vous verrez!

LE DUC, à part.

C'est singulier.. elle ne m'a jamais paru si jolie. (Haut.) Il est donc vrai, Charlotte, que vous allez vous marier, sans hésiter, sans réfléchir?

CHARLOTTE.

Si on réfléchissait on ne se marierait jamais.

LE DUC, soupirant.

Ah! il est bien heureux.

CHARLOTTE.

Qui? le colonel?

LE DUC.

Il ne l'est pas encore.

CHARLOTTE.

C'est tout comme, vous l'avez promis.

LE DUC.

Je n'ai rien dit.

CHARLOTTE.

Oh! c'est convenu, ou sinon...

DUO.

CHARLOTTE.
Je m'en vais
Pour jamais.
A vous fuir je mets ma gloire,
Et je pars : laissez-moi,
Non, je n'ai plus de mémoire.
Voyez pourtant,
Voyez comment
On veut toujours ce qu'on défend.

LE DUC.
Non, vraiment,
Un instant,
A me fuir tu mets ta gloire;
Non, ma foi,
Souviens-toi,
Ah! tu n'as plus de mémoire.
Jamais son œil vif et piquant
N'eut plus d'attraits qu'en ce moment.

CHARLOTTE.
Allons, finissez, ou sinon...

LE DUC.
Crier ainsi...

CHARLOTTE.
Mais il le faut.

LE DUC.
Vit-on jamais crier si haut?

CHARLOTTE.
Finissez, ou sinon
Je m'en vais, etc.

ACTE III, SCÈNE II.

LE DUC.
Il faut franchement qu'on s'explique,
C'est héroïque.
Servir un rival!

CHARLOTTE.
C'est très-bien!

LE DUC.
Mais en ce monde, rien pour rien.

CHARLOTTE.
Monsieur est toujours diplomate?

LE DUC.
Je suis généreux.

CHARLOTTE.
J'entends bien.

LE DUC.
Mais vous...

CHARLOTTE.
Moi, je suis très-ingrate!

LE DUC.
Rien qu'un baiser, je vous prie...

CHARLOTTE.
Non, non, de vous je me défie...
Et puis, le monde en parlera!

LE DUC.
Le monde! eh! qui donc le saura?

CHARLOTTE, riant.
Voyez donc comme il s'humanise!

LE DUC, voulant l'embrasser.
Je brave tout en cet instant!

CHARLOTTE, riant.
Vous ne craignez plus qu'on médise?

LE DUC.
Rien qu'un baiser!

CHARLOTTE.
Non, pas en ce moment.
Monseigneur, votre femme attend!
(On entend un grand bruit au fond accompagnant le chœur suivant :)

CHŒUR.
LES SPECTATEURS, dans la salle.
La pièce! la pièce!
C'est attendre assez.
La pièce! la pièce!

Allons, qu'on se presse !
Allons, commencez !

CHARLOTTE, au duc.

Écoutez ! écoutez ! silence !
Nous allons rire, ça commence !

LE DUC.

Rire de quoi ?

CHARLOTTE.

Mais du début,
Et de l'annonce qu'on va faire !
De Bénédict c'est l'attribut ;
Et le public, qui gronde et menace,
Pauvre garçon ! va bien le recevoir !
En apprenant, ce soir,
Quelle est celle qui me remplace.

CHŒUR, au fond.

La pièce ! la pièce !
Allons, paraissez !
La pièce ! la pièce !
Allons, qu'on se presse !
Allons, commencez !

(Le duc et Charlotte s'approchent du fond pour écouter. Le duc baisse les stores, et l'on voit Bénédict haranguer le public.)

BÉNÉDICT, au fond, parlant sur la ritournelle.

« Messieurs, mademoiselle Charlotte se trouvant subitement
« indisposée...

PREMIER CHŒUR.

A bas ! à bas !

AUTRE CHŒUR.

Écoutez, silence !

BÉNÉDICT, de même, parlant.

« On vous prie d'agréer, pour la remplacer...

PREMIER CHŒUR.

A bas ! à bas !
Nous n'en voulons pas !

AUTRE CHŒUR.

Laissez parler ! faites silence !

BÉNÉDICT, répétant et continuant.

« On vous prie d'agréer, pour la remplacer...

PREMIER CHŒUR.

A bas ! à bas !
Nous n'en voulons pas !

AUTRE CHŒUR.
Écoutez, silence! silence!
UN PLAISANT, du parterre.
Laissez donc parler l'orateur!
UN PLAISANT, du paradis.
Un chanteur n'est pas orateur!
FOULE DE PLAISANTS.
Qu'il parle ou qu'il chante,
Qu'il parle ou qu'il chante!
CHARLOTTE, au duc.
Ah! vraiment la scène est charmante!
BÉNÉDICT, répétant et continuant.
« On vous prie d'agréer, pour la remplacer, une célèbre
« cantatrice qui arrive de Paris. »
CHŒUR GÉNÉRAL.
Bravo! bravo!
C'est du nouveau!
CHARLOTTE ET LE DUC.
Que dit-il? une autre chanteuse!
CHARLOTTE, furieuse.
Ah! vraiment, voilà du nouveau!
C'est affreux!... je suis furieuse!
REPRISE DU CHŒUR, au fond.
La pièce! la pièce!
Nous sommes pressés!
La pièce! la pièce!
Allons, qu'on se presse!
Allons, commencez!
(Le duc relève les stores de la loge.)

CHARLOTTE.
Ah! par exemple! une nouvelle débutante qui arrive de Paris, c'est ce que nous allons voir. Mais par où sortir maintenant? du monde sur le théâtre, le public dans la salle.... n'importe, je préfère la salle au théâtre, on y est moins mauvaise langue. (Elle va pour sortir.)
LE DUC, l'arrêtant et se moquant d'elle.
Que faites-vous, Charlotte? Si l'on vous voit sortir de ma loge, que dira-t-on?
CHARLOTTE.
On dira tout ce qu'on voudra, Monseigneur, mais je ne lais-

serai certainement pas débuter dans mon emploi ; la nouvelle venue n'aurait qu'à avoir du talent.

LE DUC, l'arrêtant.

Arrêtez, Charlotte, je vous en prie. (On frappe à la porte de la loge.)

CHARLOTTE.

On vient.

LE DUC, très-ému.

J'espère bien qu'on n'ouvrira pas.

CHARLOTTE.

Écoutez... on met la clé dans la serrure.

LE DUC.

Ah ! mon Dieu ! la porte s'ouvre !

CHARLOTTE.

On entre... c'est madame Barnek.

LE DUC, avec embarras.

La tante d'Henriette... que lui dire !

SCÈNE III.

Les précédents ; MADAME BARNECK, entrant.

(Charlotte, assise au fond, tourne le dos et se tient à l'écart.)

MADAME BARNEK.

C'est moi, Monseigneur, c'est moi ; on ne voulait pas m'ouvrir votre loge ; on avait même avec moi un petit air de mystère ; par bonheur, j'ai rencontré une ouvreuse de loges de Munich, qui m'a reconnue, madame Frédéric, une brave et digne femme, qui a presque fait sa fortune en petits bancs ; je lui ai appris que c'était la loge de mon neveu l'ambassadeur. — Est-il possible ? — Et j'ai été obligée de lui conter comme quoi j'étais votre tante ; je lui ai dit que je la protégerais, que ma porte ne lui serait jamais fermée, ce qui fait qu'elle m'a ouvert celle de cette loge.

LE DUC, avec embarras.

Fort bien, Madame... et qui vous amène ?

MADAME BARNEK.

Une nouvelle, Monseigneur, une nouvelle fort extraordinaire : j'ai perdu ma nièce.

LE DUC.

Comment ? que voulez-vous dire ?

MADAME BARNEK, toujours sans voir Charlotte.

Je veux dire que je ne sais plus ce qu'est devenue cette chère enfant; je l'ai cherchée dans tout l'hôtel; pas plus d'Henriette que si elle avait été enlevée.

LE DUC.

Enlevée.

MADAME BARNEK.

Alors je suis accourue à votre loge des premières... je me suis trouvée face à face avec madame la comtesse, votre sœur, qui m'a dit d'un air fier : « Elle n'est pas avec moi, je vous « prie de le croire; voyez aux baignoires, loge de l'avant-« scène, n° 1; c'est là qu'elle doit être avec M. le duc; » et elle a dit vrai... (Apercevant Charlotte qui a le dos tourné.) La voici, cette chère Henriette.

CHARLOTTE, se détournant.

Pas précisément, madame Barnek.

MADAME BARNEK.

Qu'est-ce que je vois là?... mademoiselle Charlotte, ici! en tête-à-tête avec monsieur le duc!

CHARLOTTE.

Eh bien! où est le mal?

MADAME BARNEK.

Je le dirai à ma nièce.

LE DUC, voulant l'apaiser

Madame Barnek, y pensez-vous!

MADAME BARNEK.

Oui, Monsieur... oui, Mademoiselle... moi, j'ai toujours été pour les principes.

CHARLOTTE.

Vous voyez bien qu'elle radote... mais à son âge on n'a plus de mémoire.

MADAME BARNEK, furieuse.

Mademoiselle, vous oubliez qui je suis!

CHARLOTTE.

C'est vrai, vous êtes à présent dans les baronnes.

MADAME BARNEK.

Et vous, dans les grandes coquettes, à ce que je vois.

LE PARTERRE.

Silence dans la loge!

LE DUC.

Mesdames, Mesdames, je vous prie, ne parlez pas si haut,

la pièce est commencée depuis longtemps. (A ce moment, des bravos éclatent dans la salle.)

CHARLOTTE, avec colère.

C'est la débutante! (Le duc, madame Barnek et Charlotte s'élancent pour regarder. Le duc baisse un store.)

LE DUC, avec fureur.

Qu'ai-je vu?... c'est Henriette!... (Il relève le store.)

CHARLOTTE ET MADAME BARNEK.

Henriette!

MADAME BARNEK, hors d'elle-même.

Une ambassadrice sur les planches!.

FINAL.

ENSEMBLE.

LE DUC.

Henriette! que faut-il faire?
Quelle honte! quelle douleur!
Ah! la surprise et la colère
Ici se disputent mon cœur!

MADAME BARNEK.

Henriette! que dois-je faire?
Quelle honte! quelle douleur!
Ma nièce, dont j'étais si fière,
Compromettre ainsi son bonheur!

CHARLOTTE.

Henriette! étrange mystère!
La femme d'un ambassadeur!
De son rôle elle était si fière,
Et prend le mien, c'est une horreur!

HENRIETTE, sur le théâtre, chantant le motif de l'air du trio du second acte.

« C'est en vain que votre puissance
« Veut me retenir en ces lieux,
« Vers les rives de la France
« Malgré moi se tournent mes yeux.
  « Voguez, sultan joyeux,
  « Vers les bords de la Seine,
  « Là s'offrent à vos yeux
  « Les délices des cieux;
  « Et jour et nuit c'est là
  « Qu'amour vous sourira.
  « Là, des jeux et des ris
  « La troupe vous enchaîne,

« Car le vrai paradis
« Est à Paris. »
Buvons au sultan Mizapouf,
Au descendant du grand Koulouf ;
Il règne dans Maroc
Par droit de naissance.
Au combat aussi ferme qu'un roc,
Et des amours bravant le choc,
Il est l'aigle et le coq
Des rois de Maroc.
Versez les vins de France,
Versez champagne et médoc,
Buvons tous au sultan Mizapouf!
Tra, la, la, la, etc.

(On applaudit avec force au fond sur la fin de l'air.)

SCÈNE IV.

LES PRÉCÉDENTS, LA COMTESSE, entrant.

LA COMTESSE.

Eh bien! monsieur le duc, j'ai tout vu... votre nom, votre rang, applaudis sur la scène...

LE DUC.

Ah! c'est indigne!... et quel talent!... elle n'a jamais mieux chanté... Ils sont tous ravis, n'est-ce pas? ils la trouvent charmante! ils l'adorent...

LA COMTESSE.

Et qu'importe!...

LE DUC.

Qu'importe? je suis furieux... et si elle était là...

SCÈNE V.

LES PRÉCÉDENTS, FORTUNATUS, puis HENRIETTE ET BÉNÉDICT.

FORTUNATUS.

La voilà... la voilà... mia cara diva... mia divinissima prima donna!

LE DUC, saisissant Fortunatus au collet.

Malheureux! qu'as-tu fait?...

FORTUNATUS, se débattant.

Permettez, Monseigneur... elle voulait vous voir et vous

parler dans l'entr'acte, et je vous l'amène. (Il montre Henriette, qui entre ramenée par Bénédict. Henriette est habillée en odalisque et Bénédict est en uniforme d'officier.)

LE DUC, à Henriette.

C'est vous, Henriette?

HENRIETTE.

Point de reproches, Monseigneur; à ce prix, je vous épargne les miens!

LE DUC.

Vous sur un théâtre!

HENRIETTE.

N'est-ce pas là que vous m'avez aimée? Pour conserver votre amour je n'aurais jamais dû le quitter, peut-être. (Montrant Charlotte.) Vous aimez les talents, vous aimez les succès...

LE DUC.

Ah! je n'aime que vous! je vous aime plus que jamais, et pour vous encore je suis prêt à tout sacrifier.

HENRIETTE, avec émotion.

Non, Monseigneur... pour sa gloire et pour son bonheur, la véritable artiste ne doit jamais cesser de l'être... Voici la lettre du roi qui permettait notre mariage... voici l'acte qui m'assure la moitié de votre fortune. (Elle les déchire.)

LE DUC.

Henriette, que faites-vous?

FINAL.

HENRIETTE.

(Reprise de l'air des couplets du premier acte.)
Aux beaux-arts, à mes premiers succès
　Fidèle à jamais,
La gloire, préférable aux amours,
　Charmera mes jours;
Et pour mieux rendre à mon cœur
Le repos et le bonheur,
Adieu vous dis, Monseigneur,
Monseigneur l'ambassadeur!

CHARLOTTE.

Encore prima donna!

MADAME BARNEK, à Charlotte.

Vous aviez pris sa place, elle a pris la vôtre?

ACTE III, SCÈNE V.

BÉNÉDICT.
Elle ne l'épouse pas du moins, il y a de l'espoir.
HENRIETTE, à part.
Pauvre Bénédict!... (On frappe trois coups.)

SUITE DU FINAL.

On frappe les trois coups!
FORTUNATUS, baissant les stores du fond.
C'est pour le second acte!
HENRIETTE.
On m'appelle, on m'attend, et je dois être exacte!
LE DUC.
Henriette!..
HENRIETTE.
Non, laissez-moi!
LE DUC.
Écoutez, écoutez, de grâce!...
HENRIETTE.
Que chacun, Monseigneur, reprenne ici sa place :
Moi sur la scène, et vous dans la loge du roi!

ENSEMBLE.

FORTUNATUS ET BÉNÉDICT.
Venez, venez, l'on vous attend!
Ah! pour nous quel bonheur suprême!
Le public est impatient,
Venez, venez, l'on vous attend!
HENRIETTE.
Adieu, l'on m'appelle, on m'attend!
Mon amitié sera la même :
De moi vengez-vous noblement,
Vengez-vous en m'applaudissant!
MADAME BARNEK.
Ah! quel dépit! ah! quel tourment!
D'abdiquer la grandeur suprême!
Ah! quel dépit! ah! quel tourment!
D'être bourgeoise comme avant!
LE DUC.
Ah! quels regrets! ah! quel tourment!
Hélas! plus que jamais je l'aime!
Et je la perds, cruel moment!
Quand je l'aimais si tendrement!

CHARLOTTE.

Ah! quel dépit! ah! quel tourment!
De partager le diadème!
Ah! quel dépit! ah! quel tourment!
De partager le premier rang!

LA COMTESSE.

Ah! je respire maintenant!
Ah! pour nous quel bonheur extrême!
Non, plus d'hymen, ah! c'est charmant!
Chacun enfin reprend son rang!

CHŒUR DU PUBLIC, en dehors.

Allons, commencez promptement!

BÉNÉDICT ET FORTUNATUS, entraînant Henriette.

Venez, venez, l'on vous attend!...

(Bénédict et Fortunatus entraînent Henriette qui, de la main, fait un geste d'adieu au duc, qui veut la suivre et que la comtesse retient; madame Barnek est près de s'évanouir dans les bras de Charlotte, qui rit.)

FIN DE L'AMBASSADRICE.

TABLE DES MATIÈRES

DU SIXIÈME VOLUME

La Prison d'Édimbourg 1
L'Estocq 57
Le Chalet 153
Le Cheval de Bronze 191
L'ambassadrice. 274

FIN DE LA TABLE.

LAGNY. — Imprimerie de VIALAT et Cie.

COLLECTION MICHEL LÉVY

VOLUMES PARUS ET A PARAITRE
Format grand in-18, à 1 franc

A. DE LAMARTINE — vol.
Les Confidences. . . . 1
Nouvelles Confidences. 1

THÉOPHILE GAUTIER
Les Beaux-Arts en Europe. 2
Constantinople. . . . 1
L'Art moderne. . . . 1

GEORGE SAND
Mauprat. 1
Valentine. 1
Indiana. 1
La Mare au Diable. . 1
La Petite Fadette. . . 1
François le Champi. . 1

GÉRARD DE NERVAL
La Bohême galante. . 1
Le Marquis de Fayolles 1
Les Filles du Feu. . . 1

EUGÈNE SCRIBE
Théâtre, tomes 1 à 5. 5
Nouvelles. 1
Historiettes et Proverbes. 1

F. PONSARD
Études antiques. . . . 1

HENRY MURGER
Le dernier Rendez-Vous 1
Le Pays Latin. . . . 1
Scènes de Campagne. 1

ÉMILE AUGIER
Poésies complètes. . . 1

Mme BEECHER STOWE
Traduction E. Forcade.
Souvenirs heureux. . . 2

ALPHONSE KARR
Les Femmes. 1
Agathe et Cécile. . . 1

LOUIS REYBAUD
Le dernier des Commis-Voyageurs. 1
Le Coq du Clocher. . 1
L'Industrie en Europe. 1

Mme ÉMILE DE GIRARDIN
Marguerite, ou Deux Amours. 1

PAUL MEURICE
Scènes du Foyer. . . 1

CHARLES DE BERNARD
Le Nœud gordien. . . 1
Gerfaut. 1
Un Homme sérieux. . 1
Les Ailes d'Icare. . . 1

HOFFMANN — vol.
Traduction Champfleury.
Contes posthumes. . . 1

ALEX. DUMAS FILS
Aventures de quatre Femmes. 1
La Vie à vingt ans. . 1
Antonine. 1
La Dame aux Camélias. 1

JULES LECOMTE
Le Poignard de Cristal. 1

X. MARMIER
Au bord de la Newa. 1

FRANCIS WEY
Les Anglais chez eux. 1

PAUL DE MUSSET
La Bavolette. 1

ACHIM D'ARNIM
Traduction Th. Gautier fils.
Contes bizarres. . . . 1

ARSÈNE HOUSSAYE
Les Femmes comme elles sont. 1

LE GÉNÉRAL DAUMAS
Le Grand Désert. . . 1

H. BLAZE DE BURY
Musiciens contemporains. 1

OCTAVE DIDIER
Madame Georges. . . 1

LÉON GOZLAN
Les Châteaux de France 1
Le Notaire de Chantilly. 1

ÉMILE SOUVESTRE
Un Philosophe sous les Toits. 1
Confessions d'un Ouvrier 1
Au coin du Feu. . . . 1
Scènes de la vie intime. 1
Chroniques de la Mer. 1
Dans la Prairie. . . . 1
Les Clairières. 1
Scènes de la Chouannerie 1
Sur la Pelouse. . . . 1
Les Soirées de Meudon. 1

FÉLIX MORNAND
La Vie arabe. 1

EDGAR POE
Traduction Ch. Baudelaire.
Histoires extraordinaires. 1

A. VACQUERIE
Profils et Grimaces. . 1

CHARLES BARBARA — vol.
Histoires émouvantes. 1

A. DE PONTMARTIN
Contes et Nouvelles. . 1
Mémoires d'un Notaire. 1
La Fin du Procès. . . 1
Contes d'un Planteur de Choux. 1

HENRI CONSCIENCE
Traduction Léon Vocquier.
Scènes de la Vie flamande. 2
Le Fléau du Village. 1

DE STENDHAL
(H. BEYLE)
De l'Amour. 1
Le Rouge et le Noir. 1
La Chartreuse de Parme 1

PAUL FÉVAL
Le Tueur de Tigres. . 1

LOUIS DE CARNÉ
Un Drame sous la Terreur. 1

CHAMPFLEURY
Les Premiers Beaux Jours 1

ROGER DE BEAUVOIR
Le Chevalier de Saint-Georges. 1
Aventurières et Courtisanes. 1
Histoires cavalières. . 1

HILDEBRAND
Traduction Léon Vocquier.
Scènes de la Vie hollandaise. 1

AMÉDÉE ACHARD
Parisiennes et Provinciales. 1

ALBÉRIC SECOND
A quoi tient l'Amour. 1

Mme CAROLINE BERTON
(Née Samson)
Le Bonheur impossible. 1

NADAR
Quand j'étais Étudiant. 1

MARC FOURNIER
Le Monde et la Comédie 1

JULES SANDEAU
Sacs et Parchemins. . 1

MÉRY
Les Nuits anglaises. . 1
Une Histoire de Famille 1
André Chénier. . . . 1

PARIS. — IMP. DONDEY-DUPRÉ, RUE SAINT-LOUIS, 46.

www.ingramcontent.com/pod-product-compliance
Lightning Source LLC
Chambersburg PA
CBHW070847170426
43202CB00012B/1976